PREVENTION OF
INTERNAL CONTROL DEFECTS'
DIFFUSION IN ENTERPRISES

企业内部控制缺陷
扩散与防扩散

王海林 ◎ 著

中国财经出版传媒集团
经济科学出版社
Economic Science Press

图书在版编目（CIP）数据

企业内部控制缺陷扩散与防扩散/王海林著．－－北京：经济科学出版社，2022.8

ISBN 978 - 7 - 5218 - 3913 - 5

Ⅰ．①企… Ⅱ．①王… Ⅲ．①企业内部管理 - 研究 Ⅳ．①F272.3

中国版本图书馆 CIP 数据核字（2022）第 142491 号

责任编辑：谭志军
责任校对：郑淑艳
责任印制：范　艳

企业内部控制缺陷扩散与防扩散

王海林　著

经济科学出版社出版、发行　新华书店经销
社址：北京市海淀区阜成路甲 28 号　邮编：100142
总编部电话：010 - 88191217　发行部电话：010 - 88191522
网址：www. esp. com. cn
电子邮箱：esp@ esp. com. cn
天猫网店：经济科学出版社旗舰店
网址：http：//jjkxcbs. tmall. com
北京季蜂印刷有限公司印装
710 × 1000　16 开　16.5 印张　280000 字
2022 年 8 月第 1 版　2022 年 8 月第 1 次印刷
ISBN 978 - 7 - 5218 - 3913 - 5　定价：78.00 元
（图书出现印装问题，本社负责调换。电话：010 - 88191510）
（版权所有　侵权必究　打击盗版　举报热线：010 - 88191661
QQ：2242791300　营销中心电话：010 - 88191537
电子邮箱：dbts@ esp. com. cn）

前　言

　　身处数字化环境，人与人之间面对面的交流似乎越来越少，但是从物质、能量、信息各方面，每个人对外部的依赖却越来越强。企业也是如此，当今的企业都无法实现完全的"自给自足"，不能完全依靠自身实现生存和发展，于是每个企业都需要建立起自己的业务关系网络，都会或多或少对其他组织形成一定的依赖。"依赖"将不同企业的命运连接起来，兴衰荣辱绑定在了一起，形成了相互依存的互利共生关系。我们注意到，疫情之下，供应链中断成了时常见诸媒体的热点话题，也是很多企业担忧的问题。一旦某个供应商无法供货，哪怕只是一个很小的零部件，轻者可能引发企业成本升高，严重的会导致生产线停产，甚至整个企业"休克"。

　　企业的业务关系网络为企业提供生存发展所需的同时，也可能将网络中其他组织的内部控制缺陷溢出传染过来，使内部控制缺陷在业务关系网络内产生扩散。所以，内部控制缺陷的扩散与防扩散是一个值得探讨的话题。

　　本书包括七个部分，第一章阐述了内部控制缺陷扩散的内涵。对什么是企业内部控制缺陷扩散、内部控制缺陷扩散的类型，以及由此衍生的"输入型内控缺陷"与"内生型内控缺陷"两个概念和输入型内控缺陷的来源类型进行了界定和分析。第二章简单回顾了业务关系网络中缺陷扩散的相关文献。第三章给出了企业业务关系网络度量方法。第四章重点分析了如何利用BP神经网络进行企业内部控制缺陷的识别诊断，并利用构建的模型对输入型缺陷的影响进行了模拟分析。第五章采用回归分析法，从上下游业务关系依赖程度、其他业务关系紧密程度两方面检验了业务关系网络对企业内部控制的影响，也包括企业国际化对其风险承担、内部控制的作用效应。第六章分析了业务关系网络中内部控制缺陷的扩散的机理，并实证验证了上下游业务关系依赖程度对企业内部控制缺陷、国际化对企业内部控制缺陷影响的存在。第七章提出了企业内部控制缺陷扩散防范体系及政策建议。

本书意在提示企业，在内部控制建设中不能只关注自身的问题和风险，不能只限于管理好自己。内部控制的研究也不应将研究对象局限在企业，内部控制的"内部"不应以企业为边界，这个边界应该是业务关系网络。因为从某个角度说，业务关系网络中的企业是"利益共同体"，也在一定程度上是"命运共同体"。

书中的内容只是一点思考，一些粗浅想法，其中的很多观点并未进行严谨论证，书中的案例也主要来源于公开资料和数据。

本书出版之际，特别要感谢我团队中的王晓旭、张爱玲、高颖超、张丁、付文博、余佳杰在相关数据采集、文献汇总、案例分析、实证检验中所作的工作。

在此我还要特别感谢经济科学出版社的谭志军副编审为本书出版付出的辛勤工作！

王海林

2022 年 8 月

目　录

第一章

内部控制缺陷扩散的内涵

全球化竞争环境中，每个企业的有效运营都越发依赖一定的关系网络。而且企业的经营活动逐渐实现了跨国、跨地区的全球化，其业务关系网络不再局限在国内，企业经营和发展面临的外部环境因素更加复杂多变，企业与各业务关联组织之间关系的不确定性因素增加，从而导致企业经营的风险因素大幅增加。大量案例告诉我们，全球化经营下要想生存并得到发展，企业不能只关注自身的问题，而是需要对自身所处各种环境增加敏感度，将视野扩大到企业边界之外。而企业之外，与企业利益联结最直接、最紧密的部分是企业的业务关系网络，它对企业的影响也最直接、最大。

已有研究发现企业关系网络对企业具有积极作用。首先，它有助于激发企业创新和战略调整，提升企业价值（王栋等，2011），对企业创新绩效具有促进作用。其次，关系网络也会影响公司治理（何小杨，2010），与"内部控制存在替代效应"（林钟高等，2014）。而且同一地区和行业的关系网络还有助于提高企业盈余质量（武凯文，2019）。但是，由于关系网络中企业之间存在着紧密的业务关系、资金关系和信息关联，公司风险会经由供应链向上下游业务伙伴传导，一个企业的财务危机会通过供应链上的经济联系影响上下游企业，而且关系网络中，企业与上下游供应商和客户凭借共同利益结成的合作联盟是松散的，会因为各自追求自身利益最大化导致彼此产生利益冲突，而其中任何一方控制不利的后果都会传导到其他企业，甚至产生"牛鞭效应"，增大风险传染危害性（王海林，2006）。

于是，业务关系网络中基于企业和企业之间商业活动的关联，一个企业的内部控制缺陷可能会经由商业活动溢出到其他企业，造成内部控制缺陷在业务关系网络中从一个企业到另外企业的扩散。这种源于企业之间商业活动关联而产生的、一个企业的内部控制缺陷在企业关系网络中向上下游企业扩散的案例在现实实务中已不鲜见。

案例 1－1　供应链源头企业含有"有毒成分"的原料缺陷的扩散

2005 年 3 月中国百胜旗下肯德基公司被查出其新奥尔良烤鸡腿堡、香辣鸡翅、香辣鸡腿汉堡等多款产品含有有毒成分"苏丹红"。经调查确认问题产品的调料均来自宏芳香料（昆山）有限公司供应给中山基快富公司的两批辣椒粉，而这些辣椒粉的原料来自广州田洋公司，图 1－1 所示为肯德基的供应链。有关部门调查发现田洋公司是一个仅有 4 名员工的作坊，向国内多个省份的企业提供辣椒粉原料。该事件导致宏芳香料（昆山）有限公司、中山基快富公司受到查处，国内所有肯德基餐厅停售问题产品，"苏丹红"对肯德基产生了多方面影响。

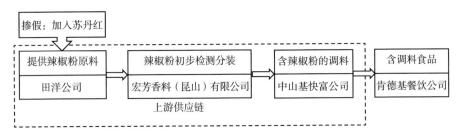

图 1－1　肯德基部分供应链

资料来源：王海林. 价值链内部控制模型 [M]. 北京：经济科学出版社，2007：175－176.

案例 1－2　上游企业设计缺陷的扩散

2019 年 10 月 25 日，印度尼西亚国家运输安全委员会发布了关于狮航波音 737MAX 坠机事故的最终报告，报告指出飞机机动特性增强系统（MCAS）的设计缺陷、传感器故障、飞机维护不力、飞行员培训不足，以及未能预警到同一架飞机以前的问题都是造成该次坠机事故发生的原因。其中，飞机的 MCAS 设计缺陷由波音公司修改设计产生，但这一修改并未及时在提交给美国联邦航空管理局（FAA）的相关文件中进行更新，因此 FAA 无法对修改的安全性进行重新评估，致使设计缺陷大量扩散到全球的航空公司的运营服务中。在飞机维护方面，迎角传感器（AOA）由一家美国公司提供，存在故障，而维护人员没有对该迎角传感器进行合规测试，导致产品缺陷扩散到航空公司的运营服务中。狮航该次坠机事件直接导致机上 189 人死亡。

资料来源：美媒：印度尼西亚狮航空难调查发现波音 737MAX 设计缺陷 [N]. 环球时报，2019 - 09 - 23.

类似问题的发生需要引起我们的警觉与思考。首先，企业内部控制建设不能只局限在企业自身，不能只关注企业内生型内部控制缺陷，还要考虑从企业关系网络中输入的缺陷；其次，企业重大内部控制缺陷产生的后果，给企业造成的损失可能事后无法弥补，因此内部控制缺陷的认定必须从事后的分析和判断，转变为基于事先的预测、事中的计量；最后，必须建立防止内部控制缺陷在企业关系网络中扩散的机制，尽可能将内部控制缺陷控制在企业内部，防止其向外溢出，进而降低内部控制缺陷的扩散面。

第一节 如何认识企业内部控制缺陷扩散

一、内部控制缺陷及其认定标准

现实中每个企业的内部控制体系都不可能做到永远百分百有效，其或多或少都会存在一定的漏洞和缺陷。笼统的说，内部控制缺陷是内部控制无效的结果和表现。企业内部控制的目标由于缺陷的影响常常不能达成。根据我国企业内部控制基本规范，所谓内部控制缺陷是指内部控制设计存在漏洞，不能有效防范错误与舞弊，或者内部控制运行存在弱点和偏差，不能及时发现并纠正错误与舞弊的情况①。根据缺陷影响程度，内部控制缺陷可以分为重大缺陷、重要缺陷和一般缺陷②。重大缺陷是指一个或多个控制缺陷的组合，它可能导致企业严重偏离控制目标；重要缺陷是指一个或多个控制缺陷的组合，其严重程度或经济后果低于重大缺陷，但仍有可能导致企业偏离控制目标；一般缺陷是指除重大缺陷、重要缺陷之外的其他缺陷。企业内部控制存在重大缺陷意味着企业内部控制系统存在实质性漏洞，而存在实质性漏洞意味着内部控制不能有效防范错误与舞弊。

内部控制缺陷是判别企业内部控制是否有效的必要而非充分条件。也就是说，一个有效的内部控制体系必须不存在内部控制重大缺陷，而企业不存在重大缺陷也不能表明其内部控制一定有效。因此对企业来说，内部控制缺陷认定是判断企业内部控制是否有效的重要依据，是内部控制评价的重要部分。

内部控制缺陷认定必须依据一定的标准进行，通过制定内部控制缺陷分类和缺陷认定标准可以影响企业的内部控制评价结果，通过披露内部控制缺陷评价和缺陷信息可以了解企业内部控制状况、判别内部控制制度的有效性，通过分析内部控制缺陷整改措施可以预估企业内部控制的未来变化……

内部控制缺陷严重程度区分标准主要有两个：（1）对企业来说这个缺陷现在或潜在的重要程度；（2）这个缺陷一旦发生对企业产生的现有或潜在的影响程度。

不同企业由于内部控制缺陷程度的认定标准不同，缺陷归属的严重程度会存在差异。比如，一个企业的重大缺陷在另外一个企业可能只归属于重要缺陷或者一般缺陷。因此，企业制定缺陷严重程度认定标准时要坚持普遍性和特殊性的统一。既要学习借鉴同性质、同类型、同行业、相似规模的其他企业的经验，更要结合自身情况，从自身管理和业务特点出发具体分析、确定缺陷对企业的重要性和影响程度，制定出适合企业自己的标准。这种普遍性和特殊性统一，表现在缺陷严重程度区分标准的评价指标选取和指标程度标准的确定两方面。比如，管理层存在舞弊、财务报告存

---

① 财政部会计司. 企业内部控制规范讲解 2010 [M]. 北京：经济科学出版社，2010：72.

② 财政部. 企业内部控制评价指引，2010.

在错报漏报、决策程序缺乏规范等是普遍性指标，而技术人员流失、某子公司或业务活动发生风险事件等属于个性化指标；财务报告错报漏报造成的利润损失的重大缺陷标准定在 3% 以上（含）是一种普遍性选择，而利润损失数额的重大缺陷标准定在多少具有特殊性。

内部控制缺陷认定标准包含定性标准和定量标准两种形式。定性标准给出了不同缺陷程度判别标准指标包含的具体构成因素及各因素所属性质，它反映了一个缺陷评价指标对企业的重要程度和影响程度的方向和根本属性；定量标准给出了不同缺陷程度判别标准指标的具体判别的数量范围，它反映了一个缺陷评价指标对企业的重要程度和影响程度的数量化水平。

内部控制缺陷严重程度的认定要以日常监督和专项监督为基础，以缺陷认定标准为依据，经过评价机构全面综合评价、董事会审定等程序最后确定。

由于日常监督和专项监督观察到的都是企业运营过程中每个细节活动的完成情况，而评价机构的综合评价是建立在大量观察分析基础上，结合定性和定量标准给出的判断。因此，在这个过程中，无论是对观察到的实际细节的判断，还是对环境因素的分析、对缺陷因素的评判和把握等都具有很强的主观性，企业内部控制缺陷严重程度的认定不可避免地受企业各级各类日常和专项监督人员、缺陷评价机构相关人员的能力和水平制约，具有一定局限性。于是，如何降低人为因素影响程度、提高缺陷严重程度认定的客观性水平是完善企业内部控制缺陷识别和认定的重要内容。

信息化已经成为我们国家的发展战略之一，将信息化与工业化相互融合是企业发展的必然。而作为管理学重要部分的内部控制"必将由关注过去、控制现在变成预期未来、调控现在，会针对更多不确定性做出相机控制"（杨雄胜，2011）。因此，企业内部控制缺陷识别判断中有必要借助信息技术。比如，可以将控制理论方法和神经网络技术运用于企业内部控制缺陷诊断和预防分析中，这会使对内部控制缺陷的研究从企业自身外延到企业业务关系网络，同时也会使内部控制流程与信息化有机结合，减少内部控制缺陷认定的人为因素，提高内部控制缺陷认定的自动化和智能化水平。

二、业务关系网络的界定

关系网络概念源于社会学，但关系网络研究的最初动机是发展神经理论而不是社会的交互作用（Coleman，1990）。美国学者马克·格拉诺维特（1973）在著作《弱关系的强度》（*The Strength of Weak Ties*）中首次指出，社会网络中的二元人际关系除了靠时间、情感强度、亲密程度和互惠服务形成的"强关系"之外，还存在着"弱关系"。他认为弱关系在群体、组织之间建立了纽带联系，一个企业或组织能够利用弱关系跨越其社会界限去获得信息和其他资源。

在亚洲特别是中国社会关系网络研究中，学者们常常直接采用"Guanxi"而不是"Relationship"表达"关系"一词。建立在社会计量学上的关系网络研究主要涉及界定、测度、影响作用等。一般认为，关系网络主要有横向关系网络和纵向关系网络两类。前者指彼此相识的人，个体之间的网络联结，或者企业之间由于竞争等原因形成的关系网络；后者指个人基于过往经历（如从业经历、教育经历等）形成的社会关系资源，或者企业与上下游组织之间的关系。

企业关系网络包含业务关系网络和社会网络两方面含义，即通过经济业务联系建立的业务关系网络和由企业内部个体之间以及企业内部个体与外部主体和个人之间的社会联系构成的社会网络。其中，社会网络已超越了人际关系的范畴。由于社会网络的复杂性、隐蔽性，很难对其进行全面准确的量化研究，因此，本书将企业业务关系网络定位于组织与组织之间的关系范畴内，指企业和其他组织之间由于商业活动关联形成的组织联盟。因此，业务关系网络主要是企业与上下游组织之间的关系。

基于上述定位，企业业务关系网络应该是一个开放的动态系统，关系网络中的企业是一种竞争—协作关系。它们有共同利益也有各自目标，联合的同时又可能是竞争对手，合作的同时又保持各自的独立。业务关系网络是建立在共同利益需求和不完全契约形式上的企业联盟，本质上属于企业价值链。处在业务关系网络中的企业除了面临作为独立法人组织的风险外，还受到业务关系网络本身和伙伴企业风险的影响。

三、内部控制缺陷扩散的含义

《辞海》对扩散（diffusion）的释义是扩大分散出去。物理学上扩散指物质的分子从高浓度区域向低浓度区域转移，直到均匀分布的现象。物理扩散过程中分子要转化为动能就需要从外界吸收热量作为转化的能量。而生物学上扩散是指生物个体或其传布体（如孢子、种子）向其他地域传布的过程，又称散布（dispersal）。生物扩散包括主动扩散和被动扩散两类。前者主要依靠生物体的自力实现，后者需要借助外力实现。对于缺乏行动能力的微生物和植物来说，其传布大多是被动的，而动物则多是主动扩散。传播学认为扩散是一个特殊类型的信息传播。著名的传播理论家埃弗雷特·罗杰斯（E. M. Rogers，2019）在定义创新扩散时认为，扩散是创新在特定时间段内，经由特定的渠道，在特定的社会团体中传播的过程；扩散还是一种社会变化，是社会系统的结构和功能发生变化的过程。

　　企业作为经济组织，从组建成立之始就面临生存、发展两大问题。获利是企业实现生存和发展的必要条件，于是盈利必然成为企业的追求。企业盈利需要通过一定的经营和管理活动才能实现，而企业的经营管理活动不能完全在企业内部完成，于是通过物资的采购、产品的销售、服务的提供、人员的雇佣和解除、技术的购买和转让、资金的收取支付、信息的传递等经营活动，企业与其他组织之间建立了关联。现代商品经济环境下企业之间的关联都要按照一定的规则运行，同时也受来自直接关联主体之外的其他因素的影响，这些因素共同构成了企业通过经营管理活动与其他组织实现联系的外部环境。

　　企业本身是一个复杂的组织体，为了确保企业内部各下属组织和个人的行为都符合企业整体目标，与企业的总体追求一致，于是需要建立实施内部控制体系。而一个企业所处的外部环境是不断变化的，为了使企业与其他组织的关联能够保持有效，甚至高效开展，企业的经营管理活动要不断进行适应性变化，同时为了满足企业本身生存和发展的需要，企业本身也有动机对已有经营管理活动不断进行主动性调整和改变，这些变化会使建立在原有经营管理活动之上的内部控制体系不再能够完全达成原有目标，内部控制体系的有效性受到影响，出现内部控制缺陷。而这些缺陷有可能随着企业与其他组织的关联溢出到其他组织，对其他组织造成损害，出现了内部控制缺陷的扩散。

由上，内部控制缺陷扩散是指业务关系网络中一个组织的内部控制缺陷在一定条件下，通过一定途径，经由一定载体，输入到其他组织的过程。

第二节 企业内部控制缺陷扩散的类型

如果将存在内部控制缺陷的企业视为传染源，按照缺陷扩散的范围可以将企业内部控制缺陷扩散分为点到点扩散、链状扩散、放射状扩散和网状扩散四种类型。

一、点到点扩散

A组织存在严重的内部控制缺陷，其与B组织有直接业务关系。A组织的缺陷可能经由物流、资金流、信息流、人员流、技术流等途径，通过材料、产品、应收账款、业务核心人员、某类信息、某种核心技术等载体输入到B组织，导致B组织产生缺陷。该类型的扩散范围限于与传染源存在直接业务关联的单个组织（见图1-2）。

图1-2 点到点扩散

二、链状扩散

A组织是内部控制缺陷的源头，它先将缺陷传给与其有直接业务关联的B组织。但B组织不能消解从A组织传来的内部控制缺陷，导致B组织又将该内部控制缺陷传给与自身存在直接业务关系的C组织。如果传染的下游组织（如B组织或C组织）内部控制体系健全，均具有消解缺陷的能力，就可以使缺陷的危害逐渐减弱甚至消除，从而阻止缺陷继续扩散。但如果下游组织的防缺陷扩散能力较差，就可能导致缺陷放大，甚至导致缺陷进一步扩散不能控制。该类型扩散的范围既包括与传染源存在直接业务关联的组织，也包括存在间接关联的组织（见图 1 - 3）。

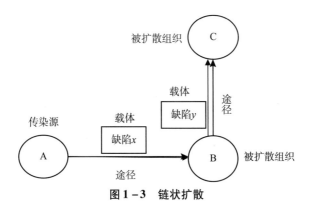

图 1 - 3　链状扩散

三、放射状扩散

A 组织与多家组织（如组织 B、组织 C 和组织 D）存在直接业务联系。如果 A 组织有内部控制缺陷，它有可能将缺陷同时传给组织 B、组织 C 和组织 D。该类型扩散的范围涉及与传染源存在直接业务关联的多个组织（见图 1 - 4）。

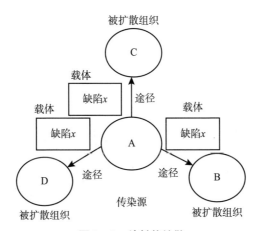

图 1 - 4　放射状扩散

四、网状扩散

在内部控制缺陷放射状扩散基础上，如果被缺陷传染的组织，比如组织 B、组织 C 或组织 D 不能消解从 A 组织传来的内部控制缺陷，可能这些组织又将该内部控制缺陷传给与它们各自存在业务联系的其他组织，如果 A 组织有大量的直接业务关联组织，就会导致内部控制缺陷扩散的范围以指数级别快速扩大，形成内部控制缺陷的网状扩散（见图 1-5）。

该类型扩散的最大范围是整个业务关系网络。但是，由于每个组织或多或少都存在内部控制体系，本身都有实现各自管理目标的需要，因此内部控制缺陷在扩散中会不断大幅消减，甚至被阻断、隔离，一般很难形成大面积的网状扩散。

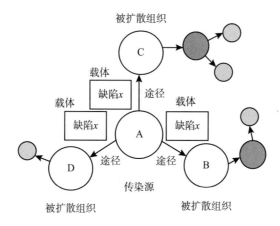

图 1-5　网状扩散

内部控制缺陷扩散的四种类型中，点到点扩散是链状扩散的一部分，也是放射状扩散的特例；网状扩散是放射状扩散与链状扩散的结合。

第三节　输入型内控缺陷与内生型内控缺陷

一、区分输入型内控缺陷与内生型内控缺陷的意义

华为公司总裁任正非先生说过，"在一个全球相互交织的世界，企业

受到的威胁可能来自任何地方。"大量来自现实实务领域的企业案例也证明确实如此，企业通过业务关系网络输入风险的案例至今层出不穷。这些案例提醒我们，企业业务关系网络中内部控制缺陷存在传染的可能。一个企业的内部控制体系总会存在一定的缺陷，当企业本身的控制体系无法将缺陷消除时，由于在业务关系网络中企业和其他组织之间存在商业活动的关联，这个企业的内部控制缺陷就可能经由商业活动输入到其他组织，造成内部控制缺陷在业务关系网络中的扩散。

由此，有必要从企业主体出发，以企业为边界，按照内部控制缺陷产生的来源将缺陷进一步划分为输入型内控缺陷与内生型内控缺陷。将内部控制缺陷区分为输入型与内生型的理论和实践意义主要体现在以下方面：

（1）理论上。首先，内部控制是企业实现长远发展的基础，是实现企业管理目标的必要保证。将内部控制缺陷区分为输入型与内生型可以将内部控制研究的主体从企业自身拓展到企业业务关系网络，将内部控制研究的重点从单纯强调某个企业扩展到关注整个业务关系网络，这有助于现代管理学理论的完善。其次，引入输入型和内生型内部控制缺陷概念，并进一步建立基于此的内部控制缺陷分类、监测、识别、防范的理论体系，可以拓展企业内部控制研究范畴，有利于内部控制理论的发展。

（2）实践上。第一，如果将企业内部控制体系的建设范围从企业自身拓展到企业的业务关系网络，建立基于业务关系网络的企业内部控制缺陷防扩散机制，对企业建立更完整、全面和有效的内部控制体系具有重要价值，而且通过全面精细化的缺陷防范可以确保企业自身经营无虞，避免造成重大损害。第二，将内部控制缺陷区分为输入型与内生型也有助于推动企业采用事前预测、事中监测、事后分析的内部控制缺陷认定和防范的系统化方法，更精细化分类研究对内部控制缺陷的防控对策，提高企业管理的科学化水平。第三，输入型内控缺陷与内生型内控缺陷的划分也提示国家和社会关注与重视企业内部控制缺陷的扩散传播问题，从而推动企业建立起更有效的内部控制体系。

二、输入型内控缺陷与内生型内控缺陷

基于上述分析，从内部控制缺陷形成来源的角度考虑，企业最终呈现

的内部控制缺陷一部分来源于企业原本自身存在的缺陷，另一部分来源于与企业具有关联关系的其他组织。这些组织的内部控制缺陷可能会通过某些途径将缺陷传染给企业，于是企业就会形成输入型内部控制缺陷。类似于人体生病。病人中，一部分源于人自身体内各个内脏器官和循环的问题，另一部分则来源于直接或间接接触到的其他病人携带的细菌或病毒等传染侵入带来的病变。

本研究将企业管理中由于自身内部控制设计存在漏洞或者内部控制运行存在弱点和偏差，导致产生的内部控制缺陷称为内生型内控缺陷；而将业务关系网络中其他组织内部控制缺陷通过业务关系和经济联系传导到企业，导致企业形成的内部控制缺陷称为输入型内控缺陷。内生型内控缺陷就是我们传统意义上的内部控制缺陷，不再赘述。

从企业主体的角度考虑，一个企业输入型内控缺陷的严重程度主要取决于四方面：（1）企业所处业务关系网络的风险大小；（2）业务关系网络中伙伴组织内部控制缺陷的严重程度；（3）业务关系网络中企业与其他组织的连接结构；（4）业务关系网络中内部控制缺陷防扩散体系的完善程度。

第四节　输入型内控缺陷的来源类型

全球经济一体化的加深，企业与其他组织之间的业务联系和依赖程度愈加紧密，正因如此，一个企业无论管理好坏，都面临着内部控制缺陷输入的潜在可能。对一个企业来说，从内部控制缺陷影响的最终表现结果和程度，我们难以将处于业务关系网络中企业的内部控制缺陷按照输入型内控缺陷和内生型内控缺陷进行明确区分，但是仔细分析也会发现，通过业务联系形成的关系网络中不同类型内部控制缺陷的传染性是存在差异的。

从内部控制缺陷来源看，发生在物流和资金方面的缺陷是目前业务关系网络中最易扩散的缺陷，也是输入型内控缺陷最重要来源。迪博数据库的数据显示，2011～2016 年在存在内部控制重要缺陷的制造业上市公司中，披露前五大供应商或客户是哪些具体单位的样本共 289 个，其中 160 个属于客户端企业。分析 160 家客户端企业中披露存在各种缺陷的 38 家企业的缺陷内容后可以发现，其中 36 家的缺陷是涉及买卖、借贷、工程、租赁的合同纠纷等的法律诉讼问题，占全部问题的 94.74%；单纯属企业自己内部问题的只占 5.26%。这些数据说明，来自业务关系网络的物流和资金方面的内控缺陷问题对企业经营构成了现实和潜在威胁，有形成企业输入型内控缺陷的极大可能。除此之外，人员、信息、技术和外部环境也是输入性内控缺陷的重要来源。从缺陷传播来源角度，可以将企业通过业务关系网络形成的输入型内控缺陷归为如图 1-6 所示的几种类型。

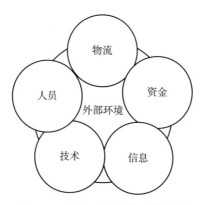

图 1-6　输入型内控缺陷的类型

一、物流方面

业务关系网络形成的重要纽带之一就是不同企业经由业务活动形成的物流。因此由业务关系网络中企业之间物流传导的内部控制缺陷也成了企业输入型缺陷的重要部分。实际发生的案例可以帮助我们窥见一斑。

案例 1-3　爱立信公司的案例

2000 年 3 月 17 日晚，位于美国新墨西哥州的飞利浦公司第 22 号芯片厂的车间发生了一起火灾，火灾持续了 10 分钟，破坏了正在准备生产的数百万个芯片，更严重的是飞利浦公司需要几星期才能使工厂恢复生产。这家工厂是爱立信供应链中的一环，为爱立信公司提供多种重要的零件芯片。从20世纪90年代中期起，爱立信公司为了节省成本简化了供应链，基本上排除了后备供应商，有几种芯片只能飞利浦公司提供。由于爱立信公司高层开始没有意识到后果的严重性，没有及时采取补救措施，于是在市场需求最旺盛的时候，由于飞利浦公司的供应跟不上，供应链中又没有其他的后备设备供应商，缺少可替代的芯片，爱立信失去了市场。这场火灾导致公司损失了4亿美元的销售额，市场份额也由前一年的12%降至当年的9%。

资料来源：黄孝林．供应链的风险防范——由爱立信手机外包生产引发的思考［OL］．www.bs51.com.

案例1-4 桂林兴达药业的案例

2015年5月食药监总局对桂林兴达药业飞行检查时发现，该企业存在擅自改变银杏叶提取生产工艺，从不具备资质的企业采购原材料，将外购材料以企业产品名义销售给客户，伪造购料台账和生产检验记录等违法行为。至2015年6月已经有包括仟源医药、方盛制药、云南白药、海王生物、康恩贝、汉森制药、益佰制药、信邦制药等上市公司在内的国内20多家医药企业，因为从桂林兴达药业采购了原材料用于生产销售，只得紧急召回问题产品。这些企业作为桂林兴达的下游客户，受该违法事件影响产生了不同程度的损失。

资料来源：国家食品药品监督管理总局：关于桂林兴达药业有限公司等企业违法生产销售银杏叶药品的通告（2015年第15号）。

上述案例告诉我们，由于业务关系网络中企业彼此在物流上的依存，一个企业物流方面产生的控制缺陷会很容易从上游传导到下游，而下游企业对上游企业物流的规模和依赖程度决定了控制缺陷传导过来后的影响深度。

二、资金方面

业务关系网络运行的另一个重要纽带是资金。资金链是企业的生命链，在业务关系网络中所有企业的资金链以并联和串联方式连接在一起，共同构成了业务关系网络的生命链。这条生命链中某些重要节点出现控制缺陷，就可能使整条生命链出现风险，甚至导致链条中相关企业破产倒闭。就拿手机产业链看，手机制造从品牌手机厂商，到为其代工的工厂，再到生产模具、外壳、电路板、触摸屏、摄像头、芯片等手机组件的企业，以及为这些企业提供原材料的上游供应商，手机产业链条中任何一环出现问题都会很容易传导到其他企业。

业务关系网络中企业资金方面的控制缺陷很容易从一个组织传导到上下游企业，而企业与该组织之间的交易规模、资金来源方式和资金结算方式等决定了控制缺陷传导的影响程度。

三、人员方面

我们时而会看到企业某些掌握核心管理权力、核心客户、核心信息、核心技术的人员离开企业成为竞争对手，对企业产生的严重后果的例子。企业有新的业务需求或战略规划时，"挖人"，包括从上下游企业"挖人"成了企业获得需要的各类人才的最重要，也最"省时省力"的途径。特别是同行业的高级管理人员、高级技术人才，成为被"挖"人员的首选。应该说，对企业来说，"人"是企业生存发展不可缺少的要素，其中的核心人员更是对企业发展至关重要，是企业经营成败的关键要素。但是高级人才流动可能造成的企业技术和商业机密外泄等也可能成为给企业带来威胁的潜在因素，是形成企业输入型内控缺陷的重要方面。

四、信息方面

可能引起输入型内控缺陷的信息涉及两方面：一是外部环境的舆论信息；二是其他组织的内部信息。随着信息在企业经营管理决策中越来越重要，决策者进行决策和管理对各类信息的依赖程度越来越高，而且随着关系网络中企业业务和管理信息化程度的提高，业务关系网络中各组织之间的信息关联度增强，彼此信息安全依赖程度提高，来自信息方面内部控制缺陷的影响日益增大。关于外部环境的舆论信息对企业可能带来的内控缺陷，我们可以看三鹿案例。

案例 1-5　三鹿有毒奶粉事件

2008 年之前，"三鹿"是中国驰名商标，品牌价值达 149.07 亿元。2007 年集团销售收入突破 100 亿元，是当时中国最大的奶粉生产企业。2008 年"毒奶粉"事件中，由于三鹿集团管理中存在内部控制缺陷，其上游奶源供货商为获取更多利润向鲜奶中掺入三聚氰胺，这个事件最终不仅导致三鹿集团这个曾经以 18.26% 的市场份额领跑国内奶粉市场的乳业巨头整体破产，而且也使中国乳品行业陷入质量泥沼。受此事件影响，2008年蒙牛亏损 9.49 亿元，光明亏损 2.86 亿元，伊利亏损 16.87 亿元，是三聚氰胺事件中亏损最严重的中国乳品上市企业。

三鹿事件之后，我国乳品上游产业链做了全面快速蜕变，但由于出现了信任危机，即便是未卷入三聚氰胺事件的贝因美、飞鹤、完达山等国产奶粉品牌，在事件发生后的 5 年里在与外资品牌奶粉的竞争中依然处于劣势。

资料来源：三聚氰胺事件后中国乳业困局：洋品牌占半壁江山［OL］.搜狐新闻，http：//news. sohu. com/20130619/n379192792. shtml.

三鹿事件使我们看到，外部舆论信息也可能成为企业输入型内控缺陷的来源。但是，信息方面缺陷的传染更重要的来源并不是外部环境而是存在业务关联的企业。

五、技术方面

处于当今后工业化和信息化时代更替的大背景下，技术对企业生存发展都起着越来越举足轻重的作用。掌握和拥有新技术、持续技术创新、应用新技术成为企业获得和保持竞争优势的重要选择。以华为公司被美国制裁为例，2018 年 1 月美国政府干预下华为和 AT&T 合作流产，华为手机被禁止进入美国市场；8 月美国总统签署"国防授权法"，禁止美国政府机构和承包商使用华为和其他中国公司的技术；11 月美国政府要求德国、意大利和日本等国家不要使用华为的设备；12 月应美国要求加拿大逮捕了华为副董事长、首席财务官孟晚舟。2019 年 5 月 16 日美国商务部以国家安全为由，将华为公司及其 70 家附属公司列入管制"实体名单"，禁止美企向华为出售相关技术和产品。作为华为供应链的谷歌、英特尔、高通、赛灵思、博通、ARM 等纷纷选择断供从操作系统、应用软件、芯片等各种核心系统。在供应链受到中断威胁的同时，美国还限制了大学与华为公司开展技术合作。紧跟美国制裁步伐，25 日 SD 协会、JEDEC 协会和 PCI – SIG 组织三大国际标准组织官宣将华为从会员名单中移除，世界最大的非营利性专业技术学会 IEEE 协会禁止华为员工参与旗下期刊的编辑和审稿工作。作为世界最大通信设备供应商，技术无疑是华为公司重要的生存之本。因此上述技术协会、组织和大学在技术方面的限制和"断供"，对公司技术影响无疑会是深远的，为公司经营带来了风险。

六、外部环境

全球化形成的企业跨国、跨地区经营，企业的上下游供应商和客户可能遍布在多个国家和地区。其他国家和地区的相关政治、文化、法律规范、市场等环境因素对企业的影响和制约作用愈发严重。在动荡的外部环境状况下，处在一定业务关系网络中的每个组织都无法独善其身。以中兴受到美国制裁为例，2018 年 4 月 15 日美国商务部工业与安全局签发一项命令，激活 2016 年以违反美国出口限制法规为由对中兴进行出口限制措施的为期七年的拒绝令。该拒绝令曾以中兴公司 2016 年支付 892 360 064 美元罚款获得了暂缓执行。按照该拒绝令，中兴公司将无法获得上游供应商的包括芯片等在内的核心零部件、操作系统等的供货，受此影响中兴 2018 年 5 月在上市的香港交易所发布公告称"公司主要经营活动已无法进行"。该制裁事件最后以中兴公司再次支付 10 亿美元罚款及接受美方其他要求最终获得禁令解除。2019 年 8 月美国国防部、总务署及太空总署联合宣布禁止美国承包商采购包括中兴在内的中国公司的设备与技术。

上述实例告诉我们，2018 年以来美国以所谓安全问题对中兴、华为等我国科技企业的制裁，造成这些公司出现了大幅损失、原有供应链断裂、经营风险提高等缺陷。主要原因并不是企业自身的管理问题，而是上述企业的外部环境巨变引起的，因此外部环境方面因素是企业输入型内控缺陷的重要来源。

应该说在上述所有因素中，外部环境因素对企业的影响是最致命、最深远，最难规避的。而且在公司外部环境面临巨大风险情况下，内部的物流、信息、资金、技术等缺陷的传递可能进一步形成交叉叠加影响。

第二章

内部控制缺陷扩散研究回顾

回顾业务关系网络、风险与内部控制缺陷扩散的相关研究可以发现，现有文献总体上缺少对业务关系网络中内部控制缺陷传染方面的研究，对企业业务关系网络中内部控制缺陷的传导和防扩散问题缺少关注。

第一节　企业业务关系网络相关文献

以中国知网（CNKI）和美国社会科学研究网（Social Science Research Network）数据库作为来源数据库进行检索，以 1996～2015 年为研究的时限范围①，利用社会网络分析中的中心度分析，并采用知识图谱法分别对国内外的业务关系网络研究文献进行了分析。

中文文献检索中分别以企业的关系网络、交易关系、经济关系、商业关系、业务关系和商务关系为主题词，学科领域限制在社会科学理论与方法、社会学及统计学、信息科技和经济与管理科学，为了排除不相干文献的干扰，对原始检索结果进行了进一步筛选，剔除了非营利组织问题研究文献以及会议综述、纪要、通知、评论类文献。

外文文献检索中以企业的经济关系、业务关系、关系网络、商务关系、商业关系和交易关系等反映关系网络的英文表达为主题条件进行检索，然后清理由于不同主题词检索获得的重复文献，并剔除韩文、俄文等

---

① 文献选取的是截至 2016 年 2 月 10 日美国社会科学研究网站上提供的数据。

非英文文献以及与企业无关的文献。最终得到相关中文文献 946 篇、外文文献 651 篇，其中最早的文献是由戈登·L. 克拉克（Gordon L. Clark）在 1997 年 9 月 23 日发表的"The Functional and Spatial Structure of the Investment Management Industry"[①]。检索英文主题词的全部检索组合见附录表 1。

图 2-1 和图 2-2 是 1996~2015 年国内、外业务关系网络研究文献数量分布情况，从文献数量看，20 年里国内、外关系网络的探讨总体均呈上升趋势，说明业务关系网络研究热度不断增加。

图 2-1　1996~2015 年国外关系网络研究文献数量

图 2-2　1998~2015 年国内企业业务关系网络研究文献数量

从外文文献分布数据看，20 年里国外学者对企业关系网络的研究不断增加。回顾全球经济发展历史我们发现，企业关系网络的整个研究与美国经济、西方发达经济体经济甚至是全球经济发展走向密切相关，大致可以

① Gordon L. Clark. The functional and spatial structure of the investment management industry [J]. Geoforum, 1997, 31 (1): 71-86.

划分为 2003 年之前、2003～2007 年、2008 年之后三个阶段。

美国互联网技术商业化开始于 1995 年后，此时国外研究中开始出现关系网络的概念，有学者开始对企业关系网络进行探讨，但是 2003 年前的这个阶段相关研究还很少，年均只有 4.6 篇。

在政府、市场、企业、投资者的多方作用下，美国互联网经济迅速发展，2000 年 3 月达到高峰，之后互联网经济泡沫走向破裂，到 2002 年 10 月，已经导致美国公司的市值损失 5 万亿美元。由于 IT 产业中企业与它的供应商、客户、运营商等高度关联，互联网泡沫破裂使大量中小企业面临生存危机，我们发现，国外企业关系网络研究的第一次快速增长就发生在此时，2003～2007 年年均文献达到 18.3 篇。

2007 年金融危机开始在美国浮现，并很快波及国外发达经济体、亚非拉新兴经济体，最终导致 2008 年全球金融危机。图 2-1 显示，2008 年国外企业关系网络的研究第二次出现暴涨，之后相关研究显著增多，到 2015 年达到了年均 63.6 篇，这个阶段发文数量占到文献总量的 78.2%。

从中文文献分布看，我国学者最早 1998 年开始探讨企业业务关系网络相关的问题。自 1998 年到 2015 年近 18 年的时间，我国企业业务关系网络研究发文量呈现曲折增长的趋势，在 2009 年达到顶峰，占样本总量的 10.68%。整个研究大致分成两个阶段：1996～2007 年、2008～2015 年。在第一阶段内，企业关系网络文献的数量为 317 篇，占样本总量的 33.5%，第二阶段的文献数量是 629 篇，占样本总量的 66.5%，其中从 2009 年到 2015 年发文数量为 543 篇，占全部发文量的 57.4%。由此可见，近 7 年的研究总量超过了前 11 年的总和，企业关系网络越来越受到国内研究学者的重视，尤其是 2009 年以来对企业关系网络的研究越来越热，涉及的方面也越来越广。

从外文文献研究重点和主题看，2006 年前，中小企业是关系网络研究的主要对象，市场和营销、企业交易、证券交易、电子商务、道德规范等是关系网络的主要研究内容。从 2006 年开始研究对象和研究内容都明显呈现多样化，形成了以企业联盟为重点的，涵盖各种行业产业、多种企业和组织的研究对象群，并且开始出现并重视全球化、社会网络、业务网络、企业社会责任、客户关系管理、价值链、客户行为、盈余质量、公共关系以及多变性、稳定性、持续能力等关系网络属性方面的研究。其中，2009年之后互联网、大数据等信息技术应用和初创公司问题也开始在关系网络研究中受到学者关注。我们还注意到，无论是哪个阶段，沟通和整合的研究一直是国外企业关系网络研究中的重要内容。研究中还发现，研究中国和印度企业关系网络的文献分别有 14 篇和 10 篇，排在除了西方以外其他国家和地区的前两位，说明西方研究中作为新兴经济体的中国和印度的企业关系问题也同样受到了较多关注。

采用聚类分析的成分工具总结分析国外企业关系网络研究的主题热点会发现，国外企业关系网络的研究主要集中在联盟和协同、关系网络和社会资本、业务网络和企业行为、组织整合和资本市场、沟通和营销管理、客户关系管理六大方面。其中，客户关系管理、沟通和营销管理明显远离其他研究主题，表明该两类研究相对独立。联盟和协同、关系网络和社会资本、业务网络和企业行为、组织整合和资本市场两两之间部分交叉相连，说明主题的相关研究联系紧密。结合不同研究热点中已经正式发表的、被引排在前三的文献，可以大致描绘各类热点的主要研究内容。

1. 联盟和协同相关研究

该类文献主要对不同行业和产业下联盟形成的网络，联盟中的协作和协同，联盟中组织的商业模式等问题进行了研究。拉维和米勒（Lavie and Miller，2008）提出了联盟组合国际化程度（API）的概念，证明 API 与企业绩效呈"S"型关系；安东尼奥（Antonio，2006）探讨了企业间强关系、双关系两类网络对联盟网络中主导企业创新能力的影响；斯提里特和卡梅伦（Street and Cameron，2007）通过分析 1990~2002 年有关中小企业文献发现小企业要取得成功必须依靠联盟和关系网络获取外部资源，认为应该更多从资源依赖、资源均衡等理论视角开展中小企业问题研究。

2. 关系网络和社会资本相关研究

该类文献研究了不同经济发展条件下，建立在全球化基础上的关系网络中涉及的社会资本、企业战略、伦理道德、治理、创新、转型、绩效和成长，以及企业家精神等问题。伯杰和乌迪尔（Berger and Udell，2002）研究了关系借贷的内在运作方式，银行组织结构产生的影响，以及技术创新、监管制度改变、银行业整合等经济环境冲击对小企业借贷的影响；皮塔威（Pittaway）等（2004）回顾了企业关系网络行为和创新能力关系研究基础上提出网络关系是影响创新绩效和生产力的重要因素，并认为应该进一步研究网络和不同类型创新之间的关系；温尼克斯（Wennekers）等（2010）用自我雇佣和企业所有权衡量企业家精神，实证检验了企业家精神和经济发展之间的关系。

3. 业务网络和企业行为相关研究

该主题的研究主要围绕市场、商业周期、证券交易、贸易等因素探讨了关系网络中的经济关系、交易成本、生产率、信任，以及各关系方本身的盈余质量、社会责任、公司治理、公司绩效等问题。弗拉卡西和泰特（Fracassi and Tate，2012）研究了公司治理特征对企业价值的影响，认为外部关系网络与CEO存在显著关联，会削弱董事会监督力度，降低企业价值；杜等（Du et al.，2010）认为注重履行社会责任对企业发展有很多好处，并且从信息内容、沟通渠道、影响企业社会责任的股东因素等方面构建了企业社会责任框架；哈那和威尔斯（Hanna and Walsh，2002）研究发现小企业关系网络合作并不一定能增强企业的革新能力，对已有研究中关于小企业关系网络和创新有关的结论提出了质疑，认为小企业应该重新思考他们的合作方式和合作动机；克莱纳等（Kleiner et al.，2002）探讨了美国商用飞机制造业从合作到冲突的过程中劳资关系政策的变化，以及劳资关系对工厂绩效的影响。

4. 组织整合和资本市场相关研究

该类文献主要研究了在一定汇率、股票交易等宏观因素作用下企业整合方面的问题。拉克希米和阿拉加潘（Lakshmi and Alagappan）（2012）等研究证明外国机构投资交易量与股票回报波动性之间存在正相关关系，但是对股票回报持续波动的作用很小；赫恩和皮西（Hearn and Piesse，2010）以莫桑比克和斯威士兰两个市场数据证明了小规模股票交易所对经济发展的作用是有限的。认为由于市场规模小，机构提供多元化风险的能力有限，从区域一体化和外国投资中获益几乎是不可能的。

5. 沟通和营销管理相关研究

该类文献研究了企业间、企业与其他组织间、企业与政府间、企业与客户间的沟通、广告、营销等问题。彼得森和拉詹（Petersen and Rajan，2002）研究发现小企业和债权人之间的物理距离越来越远，但是新的沟通方式的采用反倒促进了债权人放贷数量的增加；斯普拉格和威尔斯（Sprague and Wells，2010）认为互联网作为一种营销手段增加了消费者被商业广告轰炸以及质疑商业广告的风险，应该规范网上口碑营销，整顿欺骗行为。

6. 客户关系管理相关研究

该主题主要对客户关系管理、客户关注和忠诚度以及它们对企业绩效的影响，电子商务对供应链整合的作用等问题进行了研究。尼古拉斯和罗马诺（Nicholas and Romano，2003）以2002年财富500强中排名前250名的公司为对象，研究了公司网站可访问性对包括潜在客户在内的客户的影响问题。雷曼等（Reimann et al.，2010）认为在不同产业环境中客户关系管理有不同作用，客户关系管理和企业绩效之间具有间接联系，其中差异化和成本领先战略对两者联系起到了重要作用。

通过对研究热点变化分析也可以发现，某些方面的研究还有进一步挖掘的空间。如网络、创新对于企业绩效和经济发展的影响问题，中小企业在全球化、联盟、创新环境中的机遇问题，全球化与业务网络、企业联盟的关系，公司治理、企业道德在业务网络和企业联盟环境下对企业履行社会责任的影响问题等。

从中文文献看，国内企业业务关系网络研究的高频关键词之间存在较多的交叉重叠，研究主题非常分散，采用社会网络分析的 Euclidean 距离进行多维尺度分析，其效度估计值非常低，拟合程度不好。从文献的关键词分布看，除了"企业"和"网络"外，绩效、关系网络、交易成本、信任、创新、契约、社会关系及网络、产业集群、业务关系、社会资本、人力资本、关系嵌入、行业和产业、资源、市场出现频次排在前列，说明与它们相关方面的研究较多。

第二节　业务关系网络中风险与缺陷扩散的研究

业务伙伴集中程度产生的影响是业务关系研究中的重要部分。研究发现客户集中会导致企业融资成本升高，并增加企业风险。达利瓦尔等（Dhaliwal et al.，2016）、周冬华（2017）发现客户集中度与股权资本成本之间存在显著的正相关关系。较高的客户集中度会增加企业的现金流风险，股东会要求更高的回报率，导致股权资本成本上升；坎佩罗和高（Campello and Gao，2017）发现，业务伙伴集中度高银行等金融机构考虑到集中策略带来的经营风险，会提高贷款利率，增加限制条件，使企业债务融资成本增加。而且企业为满足大客户的需要会投入较多的专用性资产，如投资固定资产、开发新产品等，当大客户由于某些原因，比如破产、与公司的竞争对手结盟等终止与企业合作时，这些资产会失去原有价值，给企业造成巨大损失，甚至可能产生声誉连锁反应，引发"羊群效应"，使企业陷入业务关系风险。大客户也可能会通过压低价款、延期付款、放大信用额度等来寻求自身利益的最大化，致使核心企业利益受损（Gosman et al.，2004）。法博里和梅尼钦（Fabbri and Menichini，2010）发现，企业可能在与大客户的博弈中给大客户提供超额商业信用的隐性费用支出，导致应收款项收回困难，出现大额的坏账损失；王海林和张爱玲（2019）以我国 2008～2016 年沪深两市 A 股制造业上市公司为样本研究了企业客户集中程度对内部控制缺陷的影响。发现随着业务伙伴集中度的提高，客户和供应商的议价能力上升，企业可能被迫给与更长的信用期限和更多的专有资产投入，打破了原有的控制规范，造成内部控制质量降低，于是出现了企业客户集中程度提高内部控制质量下降、内部控制缺陷程度升高的结果。

企业业务关系网络中风险存在传染性。格雷和博埃利耶（Gray and Boehlje，2005）认为一个企业的财务危机会通过供应链上的经济联系影响上下游企业，弗洛里安和康斯坦吉奥拉（Florian and Constangioara，2014）

以64家来自罗马尼亚的样本数据研究发现企业供应链中风险与组织绩效呈现负相关关系，供应链风险具有传染性。许江波和卿小权（2019）、王海林和高颖超（2019）以我国僵尸企业为样本研究发现，僵尸企业风险会在供应商中向外扩散，也会向银行外溢传染。蔡星星和林民书（2016）通过建立风险传染仿真模型模拟温州民营企业融资关系网络给出了企业融资关系网络中某个个体企业的风险在网络中会向其他企业传染比例较低的结果。余维新等（2016）从结构、关系和知识三个维度对企业创新网络的演化特征进行梳理。通过研究企业创新网络不同阶段风险产生的机理，从关系治理角度提出关系契约、关系交易和关系调节三大风险治理机制。陆丰刚和陈寅平（2018）以黑龙江省冰雪旅游产业经营管理的具体情况为例分析了产业集群网络风险形成和网络关系的治理方法，探究了多重委托—代理问题产生的机理及控制路径。

赫茨尔（Hertzel，2008）研究发现供应链上某一企业的破产预期会传染另一层面企业的行为，如关键客户宣告破产时会引发供应商的负面价格效应，导致企业产品价格下降。行业的财务困境比企业的财务困境对供应商和客户的影响更大，而且风险在中小企业集群形成的互助担保网中的传播与流行病传播的特征相似（徐攀和于雪，2018）。企业风险在供应链上的溢出会经由企业间商业信贷关系（Bradlry and Rubach，2002）、互保联保的担保关系（刘海明等，2016；张泽旭等，2012）和企业集团内部子公司之间财务和经营关系实现（纳鹏杰等，2017；李丽和周宗放，2015）。李秉成等（2019）进一步发现企业集团内部财务风险会经资金与担保交易、关联交易和负债融资三条路径进行传染。企业违约也相互关联和传染，一个企业违约会直接传染影响其他公司的健康，导致形成违约企业集群（Das et al.，2007；Azizpour et al.，2018）。

刘慧等（2017）通过构建企业研发网络的风险传播模型发现关系风险传播速度快，风险恢复量达到一定值时，不再发生关系风险相继传播；竞争企业数量占网络总规模的比例越大，竞争程度越强，风险的传播速度和影响范围越大；合作程度的变化比竞争程度的变化对风险的传播影响更大。

　　风险溢出如何计量是研究不同主体之间存在风险传染的难点和重点。阿德里安和布伦纳迈尔（Adrian and Brunnermeier，2011）提出了条件风险价值模型（Conditional Value at Risk，CoVaR）衡量一家金融机构出现风险损失时对其他金融机构或整个金融系统带来的风险增加值，用以识别金融机构对系统风险的贡献度；高国华和潘丽英（2011）运用动态 CoVaR 模型研究了我国四大国有银行对银行系统风险的溢出效应。目前 CoVaR 方法也被应用于不同市场之间风险传染和溢出的研究。按照风险损失计算方法的不同，CoVaR 又可以分为 GARCH 模型法和分位数回归法。恩格尔（Engel，1982）构建的 ARCH 模型能够通过捕捉金融时间序列的波动性特点描述收益率之间的联动关系，博勒斯列夫（Bollerslev，1986）进一步提出了广义 ARCH 模型，即 GARCH 模型更加准确地衡量风险，该模型被广泛应用在风险价值研究中。如戚逸康等（2018）利用 BEEK - GARCH 模型研究发现房地产行业与整体股票市场之间存在显著波动率溢出效应，并通过计算 CoVaR 值判定房地产板块有可能引发整体股市的系统性风险。与传统线性回归方法相比，分位数回归对条件分布刻画更加细致，因其既能给出条件分布的大体特征，又不要求很强的分布假设，在非正态情形下相较于最小二乘估计更加稳健。江红莉和何建敏（2014）运用分位数回归 CoVaR 模型测度房地产业和银行业之间的风险溢出强度，发现存在双向风险溢出效应。鉴于本书所用股票收益率数据呈非正态分布，故采用分位数回归方法来计算 VaR 值和 CoVaR 值。

　　由于关系数据通常不满足常规统计意义上的"变量独立性假设"（刘军，2014），因此经济计量方法能够对风险进行测度并证明溢出效应的存在，但难以形象地描述对象之间的风险溢出关系。社会网络分析方法（social network analysis）在相邻效应、传播、互动等方面得到了广泛应用，陈运森（2015）将社会网络从网络结构和网络关系两个维度进行了分析，并从网络结构角度探讨了企业在社会网络结构洞中的位置对其经营和投资效率的影响。近年来研究网络关系对企业发展影响的文献也逐渐增多，比如，博伊西（Boissay，2006）建立企业间商业借贷关联模型对企业间商业信贷风险溢出强度进行了研究，通过数据模拟发现一旦下游企业发生财务危机，一个本身财务状况良好的企业也存在发生财务危机的可能。克劳斯和詹桑特（Krause and Giansante，2012）建立了一个银行间借贷网络系统用于分析银行外部倒闭引发的潜在银行危机，并调查这种倒闭在银行借贷网络系统内的蔓延，从而得出银行倒闭的传递机制。但大多是基于董事个体特征或政治关联等进行的研究。王海林和高颖超（2019）利用分位数回归的 CoVaR 模型实证检验了我国僵尸企业对银行的风险外溢效应，并采用社会网络方法直观形象地分析了僵尸企业和银行之间的风险溢出关系，而且借助中心性指标量化分析了僵尸企业与银行风险溢出网络中关系的强弱。

综上可以发现，虽然少量文献从供应链视角研究了企业破产预期的传染性，构建了企业研发网络的风险传播模型，探讨了企业创新网络和冰雪旅游产业集群网络风险形成和网络关系治理方法，也有学者提出了业务关系网络中内部控制缺陷的扩散问题并进行了简单分析（王海林，2019）。但是这些对个别企业案例的分析，缺少系统化，也难以形成对相关问题的全面准确认识，更没有建立起业务关系网络与内部控制缺陷之间关系的规律性理论。现有文献总体上缺少对业务关系网络中内部控制缺陷传染方面的研究，对企业业务关系网络中内部控制缺陷的传导和防扩散问题研究不足。

第三章

企业业务关系网络的度量

梳理企业经营管理过程可以发现，影响企业经营并将其他主体的风险传导到本企业的业务活动大致可以分成日常经营活动、投融资活动和其他活动三类。根据这三类活动主要包含的业务可以构建企业业务关系网络衡量指标：上下游业务关系依赖度和其他业务关系紧密度。利用上述指标对选取的样本企业进行业务关系网络分析，用旭日图的形式可以形象直观地展示出企业不同年份业务关系网络动态变化的状况，反映企业对哪些业务伙伴更依赖。这有助于企业动态了解各个业务伙伴出现问题对自身带来影响的程度，从而及时做出防范。

第一节　业务关系网络的衡量方法

现有业务关系网络的研究中，对业务关系网络的衡量方法大致可以划分为两类。

一类是衡量客户或供应商集中程度（Dowlatshahi and Contreras，1999；Cunat，2007；Dhaliwal et al.，2016；周冬华，2017）以及大客户、大供应商的影响（Gosman et al.，2004；Fabbri and Menichini，2010）。

另一类是通过多种方法衡量网络结构。其中，科里·菲尔普斯（Corey Phelps，2010）采用网络多样性和企业合作伙伴紧密程度衡量企业联盟网络。吴和普尔曼（Wu and Pullman，2015）利用调查问卷采用访谈、档案信息分析等方式衡量供应商网络中文化互动对网络功能和变化的作用。埃琳娜·贝拉维娜（Elena Belavina，2015）用网络中每一层供应商数量、网络中层的数量、不同层公司之间的连接衡量供应商网络结构属性。蔡星星和林民书（2016）建立风险传染仿真模型模拟温州民营企业融资关系网络。李志刚等（2007）利用设定的调查问卷指标衡量企业所处产业集群的网络密度、联系强度、互惠性、稳定性、居间性和资源丰富程度。约翰·T. 斯科特（John T. Scott，2017）通过测度不同初创企业参与共同活动的概率衡量了初创企业网络的作用。曾德明等（2018）采用合作网络技术邻近性、合作网络组织邻近性、网络密度衡量网络结构。方岚等（2018）采用核心企业知识权力和核心企业结构权力衡量企业网络权力。郑健壮等（2018）设计了7个指标通过问卷调查衡量了集群内部的商业网络和政治网络。其中，商业网络是指集群企业与集群内供应商、客户、同行、其他行业企业之间建立的网络关系，而政治网络是指集群企业与集群地政府部门、国有银行及行业协会等之间建立的网络关系。武凯文（2019）采用文本分析技术从上市公司年报中获取一个公司与其他上市公司的节点数来衡量关系网络的规模。

本研究在参考和借鉴已有文献基础上，采用上下游业务关系依赖度、其他业务关系紧密度两类指标衡量业务关系网络。

第二节　企业业务关系网络指标设计

一、业务关系网络指标体系构成

梳理企业的经营管理过程，我们发现，影响企业经营和管理，并可能将外部风险传导到企业的业务活动可以大致分成经营活动、投融资活动和其他活动三类。

（一）日常经营活动类

企业经营活动中，影响企业的业务主要包括销售活动、采购活动、业务外包、在建工程等过程。

企业的销售业务和采购业务中，应收和预付账款反映了企业因销售商品、提供劳务或采购原材料和商品而向购买方或供货方收取或预付的款项。企业销售业务中，客户的货款能否收回、收回多少，会影响企业应收账款和坏账准备，甚至可能出现债务重组风险。而企业采购业务中若存在预付账款，一旦对方企业破产或者生产能力出现问题，会对企业生产和预付款的收回造成影响。

业务外包是企业将其非核心业务交由合作企业完成的行为。业务外包中，一旦企业对外包业务过度依赖，那么外包商出现严重的经营问题时，风险可能会传导到企业，造成企业出现经营风险。

在建工程是企业尚未完工交付使用的工程项目，一般包括新建、改建和扩建资产，或者进行技术改造、设备更新和大修理等内容。企业在建工程中，如果承包商由于安全问题、资质问题等出现工期延误、原材料上涨等可能会导致企业预算增加；如果企业从事了国家鼓励的科技创新或者环保的高科技行业，享受了税收、政策、财政补贴等，还可能使企业的递延收益、营业外收入等产生变化；授予其他企业的商标或许可证使用权，一旦对方存在违规行为可能对企业声誉造成连带影响，进而对企业的经营产生不良影响。而如果企业与其他企业结成战略联盟，还可能面临着联盟方信任风险、违约风险和企业重要技术和信息泄露的风险。

出口商品是企业将产品和服务销往海外的行为。出口商品过程中可能面临东道国反倾销或者贸易保护的风险等。

通过上述这些业务过程，供应商、客户、外包业务的承包商、在建工程的承包商的风险可能传导到企业。

（二）投融资活动类

企业投融资活动中，影响企业的业务主要包括持有金融资产、长期股权投资、融资租赁、出租资产以及发行金融工具、回购股票和实施配股等环节。

持有金融资产反映了企业持有交易性金融资产、持有至到期投资和可供出售金融资产的比重。长期股权投资是企业作为投资方对被投资单位实施控制、重大影响的权益性投资，以及对其合营企业的权益性投资。融资租赁是出租人根据承租人要求，与供货商订立供货合同，向供货商购买承租人选定的设备，并将设备出租给承租人向承租人收取租金的行为。出租资产是在不改变资产所有权的情况下，企业与承租者订立契约，在一定时期内，将资产的占有权、使用权有偿出租给承租者的一种经营方式。金融工具是指股票、期货、黄金、外汇、保单等金融产品，发行金融工具是企业通过发行金融产品融资的行为。回购股票是上市公司从股票市场上购回本公司发行在外的一定数额的股票的行为。实施配股是上市公司根据公司发展需要，依照法律规定和相应程序，向原有股东按一定持股比例和特定价格配售一定数量新发行股票的融资行为。

企业投资于金融资产，一旦金融资产发行方出现破产清算、股价下跌等情况；长期股权投资出现投资损失；融资租赁中由于无力支付租金，出租方可能将资产收回，企业无法正常生产。还有出租资产中，企业的投资性房地产或者企业自己作为出租方，出租专利、设备等等无形资产和有形资产，承租方一旦出现违约，会影响企业收益。

企业发行金融工具、回购股票和实施配股业务中，企业发行可转换公司债券，持有人的转换权会对企业有重大影响，认股权和期权等衍生金融工具也会对企业的权益和负债产生影响。企业回购公司股票，可能传达利好信息，股民的购买行为会影响公司的股价。公司实施配股，股东参与配股也会对股权结构产生影响。

（三）其他活动类

企业除了日常经营活动和投融资活动外，担保业务、关联方交易、政府政策行为、第三方机构的行为等也会影响企业，为企业经营带来风险。

担保业务是企业接受客户委托，以自有财产为其提供担保，保证其能切实履行义务，保障债权人应享权利实现的一种行为。当债务人不能履行合同义务时，将根据担保合同的约定由提供担保的保证人履行债务义务。企业担保业务中若被担保方无力偿还负债，则企业会出现或有负债。

关联方交易是企业与其关联人之间发生的转移资源或者义务的行为。关联交易中交易双方的法律地位名义上虽平等，实际上交易由关联人决定。交易双方一旦存在利益冲突，关联人可能利用控制权损害企业利益。

一是关联交易可能会增加公司的经营风险，使公司陷入财务困境。如为大股东提供担保、资金或大股东以其他方式占用公司的资金均会给公司带来潜在的财务风险。如果和大股东及关联人员进行不等价交易还会降低公司利润。二是关联方交易会影响公司的独立经营能力，使企业抗外部风险能力下降。三是过多的关联交易会降低公司的竞争能力和独立性，形成对大股东等关联方的过分依赖。例如，有的公司原材料采购和产品销售的主要对象都是关联方，其经营自主权受到很多限制。由于公司的独立性差，对关联方依赖强，市场竞争力会下降，一旦关联方出现经营问题会连带公司进入低谷。四是大量关联交易的发生会对公司形象产生负面影响，由此可能丧失部分潜在客户。这不仅可能损伤公司商誉，也不利于公司长远发展。

政府的政策行为会对企业经营有不同程度影响。比如税收政策的调整，利率、汇率和借贷政策的变化，产业政策的改变等都会直接影响企业的成本和收益。因此，由政府政策决定的汇率、利率和税率变动等会增大企业的经营风险。

此外，咨询公司、会计师事务所等第三方机构对公司的建议，评级机构对公司的信用等级评价和未来发展预测，也可能对公司的筹资、股价等产生影响。

综合上述分析，企业业务关系网络衡量指标可以划分为上下游业务关系依赖度、其他业务关系紧密度两类指标。

因为我国相关法规只要求上市企业披露前五大客户或供应商的业务占比信息，考虑到业务关系网络研究中数据的可获取性，此处设计的上下游业务关系依赖度类指标主要包括前五大客户营业收入占比、前五大供应商采购占比两个。同时为了便于企业重点关注，将第一大客户营业收入占比、第二大客户营业收入占比、第三大客户营业收入占比、第四大客户营业收入占比、第五大客户营业收入占比、第一大供应商采购占比、第二大供应商采购占比、第三大供应商采购占比、第四大供应商采购占比、第五大供应商采购占比 10 个指标作为辅助指标。这些指标反映了企业上下游业务关系集中程度。由于企业业务越集中，表明企业与相关业务提供方之间的业务关系越紧密，企业对业务提供方的依赖越强，因此该类指标可以反映业务关系网络中，企业对上下游业务关系的依赖程度。

其他业务关系紧密度类指标包括在建工程占比、应收和预付账款占比和出口商品占比、持有金融资产占比、长期股权投资占比和出租资产占比、担保业务占比、关联方交易占比和政府政策。从前述分析可知，这些指标反映了企业业务关系网络中，除上下游业务关系的依赖程度外，企业受其他业务影响的程度，也反映了企业与这些业务提供方的紧密程度，可以用于衡量其他业务关系紧密度。

二、业务关系网络指标计算方法

（一）经营活动类（见表3-1）

表3-1 经营活动类指标计算方法

类指标	变量	变量含义及计算方法
上下游业务关系依赖度——客户维	前五大客户营业收入占比	公司 i 第 t 年向前五大客户的销售收入占总收入的比重
	第一大客户营业收入占比	公司 i 第 t 年向第一大客户的销售收入占总收入的比重
	第二大客户营业收入占比	公司 i 第 t 年向第二大客户的销售收入占总收入的比重
	第三大客户营业收入占比	公司 i 第 t 年向第三大客户的销售收入占总收入的比重
	第四大客户营业收入占比	公司 i 第 t 年向第四大客户的销售收入占总收入的比重
	第五大客户营业收入占比	公司 i 第 t 年向第五大客户的销售收入占总收入的比重
上下游业务关系依赖度——供应商维	前五大供应商采购占比	公司 i 第 t 年向前五大供应商采购额占总采购额的比重
	第一大供应商采购占比	公司 i 第 t 年向第一大供应商采购额占总采购额的比重
	第二大供应商采购占比	公司 i 第 t 年向第二大供应商采购额占总采购额的比重
	第三大供应商采购占比	公司 i 第 t 年向第三大供应商采购额占总采购额的比重

续表

类指标	变量	变量含义及计算方法
上下游业务关系依赖度——供应商维	第四大供应商采购占比	公司 i 第 t 年向第四大供应商采购额占总采购额的比重
	第五大供应商采购占比	公司 i 第 t 年向第五大供应商采购额占总采购额的比重
其他业务关系紧密度——日常经营活动	在建工程占比	公司 i 第 t 年在建工程总额/公司 i 第 t 年总资产
	应收和预付账款占比	（公司 i 第 t 年应收账款总额+公司 i 第 t 年预付账款总额）/公司 i 第 t 年总资产
	出口商品占比	公司 i 第 t 年出口销售收入/公司 i 第 t 年营业收入

（二）投融资活动类（见表3-2）

表3-2　　　　　　　　投融资活动类指标计算方法

类指标	变量	变量含义及计算方法
其他业务关系紧密度——投融资活动	持有金融资产占比	公司 i 第 t 年（交易性金融资产总额+可供出售金融资产总额+持有至到期投资总额）/公司 i 第 t 年总资产
	长期股权投资占比	公司 i 第 t 年长期股权投资总额/公司 i 第 t 年总资产
	出租资产占比	公司 i 第 t 年出租收入/公司 i 第 t 年营业收入

（三）其他活动类（见表3-3）

表3-3　　　　　　　　其他活动类指标计算方法

类指标	变量	变量含义及计算方法
其他业务关系紧密度——其他活动	担保业务占比	公司 i 第 t 年担保总额/公司 i 第 t 年营业收入
	关联方交易	公司 i 第 t 年关联交易涉及的金额/公司 i 第 t 年公司同类交易收入
	政府政策	公司 i 第 t 年应交税费金额/公司 i 第 t 年负债总额

三、关于指标权重

目前，常用的权重确定方法主要包括层次分析法、专家调查法（Delphi 法/德菲尔法）、主成分分析法、熵值法、变异系数法和组合赋权法。此外神经网络方法也开始被使用。

（一）常用赋权方法

1. 层次分析法

层次分析法是用成对比较法和 1~9 比较尺度构造判断矩阵，解出其特征向量从而求得权向量，用随机一致性比率 CR 进行一致性检验判断其一致性程度，最后用加权和的方法得出每个备选方案对于总目标的权重，比较得出权重最大者就为最优方案。

2. 专家法

专家法又称德尔菲法，其特点在于集中专家的知识和经验，确定各指标的权重。为了使判断更加准确，该方法应用时还可以改进为"带有信任度的德尔菲法"，在每位专家最后给出权值的同时，标出各自所给权值的信任度。某一指标权值信任度高意味着该权值更可靠。

3. 主成分分析法

主成分分析法利用降维思想，在力保数据信息丢失最少的原则下，将原始变量的线性组合作为新变量，并从中挑选出若干方差较大（Var(F1)大）且互不相关（Cov(F1, F2)=0）的组合作为多个主成分替代原始变量，以尽可能多地保留原始变量的信息。主成分 F_i 与原变量 X_j 之间的相关系数 e_{ij} 即为权重，计算公式为：

$$t_{ij} = \sqrt{\lambda_i} e_{ij} \quad (i, j = 1, 2, \cdots, p)$$

4. 熵值法

信息论中熵用于计量信息的不确定性。信息量越大，不确定性越小，熵也越小，反之熵越大。根据熵的特性，我们可以通过计算熵值来判断一个事件的随机性及无序程度，也可以用熵值判断某个指标的离散程度。算法实现过程是：

（1）数据矩阵。

$$A = \begin{pmatrix} X_{11} & \cdots & X_{1m} \\ \vdots & \vdots & \vdots \\ X_{n1} & \cdots & X_{nm} \end{pmatrix}_{n \times m}$$

其中，X_{ij} 为第 i 个方案第 j 个指标的数值。

（2）数据的非负数化处理。

由于熵值法计算采用的是各个方案某一指标占同一指标值总和的比值，因此不存在量纲的影响，不需要进行标准化处理，若数据中有负数，就需要对数据进行非负化处理。此外，为了避免求熵值时对数的无意义，需要进行数据平移：

对于越大越好的指标：

$$X'_{ij} = \frac{X_{ij} - \min(X_{1j}, X_{2j}, \cdots, X_{nj})}{\max(X_{1j}, X_{2j}, \cdots, X_{nj}) - \min(X_{1j}, X_{2j}, \cdots, X_{nj})} + 1$$
$$(i = 1, 2, \cdots, n; j = 1, 2, \cdots, m)$$

对于越小越好的指标：

$$X'_{ij} = \frac{\max(X_{1j}, X_{2j}, \cdots, X_{nj}) - X_{ij}}{\max(X_{1j}, X_{2j}, \cdots, X_{nj}) - \min(X_{1j}, X_{2j}, \cdots, X_{nj})} + 1$$
$$(i = 1, 2, \cdots, n; j = 1, 2, \cdots, m)$$

为了方便起见，仍记非负化处理后的数据为 X_{ij}。

（3）计算第 j 项指标下第 i 个方案占该指标的比重。

$$P_{ij} = \frac{X_{ij}}{\sum_{i=1}^{n} X_{ij}} \quad (j = 1, 2, \cdots, m)$$

（4）计算第 j 项指标的熵值。

$$e_j = -k \times \sum_{i=1}^{n} P_{ij} \log(P_{ij})，其中 k > 0，\ln 为自然对数，e_j \geq 0。式中常$$

数 k 与样本数 m 有关，一般令 $k = \frac{1}{\ln m}$，则 $0 \leq e \leq 1$。

（5）计算第 j 项指标的差异系数。

$g_j = 1 - e_j$，对于第 j 项指标，指标值 X_{ij} 的差异越大，对方案评价的作用越大，熵值就越小。

（6）求权数。

$$W_j = \frac{g_j}{\sum\limits_{j=1}^{m} g_j} \ (j = 1, 2, \cdots, m)$$

（7）计算各方案的综合得分。

$$S_i = \sum\limits_{j=1}^{m} W_j \times P_{ij} \ (i = 1, 2, \cdots, n)$$

5. 变异系数法

变异系数法是直接利用各项指标所包含的信息计算获得指标权重的方法，该方法属于客观赋权法。由于评价指标体系中各项指标的量纲不同，不宜直接比较其差别程度。为了消除各项评价指标的量纲不同的影响，需要用各项指标的变异系数来衡量各项指标取值的差异程度。各项指标的变异系数公式如下：

$$V_i = \frac{\sigma_i}{\bar{x}_i} \ (i = 1, 2, \cdots, n)$$

其中，V_i 是第 i 项指标的变异系数，也称为标准差系数；σ_i 是第 i 项指标的标准差；$\bar{x}_i$ 是第 i 项指标的平均数。

各项指标的权重为：

$$W_i = \frac{V_i}{\sum\limits_{i=1}^{n} V_i}$$

6. 组合赋权法

主观赋权法是由专家根据自己的经验和对实际的判断给出的，选取的专家不同，得到的权重就不同。该类方法由于依据的是专家的主观判断，所以主观随意性较大，因此，有些情况下采用单独采用主观赋权法可能导致研究结果与实际情况存在较大偏差。而且该方法的随意程度不会随专家数量增加或者专家挑选的变化得到根本改善。因此，实际中经常将主观赋权法和客观赋权法结合应用，形成组合赋权法。通常采取两种方法：

（1）乘法。

设采用 n 种赋权法确定权值 $w^k = (w_1^k, w_2^k, \cdots, w_m^k)$，$k = 1, 2, \cdots, n$，则组合权值为：

$$w_j = \frac{\prod\limits_{k=1}^{n} w_j^k}{\sum\limits_{j=1}^{m} \prod\limits_{k=1}^{n} w_j^k} \ (j = 1, 2, \cdots, m)$$

该方法对各种权重的作用一视同仁，只要某种作用小，则组合权系重亦小。

（2）加法。

设采用 n 种赋权法确定权值 $w^k = (w_1^k, w_2^k, \cdots, w_m^k)$，$k = 1, 2, \cdots, n$，则组合权值为：

$$w_j = \frac{\sum\limits_{k=1}^{n} \lambda_k w_j^k}{\sum\limits_{j=1}^{m} \sum\limits_{k=1}^{n} \lambda_k w_j^k} \ (j = 1, 2, \cdots, m)$$

λ_k 为这些权重的权系数，由 $\sum\limits_{k=1}^{n} \lambda_k = 1$，该方法的特点是各种权重之间有线性补偿作用。

各种权重确定方法都有自己的优缺点。

层次分析法将经验判断与严谨的数学方法结合起来，能够解决现实中难以量化的复杂决策问题，应用广泛，是一种简洁实用的系统性分析方法。但是由于其定性成分过多难以令人信服，指标过多时权重难以确定。

主成分分析法确定权数是基于数据分析得出的，较为客观，而且相互独立的主成分对分析、评价极为有利，但是主成分的含义解释一般都较为模糊没有原始变量那么清晰确切，变量间线性相关程度不高时其累计贡献率都比较小无法得出主成分。

熵值法是根据各项指标值的变异程度确定指标权数的，这是一种客观赋权法，避免了人为因素带来的偏差，但由于忽略了指标本身的重要程度，有时确定的指标权数会与预期的结果相差甚远，而且熵值法无法降低评价指标的维数。

如果基于评价目标设计的评价指标相对模糊、准确度低，则适宜采用变异系数法进行评价。

组合赋权可以弥补单纯使用主观赋权法或客观赋权法的不足，减少随意性，提高可解释程度，并且便于根据需要进行各种相关方法组合获得组合权值。

（二）业务关系网络指标体系权重确定

业务关系网络指标体系的建立是引导和帮助企业基于自身的业务特征、各项业务活动对企业经营和收益取得的重要程度建立起业务关系网络模型。通过日常关注这些关系网络指标变化情况，实时了解对企业存在潜在影响的重要业务活动和环节情况，及时防范通过这些业务环节传导过来的风险。

由于不同企业包含的业务活动、各项业务活动的重要程度不同，因此业务关系网络指标体系中的权重并不一致，因此，各指标的权值设为等值。

第三节　案例企业业务关系网络识别[①]

采用上述定义的指标，选择 2011～2013 年之间存在重大重要缺陷公司中披露业务关系网络指标数据相对较全的 XTDH、SBKJ、NFHG、SSBA、YLGF 和 CJXC 六家公司为样本，对企业业务关系网络进行直观识别分析。下文的图表中，topsp、topcr、item3、item4、item5 分别代表客户集中程度、供应商集中程度、日常经营活动、投融资活动、其他活动五个大类指标[②]。

一、XTDH 业务关系网络

XTDH 公司从事的主要业务为两个方面：化工材料业务和污水处理业务。化工材料业务采用"研发—生产—销售"的经营模式。公司是行业内生产规模最大、产品类型最齐全、竞争力很强的企业，处于行业龙头地位。污水处理业务采用"政府特许、政府采购、企业经营"的经营模式，具有刚性特征，不易受宏观经济影响，具有相对稳定的收入、利润和现金流量。

公司的业务关系指标数据如表 3-4 所示。

---

① 此部分样本公司介绍资料来自上市公司年报。
② 未采集到出租资产业务数据，故表和图中未含。

表 3 – 4   公司业务关系网络指标数据

指标		2011 年	2012 年	2013 年	2014 年	2015 年	2016 年
前五大供应商占比	topsp	0.3292	0.2802	0.3412	0.2949	0.4360	0.3257
前五大客户占比	topcr	0.4745	0.4963	0.2869	0.3132	0.4281	0.4542
应收预付账款占比	arpp	0.1316	0.1345	0.1541	0.1153	0.0741	0.0892
在建工程占比	pcp	0.0142	0.0362	0.0216	0.2379	0.0298	0.0532
出口商品占比	epap	0.2356	0.2270	0.1620	0.1411	0.2156	0.1968
持有金融资产占比	hfap	0.0000	0.0000	0.0000	0.0000	0.0027	0.0033
长期股权投资占比	leiap	0.0000	0.0000	0.0000	0.0000	0.0000	0.0092
担保业务占比	gbap	0.0003	0.0032	0.0025	0.0030	0.0008	0.0008
关联方交易占比	pannrsm	0.0000	0.0000	0.0000	0.0000	0.0000	0.0000
应交税费占比	ga	0.0059	0.0108	0.0142	0.0070	0.0063	0.0076

　　依据上述数据绘制出的 XTDH 公司 2011～2016 年业务关系网络如图 3 – 1 所示。

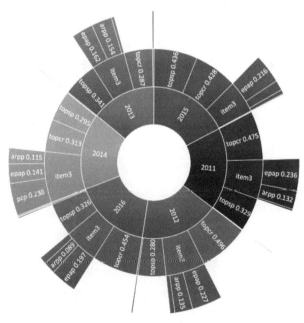

■ 2011 ■ 2012 ■ 2013 ■ 2014 ■ 2015 ■ 2016

图 3 – 1   公司业务关系网络

二、SBKJ 业务关系网络

SBKJ 公司主要经营变压器、电机、电抗器、低压成套电器设备、输变电设备的生产、维修、保养和销售。公司主营产品变压器行业属于资金和技术密集型行业，产品品种规格多，成套性和系统性强，随着经济发展和科技水平的提高，其产品技术含量和附加值越来越高。输配电设备行业由于产能过剩、产品低端化的影响，使得市场竞争持续加剧，竞争手段向低价竞争方向发展。

公司的业务关系指标数据如表 3 - 5 所示。

表 3 - 5　　　　　　　　公司业务关系网络指标数据

指标		2009 年	2010 年	2011 年	2012 年	2013 年	2014 年	2015 年	2016 年
前五大供应商占比	topsp	0.3857	0.3555	0.3216	0.2905	0.3768	0.3304	0.2735	0.2736
前五大客户占比	topcr	0.1599	0.1627	0.1749	0.2231	0.1889	0.1434	0.1719	0.1959
应收预付账款占比	arpp	0.3446	0.3302	0.4018	0.3615	0.3777	0.3905	0.4334	0.3483
在建工程占比	pcp	0.0047	0.0080	0.0029	0.0000	0.0136	0.0003	0.0000	0.0000
出口商品占比	epap	0.0182	0.0431	0.0278	0.0761	0.0722	0.0502	0.0174	0.0708
持有金融资产占比	hfap	0.0000	0.0000	0.0000	0.0002	0.0002	0.0032	0.0726	0.0847
长期股权投资占比	leiap	0.0123	0.0168	0.0186	0.0206	0.0204	0.0143	0.0132	0.0152
担保业务占比	gbap	0.0020	0.0031	0.0032	0.0031	0.0024	0.0023	0.0014	0.0022
关联方交易占比	pannrsm	0.0000	0.0007	0.0000	0.0000	0.0000	0.0000	0.0000	0.0000
应交税费占比	ga	0.0115	0.0194	0.0184	0.0033	0.0047	0.0063	0.0187	0.0002

依据上述数据绘制出的 SBKJ 公司 2009～2016 年业务关系网络如图 3 - 2 所示。

三、NFHG 业务关系网络

公司主要生产销售无机盐系列产品和日用洗涤剂系列产品。其中，无机盐系列产品主要包括元明粉、氯化钠、硫化碱、硫酸钡、硫酸镁等。公司是目前中国最大的无机盐生产基地；日用洗涤剂系列产品涵盖洗衣粉、洗衣液、洗洁精、皂类、牙膏等，也是目前世界上最具规模的洗涤用品生产基地之一。

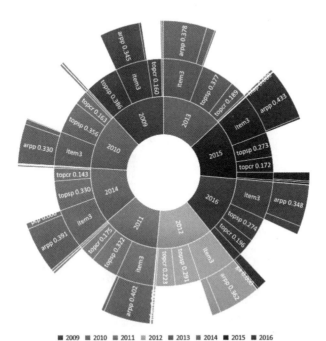

　■ 2009 ■ 2010 ■ 2011 ■ 2012 ■ 2013 ■ 2014 ■ 2015 ■ 2016

图 3 - 2　公司业务关系网络

公司的业务关系指标数据如表 3 - 6 所示。

表 3 - 6　　　　　　　　公司业务关系网络指标数据

指标		2012 年	2013 年	2014 年	2015 年	2016 年
前五大供应商占比	topsp	0.2194	0.2358	0.1883	0.2107	0.206
前五大客户占比	topcr	0.0565	0.075	0.0666	0.0758	0.0994
应收预付账款占比	arpp	0.0996	0.1284	0.1429	0.1289	0.1563
在建工程占比	pcp	0.029	0.0099	0.0055	0.0082	0.0021
出口商品占比	epap	0.0946	0.0904	0.0806	0.0773	0.091
持有金融资产占比	hfap	0	0	0.0027	0.0133	0.0144
长期股权投资占比	leiap	0.0137	0.0085	0.002	0.0023	0.0026
担保业务占比	gbap	0.0081	0.007	0.0062	0.0149	0.0134

续表

指标		2012 年	2013 年	2014 年	2015 年	2016 年
关联方交易占比	pannrsm	0	0	0	0	0
应交税费占比	ga	0.0041	0.0062	0.0084	0.0042	0.0085

依据上述数据绘制出的 NFHG 公司 2012 ~ 2016 年业务关系网络如图 3 - 3 所示。

■ 2012 ■ 2013 ■ 2014 ■ 2015 ■ 2016

图 3 - 3 公司业务关系网络

四、SSBA 业务关系网络

SSBA 公司已经建立了从茶叶种植、茶叶初制/精制、茶提取、精品茶销售、茶文化体验、电子商务、茶叶交易服务平台、茶叶金融等较为完善的茶产业链体系。

公司的业务关系指标数据如表 3 - 7 所示。

表 3 - 7　　　　　　　　　公司业务关系网络指标数据

指标		2011 年	2012 年	2013 年	2014 年	2015 年	2016 年
前五大供应商占比	topsp	0.3464	0.2669	0.4695	0.1586	0.2828	0.1557
前五大客户占比	topcr	0.3754	0.3267	0.3468	0.3502	0.3321	0.2859
应收预付账款占比	arpp	0.0772	0.1094	0.0945	0.0960	0.0891	0.0585
在建工程占比	pcp	0.0105	0.0772	0.0702	0.0035	0.0064	0
出口商品占比	epap	0.0084	0.1136	0.3525	0.0375	0.0257	0.0458
持有金融资产占比	hfap	0.0138	0.0002	0.001	0.0016	0.0034	0.0028
长期股权投资占比	leiap	0.0602	0.0208	0	0.0009	0.0066	0.005
担保业务占比	gbap	0.0004	0	0.0003	0.0003	0.0003	0.0003
关联方交易占比	pannrsm	0	0	0.0009	0	0	0
应交税费占比	ga	0.0286	0.0113	0.0462	0.1547	0.2062	0.2045

依据上述数据绘制出的 SSBA 公司 2011～2016 年业务关系网络如图 3 - 4 所示。

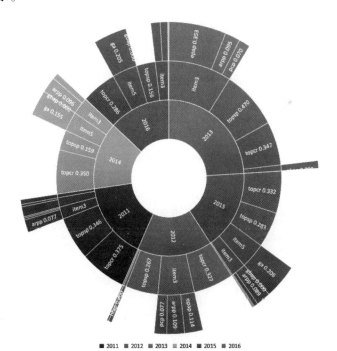

■ 2011　■ 2012　■ 2013　■ 2014　■ 2015　■ 2016

图 3 - 4　公司业务关系网络

五、YLGF 业务关系网络

YLGF 公司是一家专业研发、制造和销售各种热交换器及尾气后处理等产品的高新技术公司。目前公司是我国内燃机标准化技术委员会热交换器行业标准的牵头制定单位，公司在浙江、上海、湖北、山东、江西及美国等地有多个制造工厂。已与戴姆勒、美国康明斯、卡特彼勒、福特、道依茨、通用、纳威司达、法雷奥、玉柴、东风、重汽、北汽福田、锡柴、潍柴、上柴等国内外著名企业建立了良好的配套关系。

公司的业务关系指标数据如表 3 - 8 所示。

表 3 - 8 公司业务关系网络指标数据

指标		2009 年	2010 年	2011 年	2012 年	2013 年	2014 年	2015 年	2016 年
前五大供应商占比	topsp	0.2566	0.3122	0.3609	0.2711	0.2518	0.2535	0.3065	0.2288
前五大客户占比	topcr	0.3166	0.2936	0.2253	0.2531	0.2425	0.2299	0.2548	0.1736
应收预付账款占比	arpp	0.2546	0.2497	0.2104	0.1891	0.1987	0.1951	0.2092	0.2196
在建工程占比	pcp	0.0459	0.0103	0.0252	0.0636	0.0777	0.0806	0.115	0.1041
出口商品占比	epap	0.1879	0.2273	0.3031	0.3485	0.2688	0.2497	0.2709	0.2909
持有金融资产占比	hfap	0.0014	0.0000	0.0000	0.0000	0.0000	0.0271	0.0422	0.0339
长期股权投资占比	leiap	0.0337	0.0343	0.0375	0.0419	0.0424	0.0218	0.0192	0.0298
担保业务占比	gbap	0.0001	0.0003	0.0006	0.0005	0.0004	0.0001	0.0002	0.0002
关联方交易占比	pannrsm	0.0000	0.0000	0.0000	0.0000	0.0009	0.0000	0.0000	0.0000
应交税费占比	ga	0.0109	0.0437	0.0317	0.0029	0.0125	0.0215	0.0278	0.0327

依据上述数据绘制出的 YLGF 公司 2009 ~ 2016 年业务关系网络如图 3 - 5 所示。

■ 2009 ■ 2010 ■ 2011 ■ 2012 ■ 2013 ■ 2014 ■ 2015 ■ 2016

图 3 - 5　公司业务关系网络

六、CJXC 业务关系网络

CJXC 公司已形成金属基础材料加工和高端热工装备及新材料研发两大业务板块。金属基础材料加工业周期性与国民经济发展的周期性基本一致，不会因下游某个行业的变化而发生重大不利影响。高端热工装备及新材料研发业务主导产品为超大型、超高温、全自动、智能化及特种高端热工装备，当前业务模式主要体现为新材料热工装备的设计、生产制造、营销，以及部分成熟技术的转让。高端热工装备及新材料研发业务没有明显的周期性特征。

公司的业务关系指标数据如表 3 - 9 所示。

表 3 - 9　　　　　　　　　　公司业务关系网络指标数据

指标		2009 年	2010 年	2011 年	2012 年	2013 年	2014 年	2015 年	2016 年
前五大供应商占比	topsp	0.2547	0.3584	0.1291	0.3019	0.4719	0.2985	0.2528	0.2534
前五大客户占比	topcr	0.1213	0.1179	0.0968	0.0971	0.0921	0.1064	0.0881	0.0784
应收预付账款占比	arpp	0.1195	0.1879	0.0973	0.1432	0.1612	0.1553	0.1347	0.1195
在建工程占比	pcp	0.0203	0.0761	0.0327	0.0039	0.0036	0.0046	0.0020	0.0010
出口商品占比	epap	0.0165	0.0267	0.0234	0.0334	0.0337	0.0082	0.0027	0.0034
持有金融资产占比	hfap	0.0029	0.0000	0.0000	0.0000	0.0118	0.0023	0.0025	0.0041
长期股权投资占比	leiap	0.0000	0.0000	0.0000	0.0000	0.0000	0.0000	0.0049	0.0030
担保业务占比	gbap	0.0013	0.0015	0.0016	0.0013	0.0010	0.0005	0.0004	0.0009
关联方交易占比	pannrsm	0.0000	0.0000	0.0000	0.0000	0.0000	0.0000	0.0000	0.0000
应交税费占比	ga	0.0867	0.0815	0.0186	0.0093	0.0058	0.0107	0.0195	0.0431

依据上述数据绘制出的 CJXC 公司 2009～2016 年业务关系网络如图 3 - 6 所示。

■ 2009　■ 2010　■ 2011　■ 2012　■ 2013　■ 2014　■ 2015　■ 2016

图 3 - 6　公司业务关系网络

第四节　案例分析总结

上节对 2011 ~ 2013 年间存在重大重要缺陷的 XTDH、SBKJ、NFHG、SSBA、YLGF 和 CJXC 六家公司进行的企业业务关系网络数据统计显示，六家公司的前五大供应商占比最小为 12.91%，最大为 47.19%，均值为 29.07%；六家公司的前五大客户占比最小为 5.65%，最大为 49.63%，均值为 22.08%。表明样本公司对上游供应商、下游前五大客户的业务依赖程度普遍偏高。

六家公司的应收预付账款占比最小为 5.85%，最大为 43.34%，均值为 18.81%。表明样本公司对上游供应商、下游前五大客户的应收预付账款依赖程度也普遍较高。六家公司的在建工程占比最小为 0，最大为 47.19%，均值为 3.20%；六家公司的出口商品占比最小为 0.27%，最大为 34.85%，均值为 11.87%。

数据也显示，六家样本公司的持有金融资产占比、长期股权投资占比、担保业务占比、关联方交易占比和应交税费占比平均为 0.85%、1.30%、0.23%、0.01%、3.03%，普遍较小。表明样本公司在这些业务上对业务关系的依赖程度较小，受到的对方企业以及相关政策影响较小，与基于这些业务结成的关系网络的紧密程度不高。

图 3 - 1 ~ 图 3 - 6 直观呈现了六家样本公司业务关系网络情况。通过旭日图展现了样本公司业务关系网络中不同层级的关系情况。不同颜色代表了从 2009 年到 2016 年的不同年份，在某一年中，最外层代表了前五大供应商占比、前五大客户占比、应收预付账款占比、在建工程占比、出口商品占比、持有金融资产占比、长期股权投资占比、担保业务占比、关联方交易占比、应交税费占比指标的情况，面积越小说明影响越小；中间层代表了供应商集中程度、客户集中程度、日常经营活动、投融资活动、其他活动五类指标情况，面积越大说明企业对该项业务依赖程度越大，该项业务关联方出现问题波及企业的概率越大，对企业造成的影响越大。最内

层代表了这一年企业业务关系网络情况，反映了企业对业务关系的总体依赖程度，面积越大说明依赖程度越大，受到业务关联方影响的可能越高。

旭日图形象直观地给出了企业不同年份业务关系网络动态变化状况，反映了企业对哪些业务伙伴更依赖，便于企业动态了解各个业务伙伴出现问题对自身带来影响的程度，及时做好防范。

第四章

企业内部控制缺陷识别诊断

利用神经网络方法可以建立 BP 内控缺陷识别模型，然后借助模型完成输入型缺陷影响的模拟分析。为此，首先要设计内控缺陷识别指标体系并确定内部控制缺陷认定关键指标及其辨识度，然后利用神经网络方法，建立 BP 内部控制缺陷识别模型。此过程中要将已经确定的内部控制缺陷认定指标作为神经网络的输入信号，这些指标的企业历史数据作为样本，样本企业内部控制缺陷分类结果和经营效果作为输出信号，建立内部控制缺陷识别诊断模型并反复训练，确定出神经元输入信号的权重值。最后采用训练完成的 BP 内控缺陷识别模型进行输入型缺陷影响的模拟分析。BP缺陷识别模型很好地反映出可能导致产生输入型缺陷的采样指标变化对企业内控缺陷程度的量化影响。这有助于企业提前做好预判和准备，防范重大缺陷发生，避免出现重大缺陷损失。

第一节　我国上市企业内部控制缺陷总体情况分析

2008 年财政部联合五部委发布《企业内部控制基本规范》，2010 年又颁布了包括应用指引、评价指引和审计指引在内的《内部控制配套指引》。2012 年开始要求试点企业披露内部控制信息并逐渐在 A 股企业执行。基于 2008～2016 年我国制造业上市公司样本数据，我们从时间、行业、缺陷等级和控制五要素四方面对企业内部控制缺陷情况进行了深入分析①。

一、内部控制缺陷的时间分布统计

从图4-1所示的样本年份内部控制缺陷数量来看，2008~2016年制造业上市企业的内部控制缺陷数量总体呈现增长趋势，其中2012年存在缺陷的数量最多，且较2011年有明显增加。这可能与上交所和深交所自2012年1月1日开始施行《基本规范》和《配套指引》有关。另外，上交所上市企业存在内部控制缺陷的数量在2012年以前较少，在2012年及以后增长较快，甚至超过了深交所上市企业内部控制缺陷的数量。

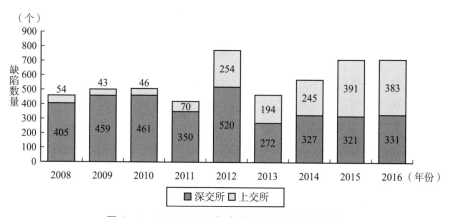

图4-1　2008~2016年内部控制缺陷数量统计

二、存在内部控制缺陷的公司数量分析

从图4-2所示的样本年份存在内部控制缺陷的公司数量来看，披露存在内部控制缺陷的企业数量总体呈上升趋势。而且相比深交所，上交所制造业存在内部控制缺陷的公司数量2012年之后增加更快。2012年实施内控规范对深交所存在内部控制缺陷的公司数量变化影响不大。

① 数据基于DIB内部控制与风险管理数据库计算整理。

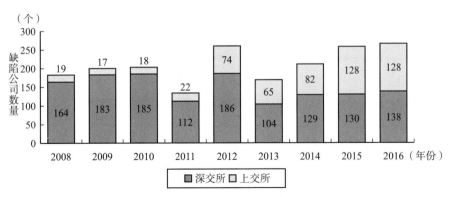

图 4 - 2　2008～2016 年内部控制缺陷公司数量统计

三、内部控制缺陷的制造业细分行业分布

根据证监会 2012 年制造业行业分类标准，可以对 2008～2016 年间制造业细分行业内部控制缺陷情况进行统计，反映各细分行业内部控制缺陷分布状况。从图 4-3 所示的结果看，我国制造业中化学原料和化学制品（C26）、医药制造（C27）、非金属矿物制品业（C30）、通用设备制造（C34）、专用设备制造（C35）、电气机械和器材制造（C38）和计算机、通信和其他电子设备制造（C39）披露存在的缺陷数量较多，披露存在缺陷的公司数量也较多。披露存在缺陷的公司中，超过一半细分行业企业的内部控制缺陷数量平均在 5～7 个。其中，废弃资源综合利用业（C42）平均每家公司的内部控制缺陷数量为 11 个，在制造业中居最高；其次是铁路、船舶、航空航天和其他运输设备制造业（C37）和非金属矿物制品业（C30），平均每家公司缺陷数量为 8.17 个和 8.11 个；印刷和记录媒介复制业（C23）及橡胶和塑料制品业（C29）平均每家公司缺陷数量分别为 3.75 个和 3.96 个，在制造业中最少。整体看，各细分行业平均内部控制缺陷数量差异较小，细分行业间内部控制缺陷平均数量的标准差为 1.56，剔除最大值和最小值之后的标准差为 1.18。

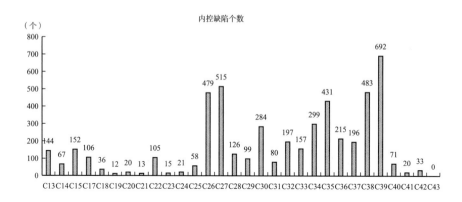

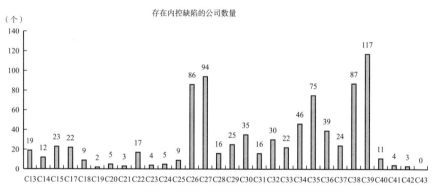

图 4 – 3   2008 ~ 2016 年内部控制缺陷行业分布统计

四、制造业内部控制缺陷等级分布统计

根据图 4 – 4，2008 ~ 2016 年制造业上市企业披露存在的内部控制一般缺陷数量最多，占 9 年间全部缺陷数量的 91.67%；相比重要缺陷和重大缺陷，披露存在一般缺陷的公司数量也最多。表明多数企业只存在或只披露了一般缺陷。在存在一般缺陷的企业中，平均每家企业存在一般缺陷 5.8 个。重要缺陷和重大缺陷分别有 247 个和 180 个，占总缺陷数的 4.82% 和 3.51%。2008 ~ 2016 年披露存在重大或重要缺陷的企业中，平均每家企业存在 2.7 个重要缺陷，2.2 个重大缺陷。

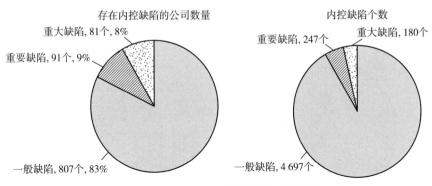

图4-4 2008~2016年内部控制缺陷等级分布统计

五、制造业控制缺陷五要素分布统计

2008~2016年我国制造业上市公司披露内部控制缺陷时将缺陷明确归属于某类控制要素的缺陷共5 246个，涉及的公司1 787家。按照图4-5所示的内部环境、风险评估、控制活动、信息与沟通和内部监督控制五要素对上述控制缺陷进行分类统计后发现，我国制造业企业控制活动类缺陷发生最多，缺陷数量占到总数的45.54%，平均每家企业存在4.13个控制活动方面的内部控制缺陷。其次是内部环境，属于该要素的内部控制缺陷数量占总数的36.37%，平均每家企业有3.1个该类缺陷。也就是说，披露缺陷的公司中有81.91%的公司披露存在控制活动和内部环境两类缺陷。企业在信息与沟通、内部监督和风险评估方面发生的内部控制缺陷较少，均在8%以内，平均每家企业少于2个。其中以风险评估类缺陷最少，仅占2.6%，存在此类缺陷的企业数量也最少。进一步分析各项缺陷类别会发现，内部环境类的缺陷以人力资源和组织机构两方面居多，控制活动类缺陷主要集中在销售、采购、财务报告、资产管理、资金活动、工程项目和合同管理的业务领域。因此，企业国际化过程中应当加强对这些事项和业务活动的关注。

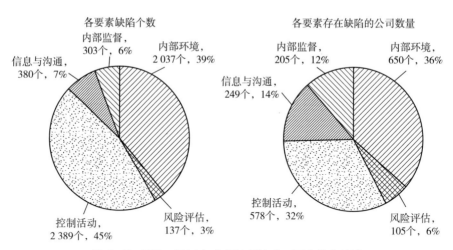

图 4-5 2008~2016 年内部控制缺陷五要素分布统计

第二节 BP 内部控制缺陷识别模型的构建

BP 内控缺陷识别模型的应用有两个基本前提假设：（1）过程决定结果，企业内部控制监测指标数据决定了企业内部控制缺陷等级。（2）通过大量企业样本数据的训练可以获得内部控制监测指标数据和控制缺陷等级之间的对应关系。

一、BP 神经网络理论

人工神经网络 ANN（artificial neural network）从信息处理角度对人脑神经元网络进行抽象，建立某种简单模型，按不同的连接方式组成不同的网络。神经网络是一种运算模型，由大量的节点（或称神经元）相互连接构成。神经网络在人工智能领域取得了广泛的应用。

在神经网络模型中，每个神经元节点接收其他神经元输入的信号，累加后再由一种特定的激励函数（activation function）处理后形成输出信号，该输出信号也称为其他神经元的输入信号。每两个神经元节点间的信号都被赋予一个加权值，称为权重。一个神经网络的知识就存在于这些连接权重中，这相当于人工神经网络的记忆。一个神经网络在对接收到的输入信号进行处理后，将自身处理后的输出信号与实际的期望输出的信号进行比较，如果存在差异，则自动地通过设计好的算法修正神经元之间的连接权重。如果有大量的样本数据反复地作用于该神经网络，每次迭代都会修正连接权重，以使神经网络的输出与实际期望的输出达到最佳的匹配。利用这些反复修正的权值，神经网络可以对新的输入信号进行处理，从而得到预期的输出信号。这也是神经网络可以对系统的输出进行识别的缘由。

（一）神经元模型

图 4 - 6 为一个神经元的模型。k 为神经元的编号。左边括号内 x_1，x_2，$\cdots$，x_n 为输入信号，w_{k1}，w_{k2}，$\cdots$，w_{kn} 为各输入信号和神经元 k 之间的连接权值，b_k 为神经元的偏置，u_k 为神经元对输入信号的加权和与偏置 b_k 相加的结果，$f(\cdot)$ 为激活函数，y_k 为神经元 k 的输出信号。也可以认为偏置是一个输入信号，该输入信号固定值为 1，其连接权值为 b_k。

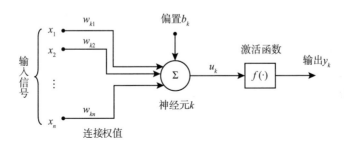

图 4 - 6 神经元模型

用下面的数学公式可以表示出神经元的输入信号和输出信号之间的关系：

$$y_k = f(u_k) = f\left(\sum_{j=1}^{n} w_{kj}x_j + b_k \right)$$

激活函数 $f(\cdot)$ 有几种选择，如阈值函数，分段线性函数和 sigmoid 函数。sigmoid 函数的图形是 S - 形的，它严格递增且可微，便于在神经网络中进行微分运算，因此常常被采用。sigmoid 函数的一个例子是 logistic 函数，此函数的定义如下：

$$f(x) = \frac{1}{1 + e^{-ax}}$$

其中，a 是 sigmoid 函数的倾斜参数。改变参数 a 就可以改变该函数图形的倾斜度。

（二）单层神经元网络模型

如果将多个神经元联系在一起就形成了神经元网络。最简单的神经元网络是单层神经元网络。在这样的神经元网络中，输入信号作用于多个神经元上，但各个神经元的输出信号不作用于其他神经元，且神经元的输出信号不会反馈到自身。

如图 4-7 所示为一个单层神经元网络模型。该示意图中有 m 个神经元。左边括号内 x_1，x_2，$\cdots$，x_n 为输入信号，右边括号内 y_1，y_2，$\cdots$，y_m 为输出信号。不考虑包含有输入信号的输入层，该神经网络只有一个输出层，故称为单层神经网络。为了简化起见，在图 4-7 中没有标出连接权值、偏置和激活函数。

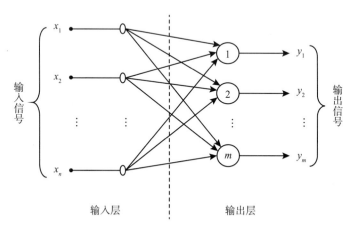

图 4-7　单层神经元网络模型

各神经元的输出信号 y_k 可用下面的公式表示：

$$y_k = f(u_k) = f\left(\sum_{j=1}^{n} w_{kj}x_j + b_k\right) \quad (k = 1, 2, \cdots, m)$$

其中，n 为输入节点数，m 为隐含神经元的个数，$f(\cdot)$ 为激活函数，w_{kj} 为各输入信号 x_j 和神经元 k 之间的连接权值、b_k 为神经元的偏置。

（三）多层神经元网络模型

多层神经元网络除了包含输入层和输出层外，中间还有若干的隐含层。对于输入信号很多的系统，采用多层神经元网络模型可以有效地降低信号的维数，也可以获取高阶统计特性。如图 4-8 所示为一个两层神经元网络模型。该示意图中隐含层有 l 个神经元，输出层有 m 个神经元。左边括号内 x_1，x_2，$\cdots$，x_n 为输入信号，右边括号内 y_1，y_2，$\cdots$，y_m 为输出信号。为了简化起见，在图 4-8 中没有标出连接权值、偏置和激活函数。

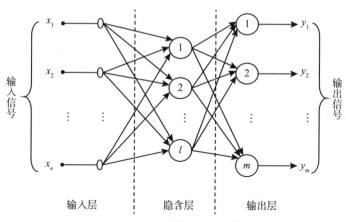

图 4-8 多层神经元网络模型

对于隐含层神经元，其输出信号 h_j 可用下面的公式表示：

$$h_j = f\left(\sum_{i=1}^{n} w_{ji}x_i + a_j\right)(j = 1, 2, \cdots, l)$$

其中，n 为输入节点数，l 为隐含神经元的个数，$f(\cdot)$ 为激活函数，w_{ji} 为输入信号 x_i 和神经元 j 之间的连接权值，a_j 为神经元 j 的偏置。

对于输出层神经元，其输出信号 y_k 可用下面的公式表示：

$$y_k = \varphi\left(\sum_{j=1}^{l} v_{kj}h_j + b_k\right)(k = 1, 2, \cdots, m)$$

其中，l 为隐含层神经元的个数，m 为输出层神经元的个数，$\varphi(\cdot)$ 为激活函数，v_{kj} 为隐含层的输出信号 h_j 和输出层神经元 k 之间的连接权值，b_k 为神经元的偏置。

（四）BP 神经网络

BP 神经网络是一种多层前馈型神经网络。该神经网络由三部分构成：一是包含输入信号的输入层；二是包含一层或多层的隐含层；三是包含输出神经元的输出层。该神经网络在输入信号的激励下将信息逐层从输入层传播到隐含层，再从隐含层传播到输出层。

BP 神经网络的学习算法采用了误差反向传播算法（back propagation algorithm），即在利用样本数据训练神经网络的过程中，将输入信号的样本数据通过神经网络前向传播后，把从输出层输出的信号与实际样本的输出信号进行比较，会出现误差，再根据出现的误差反向逐层修正输出层和隐含层的连接权值，所以这样的神经网络也称为 BP 神经网络（back propagation network）。

神经网络训练是根据每次迭代的误差不断地对神经元之间的连接权值进行修正的过程，连接权值的修正也有多种不同的算法。由于修正算法有较复杂的推导过程，在此不列出推导过程，而是直接给出基于 LMS（最小二乘法）的连接权值的修正算法。

为了简化起见，我们只考虑有一个隐含层的 BP 神经网络。假设神经元 i 是输入层神经元，神经元 k 是输出层神经元，而神经元 j 是隐含层神经元。

则在第 n 步迭代时，神经元 j 到神经元 k 的连接权值的修正值 $\Delta w_{kj}(n)$ 由下面的公式给出：

$$\Delta w_{kj}(n) = w_{kj}(n+1) - w_{kj}(n) = -\eta e_k(n)\varphi'_k(\cdot)h_j(n)$$

其中，$w_{kj}(n+1)$ 是修正后的连接权值，$w_{kj}(n)$ 是修正前的连接权值，η 是学习速率，$\varphi'_k(\cdot)$ 是输出层的激活函数的导数，$h_j(n)$ 是隐含层神经

元 j 的输出信号，也是输出层神经元 k 从隐含层神经元 j 接收到输入信号。

$e_k(n)$ 是样本的实际输出 $d_k(n)$ 与神经网络识别输出 $y_k(n)$ 之间的差，用公式表示为：

$$e_k(n) = d_k(n) - y_k(n)$$

在第 n 步迭代时，对于输入层神经元 i 和隐含层神经元 j 之间连接权值的修正值 $\Delta w_{ji}(n)$ 由下面的公式给出：

$$\Delta w_{ji}(n) = w_{ji}(n+1) - w_{ji}(n) = -\eta f_j'(\cdot)\left(\sum_k \delta_k(n) w_{kj}(n)\right) x_i(n)$$

其中，$w_{ji}(n+1)$ 是修正后的连接权值，$w_{ji}(n)$ 是修正前的连接权值，$f_j'(\cdot)$ 是隐含层的激活函数的导数，$x_i(n)$ 是输入层神经元的输出信号，也是隐含层神经元 j 从输入层神经元 i 接收到输入信号，$w_{kj}(n)$ 是第 n 步迭代时的隐含层神经元 j 到输出层神经元 k 的连接权值，$\delta_k(n)$ 由下面的公式计算：

$$\delta_k(n) = e_k(n)\varphi_k'(\cdot)$$

其中，$\varphi_k'(\cdot)$ 是输出层的激活函数的导数，$e_k(n)$ 是样本的实际输出 $d_k(n)$ 与神经网络识别输出 $y_k(n)$ 之间的差，前面已给出 $e_k(n)$ 的计算公式。

利用 BP 神经网络对企业内部控制缺陷进行识别是一个相对复杂的过程。一般，首先要采集作为训练样本的企业数据。这些数据包括反映企业某时间内部控制过程的指标数据和对应的内部控制缺陷等级数据，并对样本数据进行归一化预处理。其次，对 BP 神经网络进行初始化设置，并利用样本数据对 BP 神经网络进行训练，利用训练后的 BP 神经网络对内部控制缺陷等级进行识别，以及对识别结果进行分析。

二、研究指标设计与样本选择

（一）内部控制识别、监测指标设计方法

已有围绕内部控制评价指标的研究中陈汉文（2011）建立了基于控制五要素的 5 个一级、24 个二级、43 个三级、144 个四级指标的内控评价指标体系；骆良彬和王河流（2008）基于五要素建立了 5 个一级、14 个二

级、39 个三级的指标体系；池国华等（2011）也以五要素为一级指标，构建了由二级准则层指标（19 个）、三级和四级措施层指标构成的内控系统评价体系。戴文涛和李维安（2013）基于经营活动效率效果、财务报告可靠性、法律法规遵循构建了由 3 个目标层指标、8 个准则层指标、45 个评价指标组成的评价指标体系；张先治和戴文涛（2011）基于战略、经营活动效率效果、财务报告可靠性、法律法规遵循四个控制目标构建了含 61 个具体指标的评价体系。

本研究的目的是识别企业内部控制缺陷程度，因此设置识别指标用于评价企业内部控制设计和运行情况，识别内部控制缺陷；其下设监测指标用于监测和衡量与内部控制有关的企业日常运营和管理情况。整套指标体系参照财政部《企业内部控制评价指引》要求，从控制五要素出发，按照五要素包含的内容采用分类分层结构。其中识别和监测指标体系的构建是以《企业内部控制基本规范》和《配套指引》为主要依据，参考了《上市公司治理准则》、COSO《内部控制——整合框架（2013）》、某地方国资委和某大型上市公司内控评价指标体系，并借鉴了前述学者的相关研究。为了尽可能全面准确地捕捉影响内部控制质量的企业日常运营和管理信息，进而准确判别内部控制缺陷程度，监测指标设计时还遵循了以下四项原则。

（1）合法合规性。内部控制质量高的企业一定首先是守法遵规的企业，因此监测指标必须与内部控制规范，以及影响内部控制的相关法律、法规、制度、标准的要求相一致。

（2）全面系统性。监测指标应该全面考虑影响企业内部控制质量的因素，系统化反映企业内部控制的目标要求，尽可能使指标反映的结果与企业内部控制实际质量和缺陷程度一致。

（3）相关性。企业日常运营和管理活动细节非常多，监测中不可能也无必要采集所有细节数据，所以监测指标设定时只关注那些对内部控制有影响的因素。

（4）可操作性。监测指标数据一般由经授权的企业内部控制评价人员在综合运用个别访谈、调查问卷、专题讨论、穿行测试、实地查验等方法基础上对指标内容执行情况进行人工打分采集，因此指标应该尽可能直观、简单、易理解。

　　整个指标体系以内部环境、风险评估、控制活动、信息与沟通、内部监督的控制五要素为大类，分公司治理、组织结构及权责分配、发展战略、人力资源、内部审计、社会责任、企业文化、目标设定、风险识别、风险分析、风险应对、业务过程控制、基本控制措施、信息、沟通、反舞弊机制、监控、评估、缺陷管理 19 个小类，下设 61 个识别指标，310 个监测指标。表 4 - 1 所示为识别指标部分，表 4 - 2 以治理结构和议事规则与程序和控制活动大类的业务过程控制小类中销售业务识别指标为例说明监测指标的构建。

表 4 - 1　　　　　　　　　企业内部控制识别指标体系

大类指标	小类指标	识别指标	下辖监测指标数量
内部环境（internal environment，IE）	公司治理（IE1）	治理结构（IE1 - 1）	5
		议事规则与程序（IE1 - 2）	4
	组织结构及权责分配（IE2）	机构设置（IE2 - 1）	5
		权责分配（IE2 - 2）	5
	发展战略（IE3）	战略制定（IE3 - 1）	3
		规划实施（IE3 - 2）	2
	人力资源（IE4）	人力资源战略（IE4 - 1）	3
		人力资源引进、使用与开发（IE4 - 2）	4
		人力资源退出（IE4 - 3）	1
	内部审计（IE5）	内部审计机构与人员（IE5 - 1）	3
		内部审计机制（IE5 - 2）	3
	社会责任（IE6）	安全生产责任（IE6 - 1）	4
		产品质量保证责任（IE6 - 2）	3
		资源节约与环境保护责任（IE6 - 3）	3
		就业与员工权益保护责任（IE6 - 4）	2
		社会责任披露（IE6 - 5）	2
	企业文化（IE7）	企业价值观（IE7 - 1）	5
		经营理念（IE7 - 2）	4

续表

大类指标	小类指标	识别指标	下辖监测指标数量
风险评估（risk assessment，RA）	目标设定（RA1）	目标设定要求和原则（RA1－1）	17
		经营效率效果目标（RA1－2）	5
		资产安全目标（RA1－3）	3
		报告目标（RA1－4）	6
		战略发展目标（RA1－5）	3
		合规目标（RA1－6）	3
	风险识别（RA2）	识别外部风险（RA2－1）	4
		识别内部风险（RA2－2）	4
	风险分析（RA3）	基本风险分析（RA3－1）	4
		舞弊风险分析（RA3－2）	4
	风险应对（RA4）	风险应对（RA4－1）	6
控制活动（control activities，CA）	业务过程控制（CA1）	销售业务（CA1－1）	9
		生产业务（CA1－2）	9
		采购业务（CA1－3）	9
		仓储存货业务（CA1－4）	9
		资金活动（CA1－5）	10
		资产管理（CA1－6）	11
		研究开发（CA1－7）	9
		预算业务（CA1－8）	9
		项目管理或外包业务（CA1－9）	9
		人力资源与薪酬业务（CA1－10）	9
		会计活动（CA1－11）	10
		关联交易业务（CA1－12）	9
		担保业务（CA1－13）	9
	基本控制措施（CA2）	常规授权审批（CA2－1）	2
		特别授权审批（CA2－2）	2
		运营分析（CA2－3）	2
		绩效考核控制（CA2－4）	2
		突发事件控制（CA2－5）	3
		信息技术一般控制（CA2－6）	6

续表

大类指标	小类指标	识别指标	下辖监测指标数量
信息与沟通（information communication，IC）	信息（IC1）	信息质量（IC1－1）	5
		信息系统（IC1－2）	6
	沟通（IC2）	内部沟通（IC2－1）	4
		外部沟通（IC2－2）	4
	反舞弊机制（IC3）	反舞弊责任归属（IC3－1）	4
		舞弊处理程序（IC3－2）	4
		舞弊补救措施与处罚（IC3－3）	2
内部监督（internal monitoring，IM）	监控（IM1）	监控制度（IM1－1）	6
	评估（IM2）	个别评估（IM2－1）	2
		整体评估（IM2－2）	6
	缺陷管理（IM3）	缺陷分析（IM3－1）	4
		缺陷披露与报告（IM3－2）	2
		缺陷整改（IM3－3）	3

表4－2　　　　　　　企业内部控制监测指标举例

大类	小类	识别指标	监测指标	备注
控制活动	业务过程控制	销售业务	明确了销售业务包含的所有活动； 销售业务过程及子过程流程清晰； 明确销售业务过程及子过程的关键风险点； 针对所有关键风险点设置了控制措施； 控制措施设置中坚持了不相容职务分离； 业务过程中所有交易都有完整记录； 业务过程中所有交易信息都记录准确； 业务过程中所有记录的交易都是有效的； 相关业务过程及子过程得到有效执行	"业务过程控制"类监测指标设计主要包含三方面： ①过程是否清晰； ②过程是否处于控制中； ③控制是否有效
内部环境	公司治理	治理结构	按照相关法规建立股东大会、董事会、监事会及管理层的治理架构； 董事会、监事会和管理层的角色、职责和授权明确； 董事会下设专门委员会并具有独立性和专业性； 监事会具有足够的独立性； 董事会、监事会及管理层的人员结构合理，且均具备履职能力	

大类	小类	识别指标	监测指标	备注
内部环境	公司治理	议事规则与程序	董事会、监事会及管理层的产生程序合法合规； 企业的决策权、执行权和监督权相互分离，形成制衡； 建立了企业重大决策、重大事项、重要人员任免及大额资金支付的程序并有效执行； 建立了对管理层的必要权力监督和约束机制	

（二）指标赋值方法

研究中需要采集的样本数据包括各个监测周期内①企业内部控制监测指标数据、识别指标数据和每个周期末认定的缺陷等级数据。

监测指标数据采用人工打分的方法采集。打分依据的原始资料主要包括三类：（1）公司年报、内部控制自我评价报告、内部控制审计报告、社会责任报告、可持续发展报告等定期报告；（2）公司临时报告、公司规章制度、被执行行政处罚、市场禁入和上市公司纪律处分的决定，以及其他重大事件等信息；（3）财政部关于2011年、2012年、2013年企业内部控制实施情况分析报告，审计署发布的审计公告等资料。上述资料主要来源于证券交易所网站、公司网站，以及财政部、审计署、中国证监会等监管部门网站上公开披露的信息。

采集样本数据时，可以对各企业的大类指标进行打分，也可以对小类指标进行打分，还可以对识别指标和监测指标进行打分。指标划分得越细，对其打分的准确度更高。

由于数据量较大，需要不同人分别进行打分。为了尽量避免不同人打分造成的误差，需要选取对内部控制业务比较熟悉的人员参与评分，制定了统一的打分标准。在评分之前须要有评分经验的人对参与评分的人员进行培训。评分的过程至少需要一个人评分，而另一个人审核，或者两个人分别评分，再取平均值，也可采取多人评分取平均值。其目的是尽量消除

---

① 本研究的监测周期设为年度。

个人因素造成的误差。针对监测指标，评估标准如表4-3所示。

表4-3　　　　　　　　　　监测过程指标的评分标准

四级指标的评分依据	评分
控制措施完善，大部分措施得到执行； 有控制措施，完全按照措施执行； 控制措施完善，全部按照控制措施执行	2
控制措施比较完善，执行控制措施的一部分； 控制措施比较完善，基本按照控制措施执行	1
没有控制措施； 或有措施，但没有执行； 有控制措施，但执行较差	0

三、企业内部控制缺陷等级的确定

企业内部控制缺陷等级的数据来源于企业公布的内部控制评价报告。我们将缺陷等级分为三类：重大缺陷、重要缺陷和一般缺陷（或不存在缺陷）。有些企业在内部控制自我评价报告中声称不存在内部控制缺陷，也将其归为一般缺陷类（见表4-4）。

表4-4　　　　　　　　　　企业内部控制缺陷等级的判定

四级指标的评分依据	内控缺陷等级
存在重大缺陷	1
存在重要缺陷，但不存在重大缺陷	2
仅存在一般缺陷或不存在缺陷	3

四、样本数据的采集

（一）样本数据采集方法

需要采集的企业样本数据包括在每个周期内，企业的各个内部控制过程指标的得分，以及该企业在每个周期末认定的该企业内部控制缺陷的等级。内部控制过程指标的得分将作为 BP 神经网络输入层的输入信号源，而企业内部控制缺陷的等级将作为 BP 神经网络输出层神经元的输出信号。

为了保证样本公司建设内部控制时都遵循我国企业内部控制规范体系，本研究的实验样本从 2011 年、2012 年和 2013 年执行《企业内部控制基本规范》的上市公司中选取，也就是样本范围选取财政部、证监会《关于 2012 年主板上市公司分类分批实施企业内部控制规范体系的通知》要求里纳入实施范围的上市公司①。于是训练内部控制缺陷诊断模型的样本选取为三部分：第一部分是 2011～2013 年 3 年中纳入实施范围的上市公司里披露存在内部控制重大缺陷、内部控制评价无效和审计给出否定意见的公司，2011 年 2 家、2012 年 8 家、2013 年 19 家；第二部分是 2011～2013 年 3 年中纳入实施范围的上市公司里披露存在内部控制重要缺陷的公司，2011 年 7 家、2012 年 19 家、2013 年 30 家；第三部分是与上述公司的规模相似和行业相同（根据证监会的划分依据）的上市公司作为对照样本。如果一家公司在两年内都存在重大缺陷或重要缺陷，则将其视为两个样本。我们初始选取 31 家有重大缺陷的公司，54 家存在重要缺陷的公司和 161家只存在一般缺陷的对照样本公司。

由于采用 BP 算法进行模拟训练时样本是随机抽取的，让总样本中各类样本数量相同可以使每类样本被抽中的机会大致相等。如果某一类样本数量太大，随机抽中其他类样本的机遇降低，BP 神经网络获取这些类样本的知识就相对减少，会导致降低模型对这些类样本的识别率。为了避免由于某类样本过多可能出现影响模型识别准确度的情况发生，以重大缺陷样本数量为基准，对初选样本中存在重要缺陷和一般缺陷的样本进行了二次筛选，各随机选取 31 个，最终研究样本 93 个。由于与验证过程相比，充足的训练对保证模型准确度更重要，因此确定训练样本和检验样本数量时采取了折中做法，采用 2∶1 的比例。即模型学习训练中每次随机选取 62个作为训练样本，剩余 31 个作为检验样本，这样在保证模型得到充分训练的同时也能有充足样本对模型应用效果进行有效验证。最终选取的样本公

① 境内外同时上市公司、中央和地方国有控股主板上市公司，以及非国有控股主板上市公司，且于 2011 年 12 月 31 日公司总市值（证监会算法）在 50 亿元以上，同时 2009～2011 年平均净利润在 3 000 万元以上。

司如表 4 - 5 所示。

表 4 - 5　　　　　　　　　　样本公司

存在重大缺陷的公司		存在重要缺陷的公司		对照样本	
证券代码	证券简称	证券代码	证券简称	证券代码	证券简称
000061	农产品	000009	中国宝安	600456	宝钛股份
000155	川化股份	000034	深信泰丰	600500	中化国际
000912	泸天化	000089	深圳机场	600536	中国软件
600256	广汇能源	000401	冀东水泥	600675	中华企业
600319	*ST 亚星	000520	长航凤凰	600995	文山电力
600586	金晶科技	000528	柳工	000429	粤高速 A
600689	*ST 三毛	000536	华映科技	000722	湖南发展
601788	光大证券	000719	大地传媒	000758	中色股份
600315	上海家化	000736	中房地产	000825	太钢不锈2
600368	五洲交通	000737	南风化工	000877	天山股份
600469	风神股份	000950	建峰化工	000932	华菱钢铁2
601168	西部矿业	002161	远望谷	002092	中泰化学
601558	*ST 锐电	200992	中鲁 B	002208	合肥城建
600800	天津磁卡	600132	重庆啤酒	600018	上港集团
600403	大有能源	600217	秦岭水泥	600072	*ST 钢构
600873	梅花生物	600238	海南椰岛	600131	岷江水电
600552	方兴科技	600326	西藏天路	600251	冠农股份
000652	泰达股份	600418	江淮汽车	600266	北京城建
600598	*ST 大荒	600444	*ST 国通	600270	外运发展
600215	长春经开	600506	香梨股份	600343	航天动力
600301	*ST 南化	600539	ST 狮头	600389	江山股份
600189	吉林森工	600701	上大高新	600488	天药股份
600087	*ST 长油	600713	南京医药	600560	金自天正
600598	北大荒	600793	ST 宜纸	600685	广船国际
600970	中材国际	600808	马钢股份	600702	沱牌舍得

存在重大缺陷的公司		存在重要缺陷的公司		对照样本	
证券代码	证券简称	证券代码	证券简称	证券代码	证券简称
000833	贵糖股份	600835	上海机电	600710	常林股份
600800	天津磁卡	600971	恒源煤电	600761	安徽合力
000058	深赛格	601866	中海集运	600802	福建水泥
000756	新华制药	601958	金钼股份	601669	中国电建
		002066	瑞泰科技	601801	皖新传媒
				601901	方正证券2

（二）样本公司内控过程及缺陷等级数据

对各样本公司的内部控制过程指标和缺陷等级进行汇总后，得到样本内部控制过程评价指标及缺陷等级矩阵 $A_{93 \times 312}$，表示93家上市公司，每个公司有312列的数据，其中第1列为缺陷等级，其余311列为该公司四级内部控制过程指标数据。在 Excel 工作表中数据显示的截图如图4-9所示。说明，由于屏幕大小的限制，只截取到了 A1：S33 单元格区域的数据。

指标编号一		IE1-1-1	IE1-1-2	IE1-1-3	IE1-1-4	IE1-1-5	IE1-2-1	IE1-2-2	IE1-2-3	IE1-2-4	IE2-1-1	IE2-1-2	IE2-1-3	IE2-1-4	IE2-1-5	IE2-2-1	IE2-2-2	IE2-2-3
指标编号二		A-1-1	A-1-2	A-1-3	A-1-4	A-1-5	A-2-1	A-2-2	A-2-3	A-2-4	B-1-1	B-1-2	B-1-3	B-1-4	B-1-5	B-2-1	B-2-2	B-2-3
小类指标	缺陷等级	A	A	A	A	A	A	A	A	A	B	B	B	B	B	B	B	B
识别指标		1	1	1	1	1	2	2	2	1	1	1	1	1	2	2	2	
监测指标		1	2	3	4	5	1	2	3	4	1	2	3	4	5	1	2	3
000058深赛格	1	2	2	2	2	2	2	2	2	0	0	0	2	0	2	0	1	0
000756新华制药	1	2	2	2	2	2	2	2	2	0	0	0	2	0	2	1	1	0
600215长春经开	1	2	2	2	2	2	2	2	2	2	0	1	2	0	2	0	1	0
600301*ST南化	1	2	2	2	2	2	2	2	0	2	2	0	1	0	0	2	0	0
600189吉林森工	1	2	2	2	2	2	2	2	2	2	0	1	0	0	0	1	0	0
600087*ST长油	1	2	2	2	0	2	2	2	2	2	0	1	0	0	0	0	0	0
600598北大荒	1	2	2	0	0	1	0	0	0	0	0	1	0	0	0	0	0	1
600970中科国际	1	2	2	2	2	2	2	2	2	0	1	2	0	0	0	0	0	0
000833贵糖股份	1	2	2	2	2	2	2	2	2	2	0	1	2	0	2	0	0	0
600800天津磁卡	1	2	2	2	2	2	2	2	2	2	0	2	1	2	0	1	0	0
000061农产品	1	2	2	2	2	2	2	2	2	2	0	0	0	0	2	0	0	1
000155川化股份	1	2	2	2	2	2	2	2	2	1	0	1	2	2	2	0	0	0
000912泸天化	1	2	2	2	2	2	2	2	0	0	0	0	0	0	2	0	0	0
600256广汇能源	1	2	2	2	2	2	2	2	0	0	0	0	0	0	2	0	0	0
600391*ST亚星	1	2	2	2	2	2	2	2	2	2	0	0	0	0	2	0	0	0
600586金晶科技	1	2	2	2	2	2	2	2	2	2	0	0	0	0	2	0	0	0
600689*ST三毛	1	2	2	2	2	2	2	2	2	2	0	0	0	0	2	0	0	0
601788光大证券	1	2	2	2	2	2	2	2	2	1	2	0	0	0	0	0	0	0
600315上海家化	1	2	2	2	2	2	2	2	0	0	0	0	0	0	0	0	0	0
600368五洲交通	1	2	2	2	2	2	2	2	0	0	0	0	0	1	0	1	1	1
600469风神股份	1	2	2	2	2	2	2	2	0	0	0	0	0	0	0	0	0	0
601168西部矿业	1	2	2	2	2	2	2	2	2	1	2	0	0	0	0	0	0	0
601559*ST锐电	1	2	2	2	2	2	2	2	2	0	0	0	0	0	0	0	0	0
600800天津磁卡	1	2	2	2	2	2	2	2	2	0	0	0	0	0	0	0	0	0
600403大有能源	1	2	2	1	1	2	2	2	0	0	0	0	0	0	0	0	0	0
600873梅花生物	1	2	2	2	2	2	2	2	0	0	0	0	0	0	0	0	0	0
600552方兴科技	1	2	2	2	2	2	2	2	0	2	0	0	0	0	0	0	0	0
000652泰达股份	1	2	2	2	2	2	2	2	2	0	0	0	0	0	0	0	0	0

图 4-9 监测指标和缺陷等级数据

对全部样本公司数据按照识别指标进行分类汇总可得到 $A_{93 \times 62}$ 的矩阵，进一步按小类指标进行分类汇总可得到 $A_{93 \times 20}$ 的矩阵，按大类指标进行分类汇总，可得到 $A_{93 \times 6}$ 的矩阵。图 4-10 所示为监测指标汇总数据。

公司名	缺陷等级	A		B		C			D		E					F				G	H						I			J		K		L												
		1	2	1	2	1	2	3	1	2	1	2	3	4	5	1	2	3	4	1	1	2	3	4	5	6	1	2	3	1	2	1	2	1	2	3	4	5	6	7	8	9	10	11	12	13
求和项:000058深赛格	1	10	6	6	3	6	4	6	0	0	2	0	0	7	4	18	6	4	8	4	4	4	0	6	8	5	0	0	0	0	9	0	0	0	10	9	9									
求和项:000756新华制药	1	10	6	4	3	2	4	0	2	2	3	5	1	6	2	0	2	0	7	2	18	6	4	8	4	4	4	0	6	0	9	9	9	0	9	9									
求和项:600215长春经开	1	10	8	7	6	0	0	2	1	2	6	6	0	4	2	0	4	2	18	6	4	4	4	4	0	0	9	9	10	0	14	0	10	9	18										
求和项:600301*ST南化	1	10	4	5	6	6	4	4	0	5	4	8	2	6	2	0	6	4	18	6	4	10	6	4	4	4	4	6	18	9	7	11	18	9	18	20	9	9								
求和项:600189吉林森工	1	10	8	3	6	4	6	4	2	4	2	4	2	0	2	0	18	6	4	0	0	0	0	4	0	4	0	9	9	9	9	9	9											
求和项:600087*ST长油	1	10	8	3	6	4	4	2	6	6	2	2	0	2	0	18	6	4	4	0	0	4	0	9	9	9																		
求和项:600598北大荒	1	4	0	0	0	0	0	0	0	0	8	2	6	2	0	18	6	4	2	3	0	0	0	9	9	9	11	9	0	8	7	0	7											
求和项:600970中材国际	1	10	8	5	8	6	4	6	0	0	0	0	0	0	8	6	2	0	18	6	4	2	0	3	0	0	0	9	9	9	11	9	18	18	9	20									
求和项:000833贵糖股份	1	10	8	7	6	6	4	6	0	4	2	5	6	0	4	2	0	6	0	18	6	4	10	4	4	4	6	8	18	6	18	13	0	20	22	18	18	18	0	18	18					
求和项:600800天津磁卡	1	10	8	1	6	6	4	4	0	3	0	8	4	4	0	6	0	18	6	4	4	4	6	4	0	9	9	5	10	0	9	9	9											
求和项:000061农产品	1	10	7	5	3	5	2	1	2	2	4	6	4	4	2	0	4	0	18	6	4	4	4	5	5	6	4	0	0	0	9	9	9											
求和项:000155川化股份	1	10	6	1	5	6	2	4	2	2	6	6	4	4	2	0	8	4	18	6	4	4	4	4	0	9	9	10	1	9	9	0												
求和项:000912泸天化	1	10	6	7	1	5	6	4	6	4	4	2	0	7	1	18	4	6	4	0	0	0	0	9	9	11	0	9	9	0														
求和项:600256*汇能源	1	10	6	4	5	6	0	0	5	6	0	0	0	2	4	7	3	18	4	6	4	5	6	18	6	18	9	20	22	18	6	18	10	18	18										
求和项:600319*ST亚星	1	10	8	0	1	5	4	3	3	0	0	0	2	4	2	0	18	6	4	4	5	6	8	6	4	0	0	4	0	9	9	9												
求和项:600586金晶科技	1	10	8	0	4	0	1	1	2	0	0	0	0	1	0	18	4	6	4	4	6	8	6	4	0	0	4	0	9	9	9												
求和项:600689*ST三毛	1	10	8	0	2	4	6	4	6	0	0	0	1	0	18	4	6	4	0	0	0	7	9	10	0	9	9	0															
求和项:601788光大证券	1	10	7	0	6	4	6	2	3	0	6	4	4	7	4	4	0	4	0	9	9	9	9	0	9	9																		
求和项:600315上海家化	1	10	8	0	4	5	4	6	2	4	0	2	0	5	2	18	7	4	4	5	5	6	6	4	2	0	9	9	9	0	9												
求和项:600368五洲交通	1	8	2	2	5	6	2	5	0	2	4	8	5	0	0	8	5	21	5	3	6	4	0	0	0	0	2	2	9	9	9												
求和项:600469民神股份	1	10	8	2	2	5	4	2	0	3	1	6	4	0	0	4	4	0	6	7	4	2	9	9	9	9	9	2	9	9													
求和项:601168西部矿业	1	10	7	0	4	6	4	0	3	2	0	0	4	3	2	0	18	4	6	4	4	4	4	6	4	0	0	0	9	9	9												
求和项:601558*ST锐电	1	10	8	0	3	6	4	2	2	0	4	8	0	0	4	0	18	4	7	4	4	6	4	0	0	4	2	9	9	9													
求和项:600800天津磁卡2	1	10	8	1	0	4	0	1	0	4	5	8	6	5	4	7	4	4	6	6	4	6	0	9	9	9																		
求和项:600403大有能源	1	6	1	0	0	0	2	2	0	0	4	2	1	0	0	7	5	0	3	0	0	0	0	9	9	9																		
求和项:600873梅花生物	1	10	8	0	2	4	0	3	5	6	4	6	4	4	0	0	0	0	9	9	9	9	9	9	9																			
求和项:600552方兴科技	1	8	2	2	6	4	0	0	0	0	0	4	0	0	0	0	9	9	9	9	9	9	9																					
求和项:000652泰达股份	1	10	8	2	8	6	4	6	0	5	4	8	0	4	0	6	6	5	0	3	0	4	4	4	0	9	9	10	1	9	9	0											

图 4-10　按照识别指标对监测指标数据进行分类汇总后的数据

各级指标汇总数据都可以应用于 BP 神经网络的训练、识别和验证。为了避免四级指标数据的输入信号维数过大，也可以避免小类指标数据和大类指标数据的输入信号的维数过小，容易造成较大误差的问题，我们在实际的实验过程中选取了识别指标汇总数据。图 4-10 中 C1:AR2 单元格区域为识别指标的编码，C3:AR30 单元格区域按照识别指标对内部控制过程指标数据进行分类汇总后的数据。

（三）数据归一化处理

为了避免由于不同样本识别指标数据差异过大可能导致的模型分析产生较大误差，研究中采用最大最小法对数据进行了归一化处理。训练模型时首先将作为输入信号的识别指标数据归一到 [0，1] 之间，利用模型进行缺陷等级识别时又将输出信号执行归一化逆操作，转换为实际内部控制缺陷等级。

从图 4 - 10 所显示的数据可以看出，有些列的数据幅度较大，比如 C 列、U 列、AJ 列和 AK 列等，有些列的数据幅度较小，如 H 列和 K 列等。数据幅度的差距较大会造成神经网络识别的误差较大，在使用这些数据对神经网络进行训练之前需要先将这些数据进行归一化预处理。所谓归一化处理就是将各列数据都变换到一个统一的数据范围之内，例如 [0，1] 之间。对数据归一化通常采用以下两种方法：

1. 最大最小法

假如 $x_i(i=1，\cdots，n)$ 为一列输入数据，其中 x_{max} 为该列数中最大的数，x_{min} 为该列数中最小的数，则可作如下的变换：

$$x_i = \frac{x_i - x_{min}}{x_{max} - x_{min}}$$

这种方法可将一列数变换为 [0，1] 之间的数。

2. 平均数方差法

假如 $x_i(i=1，\cdots，n)$ 为一列输入数据，其中 x_{mean} 为该列数的平均数，x_{var} 为该列数的方差，则可作如下的变换：

$$x_i = \frac{x_i - x_{mean}}{x_{var}}$$

这种方法可将一列数变换为 [-1，1] 之间的数。

在利用样本数据对神经网络进行训练，以及利用神经网络对企业内部控制缺陷等级进行识别时，需要采用同一种数据归一化方法。另外对神经网络识别的输出信号，需要利用归一化方法的逆操作，将识别出的 [0，1] 或 [-1，1] 之间的输出信号转换为实际的输出信号。对于输出信号，研究采用的样本数据为 1、2 或 3，在采用最大最小法将输出信号变换为 [0，1] 之间的数利用神经网络识别缺陷等级时，输出的信号也在 [0，1] 范围之内，需要一个附加的变换，将识别出的 [0，1] 之间的数据变换成 1、2 或 3，以便适合我们划分缺陷等级的习惯。

五、BP 神经网络的初始化设置

BP 神经网络初始化需要完成以下设置：

1. 设置输入节点数 N，隐含层神经元数 L，输出神经元数 M

因为识别指标有 61 个，所以从分析数据可直接确定输入变量数 N 为 61。每个企业只有一个缺陷等级，所以输出神经元数 M 为 1。

隐含层的个数和个隐含层的神经元数是可变选项，如果隐含神经元数太少，会导致网络不能得到很好的训练，影响训练的精度。如果隐含神经元数过大，则会导致训练时间增加，增加计算的工作量。对于单隐含层的情况，有些研究给出了经验值：

$$L = \log_2 N$$

在实验过程中可采用试算的方法来找到合适的隐含层神经元数 L。在本书的实验中，我们分别选取了隐含层神经元数 L 为 5、6 和 7，最后的结果差别不大。

对于多隐含层的情况，需要分别确定各隐含层的神经元个数。在本书的实验中，我们也试验了两个隐含层的情况，分别选取神经元个数为 7 和 5，试验结果显示识别的准确度比单隐含层有少量的提升。

2. 初始化神经元之间的连接权值

对于有一个隐含层的情况，需要考虑：

初始的输入层—隐含层神经元之间的连接权值 $w_{ji}(1)$，（$i = 1, 2, \cdots, N$；$j = 1, 2, \cdots, L$）。

初始的隐含层—输出层神经元之间的连接权值 $v_{kj}(1)$，（$j = 1, 2, \cdots, L$；$k = 1, 2, \cdots, M$）。

初始化连接权值一般采用随机数生成的方法。这样的方法简单实用，也能达到比较好的效果。如果数据量巨大，迭代次数很大的情况，也可考虑先采用遗传算法，获得一个较佳的初始权值，减少迭代次数，从而缩短训练时间。

3. 初始化神经元的阈值

初始化神经元的阈值的情况和初始化神经元之间的连接权值类似。对于有一个隐含层的情况，需要考虑：

初始的隐含层神经元的阈值 $a_j(1)$，（$j = 1, 2, \cdots, L$）。

初始的输出层神经元的阈值 $b_k(1)$，（$k = 1, 2, \cdots, M$）。

类似地，初始化连接权值一般采用随机数生成的方法。

4. 确定学习速率 η

学习速率 η 的取值在 $[0, 1]$ 范围之内。如果学习速率较大，则学习速度快，收敛加快，但容易造成过快从而引起震荡。如果学习速率较小，则学习速度慢，收敛的时间加长。本试验采用了 $\eta = 0.1$。

5. 确定神经元的激活函数 $f(\cdot)$

对于隐含层神经元，我们选取了 sigmoid 函数，如下式。该函数可导且函数值落在 $[-1, 1]$ 范围之内，便于计算且不会产生较大的误差。

$$f(x) = \frac{1}{1 + e^{-x}}$$

对于输出层神经元，我们采用了简单的线性函数，直接取 $f(x) = x$。选取线性函数可使输出值不必限定在较小的范围内，更适合于实际应用。

六、利用样本数据对 BP 神经网络进行训练

利用样本数据对 BP 神经网络进行训练的过程就是按下面所列的步骤进行循环计算，直到达到结束循环的条件。小写的 n 代表了迭代的次数，将 n 设置为 1，按照下面的步骤进行循环计算。

1. 计算隐含层的输出 $h_j(n)$

$$h_j(n) = f\left(\sum_{i=1}^{N} w_{ji}(n) x_i(n) + a_j(n) \right) (j = 1, 2, \cdots, L)$$

其中，N 为输入节点数，L 为隐含节点数，$f(\cdot)$ 为激活函数。

2. 计算输出层的识别输出 $y_k(n)$

$$y_k(n) = \sum_{j=1}^{L} v_{kj}(n) h_j(n) + b_k(n) (k = 1, 2, \cdots, L)$$

3. 计算输出层的识别输出和样本实际输出之间的误差 $e_k(n)$

$$e_k(n) = o_k(n) - y_k(n) (k = 1, 2, \cdots, M)$$

4. 计算隐含层—输出层神经元之间的连接权值 $v_{kj}(n+1)$ 和阈值 $b_k(n+1)$

$$v_{kj}(n+1) = v_{kj}(n) + \eta h_j(n) e_k(n) (k = 1, 2, \cdots, M; j = 1, 2, \cdots, L)$$

$$b_k(n+1) = b_k(n) + \eta e_k(n)(k=1,2,\cdots,M)$$

上式中参数 η 为学习速率。

5. 更新输入层—隐含层神经元之间的连接权值 $w_{ji}(n+1)$ 和阈值 $a_j(n+1)$

$$w_{ji}(n+1) = w_{ji}(n) + \eta h_j(n)(1 - h_j(n))x_i(n)\sum_{k=1}^{M} v_{kj}(n+1)e_k(n)$$

$$(j=1,2,\cdots,L;\ i=1,2,\cdots,N)$$

$$a_j(n+1) = a_j(n) + \eta h_j(n)(1 - h_j(n))\sum_{k=1}^{m} v_{kj}(n+1)e_k(n)$$

$$(j=1,2,\cdots,L)$$

上式中参数 η 为学习速率。

6. 判断算法的迭代是否结束

如果迭代次数达到预定的值或者识别的输出值与实际的输出值之间的误差小于预定的值时，则结束；如果不符合迭代结束的条件，则返回步骤 1 继续。本试验选取误差目标为 0.00001，迭代次数的限制值为 100。

对 BP 神经网络进行训练的结果将得到收敛的神经元之间的连接权值 w_{ij} 和 v_{kj}，以及收敛的隐含层神经元的阈值 a_j 和输出层神经元的阈值 b_k（$i=1,2,\cdots,N;\ j=1,2,\cdots,L;\ k=1,2,\cdots,M$）。

本研究基于 BP 神经网络构建的内控缺陷识别模型如图 4-11 所示。其中，隐含层设置为两层且第 1 层设 9 个神经元、第 2 层设 5 个神经元。

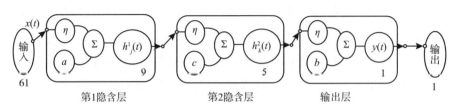

图 4-11　BP 内控缺陷识别模型

第三节　BP 缺陷识别模型的验证

训练结束后，利用 BP 缺陷识别模型对内部控制缺陷等级进行识别包含两个子过程：

（1）利用连接权值和阈值计算输出信号值。

（2）依据输出值判断被识别企业的内部控制的缺陷等级。

在得到 BP 神经网络的稳定的连接权值 w_{ij} 和 v_{kj}，以及稳定的隐含层神经元的阈值 a_j 和输出层神经元的阈值后 b_k（$i = 1$，2，$\cdots$，N；$j = 1$，2，$\cdots$，L；$k = 1$，2，$\cdots$，M），可直接用下面的公式计算输出信号值：

首先计算 BP 神经网络的隐含层的输出 h_j：

$$h_j = f\left(\sum_{i=1}^{N} w_{ji}x_i + a_j \right) (j = 1，2，\cdots，L)$$

其中，N 为输入节点数，L 为隐含节点数，$f(\cdot)$ 为隐含层的激活函数。x_i 即为被识别企业的识别指标的评估值。

然后计算 BP 神经网络的输出层的输出 y_k。

$$y_k = \sum_{j=1}^{L} v_{kj}h_j + b_k (k = 1，2，\cdots，L)$$

通常由 BP 神经网络计算得到的输出层输出 y_k 是一个在 [0，1] 范围附近的小数，此时需要一个逆归一化变换，将 y_k 变换成 [1，3] 范围附近小数，但这个小数还是不能直接判断出被识别企业的内部控制的缺陷等级。我们可以用下面的就近的原则来确定识别的结果。

（1）如果 $y_k \leq 1.5$，则判断 y_k 为 1，即识别该企业存在重大缺陷。

（2）如果 $1.5 < y_k < 2.5$，则判断 y_k 为 2，即识别该企业存在重要缺陷，但不存在重大缺陷。

（3）如果 $y_k \geq 2.5$，则判断 y_k 为 3，即识别该企业仅存在一般缺陷（或不存在缺陷）。

图 4 - 12 所示为利用上述 BP 缺陷识别模型进行验证的结果。其中包括识别的缺陷等级和实际缺陷等级及识别准确率数据。由图 4 - 12 可以看出，识别的总体准确率可以达到 93.55%。如果进行多轮的反复样本选取和训练，总体准确率还可进一步提高。通过比较准确率可得到最佳的神经网络，从而用于以后对企业内控缺陷的预测。

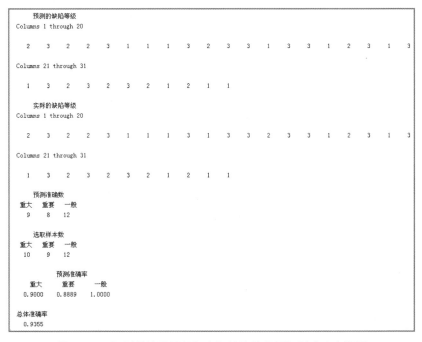

图 4 - 12　识别的缺陷等级和实际缺陷等级及识别准确率数据

图 4 - 13 识别输出等级和实际缺陷等级对照图中，方框标注的数据是该公司实际认定的缺陷等级，圆圈标注的数据为神经网络识别的该公司的缺陷等级。从图中可以看出，样本序号为 10 和 13 的企业出现识别偏差，图 4 14 是识别误差值。该识别将样本序号为 10 的企业的重大缺陷判定为重要缺陷，将样本序号为 13 的企业的重要缺陷判定为重大缺陷。其余的 29 个样本均识别准确。

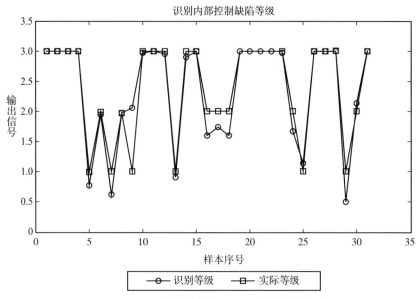

图 4 - 13　识别的输出等级和实际缺陷等级的对照

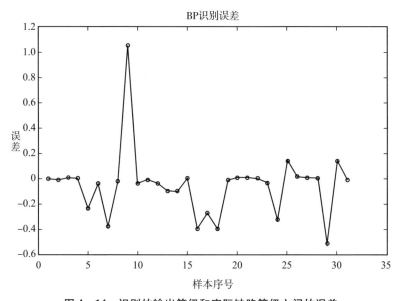

图 4 - 14　识别的输出等级和实际缺陷等级之间的误差

第四节　输入型缺陷影响的模拟分析

一、单指标对缺陷的影响趋势分析

通过训练得到最佳的 BP 神经网络缺陷识别模型之后，可以利用此模型对采样指标和企业缺陷程度的预测值进行模拟分析。这一点可以用于判断某个采样指标是否对整体的缺陷严重程度有较大的影响，以及这个指标如何影响整体的缺陷严重程度。由于输入型缺陷往往不受企业自身的控制，而且从企业缺陷程度结果我们很难直接判别是否是输入型内控缺陷。因此如果我们能够对那些受到输入型缺陷影响的采样指标受到影响之后的整体缺陷程度进行事先的模拟分析，就可以让企业提前做好预判和准备，避免出现重大缺陷损失，这对企业防范重大缺陷发生具有重要意义。

在本研究设计的 61 个采样指标中，绝大部分指标对整体缺陷的贡献是正相关的，即该指标的得分越高，表明企业内部控制做得越好，于是整体内控缺陷程度就越轻。

对单个采样指标进行分析时，可以假定其他指标的得分是固定不变，而分别将特定的采样指标从低到高变化，对此指标的每一次小幅的改变，进行一次整体缺陷的预测。比如，选择可能成为输入型内控缺陷来源的，反映企业与下游企业业务联系的指标"采购业务（CA1 - 3）指标"。假设该指标的变化范围是从 0 到 80，分析其变化时企业整体内控缺陷的变化趋势，可以看到该指标变化对企业内部控制缺陷程度的影响，如图 4 - 15 所示。从图中可知，当采样值是 70 左右时，缺陷值是 1.5，这是判断企业缺陷严重程度的关键位置，因为如果指标往大的方向变化，企业将摆脱重要缺陷，反之如果不能及时控制指标下滑，则企业也将快速滑入重大缺陷之中。同时，当指标在 0 ~ 40 之间时，曲线相对平坦，说明指标在这个区间时，指标对缺陷严重程度影响不大。而在指标大于 50 后，缺陷严重程度快速变化，呈现很陡的曲线。

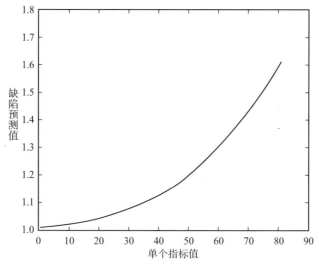

图 4 - 15   单指标对内控缺陷的影响趋势

图 4 - 16 所示为本研究设计的 61 个采样指标的"权责分配（IE2 - 2）指标"变化时整体缺陷的变化趋势。从图中可看出，当指标值较小时对缺

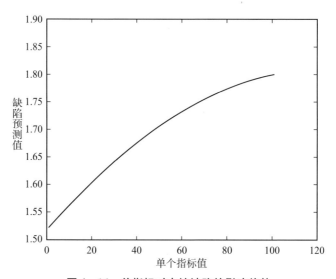

图 4 - 16   单指标对内控缺陷的影响趋势

陷的影响较快，当指标值较大时对缺陷的影响较慢，但即使满分，整体缺陷依然在 1.8 左右，不足以突破 2.5 的阈值，摆脱重要缺陷进入到一般缺陷的阶段，这也说明该指标对整体缺陷的影响是有限的。

图 4 – 17 所示为表 4 – 1 企业内部控制识别指标体系中第 5 个指标"战略制定（IE3 – 1）"变化时用神经网络模拟的整体缺陷的趋势。尽管这样的曲线变化趋势明显，但这只是局部的图形，曲线显示缺陷程度始终在 1 附近，说明如果企业的整体缺陷是重大缺陷时，此指标的完全改善对整体缺陷是很不明显的。也就是，该指标对企业内部控制缺陷严重程度的影响微乎其微。

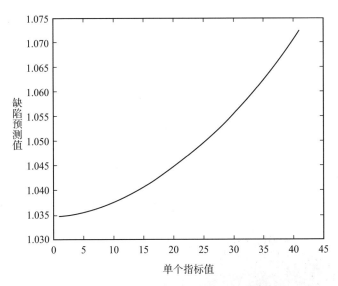

图 4 – 17　单指标对内控缺陷的影响趋势

二、双指标联合对内控缺陷的叠加作用趋势分析

企业日常运营和管理活动中，两个指标甚至多个指标同时变化是更常见的现象，因此，本研究在模拟了单变量识别指标变化对内控缺陷程度影响基础上，进一步模拟了不同的两个指标组合变化对企业内控缺陷程度的综合影响。图 4 – 18 是两个指标的二维模拟结果图。其反映了不同的两个

指标的三种常见的趋势变化情况。其中第一种情况 X – 指标对缺陷的影响较快，Y – 指标对缺陷的影响较慢；第三种情况 X – 指标对缺陷的影响较慢，Y – 指标对缺陷的影响较快；第二种情况 X – 指标和 Y – 指标对缺陷的影响差别不大。

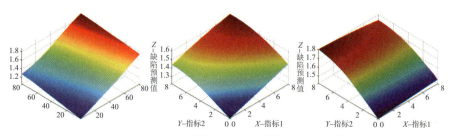

图 4 – 18　两个指标联合对内控缺陷的影响趋势

图 4 – 18 是二维模拟图，图中，模拟结果的颜色也代表了内控缺陷程度的等级。颜色越靠近深蓝色的点，表示内部控制缺陷程度越严重；而越接近深红色，表示内部控制缺陷程度越低。

图 4 – 19 是表 4 – 1 中"议事规则与程序（IE1 – 2）指标"和"销售业务（CA1 – 1）指标"对缺陷的影响分析结果。

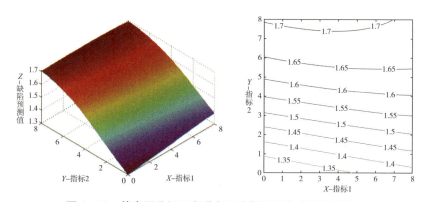

图 4 – 19　等高图分析两个联合组成指标区域对缺陷的影响

图 4 - 19 左侧图是该两个指标综合影响趋势的模拟结果。从图中可以看出，X 指标"议事规则与程序（IE1 - 2）"对内控缺陷程度的影响较弱，而 Y 轴指标"销售业务（CA1 - 1）"对内控缺陷程度的影响较强。当 Y 轴取 0 时，X 从 0 逐渐变为 8 时，缺陷程度从 1.3 变为了不到 1.4；而 X 轴取 0 时，Y 从 0 变为 8 时，缺陷程度从 1.3 快速变为 1.7。这反映了相比 X 轴指标"议事规则与程序（IE1 - 2）"，Y 轴指标"销售业务（CA1 - 1）"对内控缺陷程度的影响更强。

图 4 - 19 右侧图是"议事规则与程序（IE1 - 2）指标"和"销售业务（CA1 - 1）指标"对内控缺陷影响等高图。从图中可以看出，在 1.5 等高线之下内控缺陷程度的影响是缺陷为重大缺陷的区域，在 1.5 等高线之上是缺陷为重要缺陷的区域。如果检测到两个指标所在的区域在此等高线附近，如 1.5 和 1.6 之间，需引起高度警惕，否则很容易从重要内控缺陷等级滑入到重大缺陷等级。

第五节　本章小结

本章对企业内部控制缺陷识别诊断进行了研究。

首先，基于 2008 ~ 2016 年我国制造业上市公司样本数据，从时间、细分行业、内控缺陷等级和控制五要素四方面对我国上市企业内部控制缺陷总体情况进行了深入分析。

其次，利用 BP 神经网络理论构建了 BP 内部控制缺陷识别模型，并对构建的缺陷识别模型进行了验证。BP 内部控制缺陷识别模型构建包括设计了内部控制缺陷识别指标体系、内控缺陷程度判别标准和等级、样本数据的采集、BP 神经网络缺陷识别模型的初始化设置、利用样本数据对 BP 神经网络缺陷识别模型的训练，以及最后形成的 BP 缺陷识别模型。

最后，利用构建的模型进行了输入型缺陷影响的模拟分析。首先选取一个影响输入型缺陷的采样指标，分析了其变化之后企业整体缺陷程度变化趋势，接着又选取了两个指标，分析它们联合变化对内控缺陷的叠加作用趋势。结果显示，BP 缺陷识别模型可以很好地直观反映出导致产生输入型缺陷的采样指标变化对企业内控缺陷程度的量化影响。这有助于企业提前做好预判和准备，防范重大缺陷发生，避免出现重大缺陷损失。

第五章

业务关系网络对企业内部控制的影响

每个企业的运营都需要与其他组织发生一定的业务往来，在生产和经营活动中都会有业务交易的关联对象，这些交易对象与本企业通过业务活动形成利益共同体，结成了一定的业务关系网络。以制造业企业为例，企业与上游的供应商及下游的客户通过原材料的采购、产品和服务的销售联系在一起，企业为了能够在市场竞争中保持长久的竞争优势，就需要与供应商、客户进行紧密协作。同时企业通过在建工程、持有金融资产、长期股权投资、担保业务、关联方交易等日常业务也会与除了供应商和客户以外的业务伙伴发生业务关系，这些业务合作关系也会影响企业的收益和风险。一旦企业将业务拓展到海外，新增的海外业务伙伴会改变业务关系网络和企业经营环境，使企业面临新的风险和挑战。

在企业的业务关系网络中，一个企业对上下游业务伙伴关系依赖程度会影响企业的内部控制质量，关系网络中企业因在建工程、持有金融资产、长期股权投资、担保业务、关联方交易等与关联企业建立的业务关系强度也会影响企业内部控制质量。而企业实施国际化战略，需要面对海外目的地的政治环境、经济政策、法律规范以及海外业务伙伴与本土企业不同的习俗文化、消费习惯、做事方式等，企业与海外业务伙伴之间的业务关系不会完全与本土化伙伴相同，于是企业国际化也会对自身的风险承担水平和内部控制质量产生影响。

制造业是一个国家经济增长和繁荣的引擎，尤其是对于人口众多的我们，制造业在国民经济中的战略地位更显重要。因此本章的分析聚焦在我国制造业企业，对相关问题展开分析。

第一节　上下游业务关系依赖程度对内部控制的作用

企业的业务关系网络为企业跨越自身局限在合作伙伴之间调配资源提供了可能，通过发挥规模优势和外部博弈内部化实现更稳定持久的创造价值。客户和供应商是企业业务关系的重点对象，是企业价值的重要来源，在新经济时代业务伙伴对企业现实生存和战略发展的意义更为凸显。客户关系和供应商关系是企业业务关系网络的核心部分，而客户和供应商的集中和分散反映了企业对上下游业务伙伴的依赖程度，对企业的生存和发展会产生重要影响。研究显示，业务伙伴集中不仅可以提高企业价值（林钟高等，2014；Campello and Gao，2017）和存货管理效率（Ak and Patatoukas，2016），而且通过将复杂业务关系简单化还可以降低交易成本、经营风险和审计费用（Gray and Boehlje，2005；黄晓波等，2015；王雄元等，2014）。岑等（Cen et al.，2016）、褚剑和方军雄（2016）等研究显示，客户集中还可以使企业拥有稳定的大客户源，向市场传递经营稳定的积极信号、提高企业声誉、缓解股价崩盘风险，而且国际化大客户还能优化企业资源配置，提高资源使用效率（Fujita and Hamaguchi，2016）。但是，业务伙伴集中也表现出了另一面：由于业务伙伴集中，企业对少数大客户或供应商依赖程度增强，一旦某个客户或供应商基于经营困境、破产清算、与企业的竞争对手结盟或者政府的外部压力等因素终止与企业的合作，那么企业经营就会受到巨大冲击，这会导致企业风险上升，甚至出现业务中断、现金断流等严重的财务危机和经营困境，也就是当公司业务伙伴集中度很高时，业务伙伴的经营风险容易传导到企业使企业的内部控制目标无法实现。现实实务中，2018年4月我国中兴通讯公司被美国政府制裁，公司自身尚未停产之时，一些中小供应商已经关停生产线；由于芯片被禁售，供货商停止供应高端芯片导致华为公司不得不停止某些型号手机生产等案例再次印证了这一点。因此，有必要关注企业上下游业务伙伴集中程度对内部控制的影响问题。

本部分将以 2008～2016 年沪深两市 A 股制造业上市公司为样本，对企业上下游业务关系依赖程度对企业内部控制的作用进行分析。考虑到从企业业务角度出发，构成企业日常经营活动的主要业务伙伴既包括上游供应商，也包括下游客户，因此本部分的研究从供应商依赖度和客户依赖度两个维度展开。

一、理论分析与研究假设

（一）上下游业务关系依赖程度与内部控制

客户和供应商是企业重要的外部利益相关者，影响着企业的决策，特别是销售或采购占比高的大客户和大供应商会对企业的生存和发展产生重要影响。所有企业作为供应商都面临着客户群是迎合少数优势客户、更加集中还是更分散多样的选择困境（Irvine et al.，2016）。而以客户和供应商为重要对象构成的企业业务关系网络是构建企业内部控制体系的基础，企业与客户或供应商之间的利益纠葛不仅可能弱化彼此之间的协作效应，还可能会加重企业的内部代理问题，迫使企业放弃某些内部控制原则，导致为缓解委托代理冲突构建的内部控制体系的有效性降低，从而影响企业内部控制作用的有效发挥。

1. 业务关系网络的积极作用

从已有文献中发现，业务关系集中具有积极作用。实施客户集中策略或供应商集中策略的公司能够拥有稳定的供销体系，产生供应链管理的整合溢价效应（Gosman et al.，2009）。核心企业与重要客户和供应商建立价值链联盟体，在同一合作架构下，大客户出于对合作团体利益和自身长远发展的考虑，必然更多地关注企业所提供产品的质量、售后服务以及未来长期的供销协作关系（刘文军和谢帮生，2017），这可以间接促进内部控制目标的实现。大客户或者大供应商也有足够的动机和能力监督企业的生产经营行为，充分发挥外部利益相关者的监督治理效应，督促企业提高自治能力。

大客户的存在还可以向市场传递企业良好的信号，因而客户集中度会显著降低审计费用（王雄元等，2014）；客户集中还有利于公司与客户之间的供应链整合，进而实现风险分担（Gray and Boehlje，2005），也会降低公司经营风险和信息披露风险，最终缓解股价崩盘风险（褚剑和方军雄，2016）；黄晓波等（2015）也发现客户集中度的提高会使企业经营风险下降。岑等（Cen et al.，2016）发现大客户为了确保供应链稳定具有监控供应商的动机，促使企业提高管理的规范化程度。而且相对于客户分散的企业，客户集中度高的企业面对第三方诉讼时还会承担更高的风险和专有成本（Cen et al.，2017）。企业为获得稳定的大客户则会改善管理、提高规范化运营水平，企业内部控制质量得到提高。[①]

基于交易成本理论，在核心企业与客户和供应商的合作中，各企业都会存在交易成本，由于稳定的合作关系会降低交易的环节和交易的不确定性，因而集中战略下的交易成本在一定程度上要低于企业间孤立合作的成本。具体而言，企业与上游供应商之间的业务集中度高，即企业采购业务集中在几个稳定的大供应商处，避免了频繁更换供应商的成本，提高了单个供应商的交易频次，降低了交易成本。同样，企业拥有较高的客户集中度，与客户之间建立亲密的合作关系，通过信息和资源共享，在一定程度上减少了信息不对称，降低了交易的不确定性，企业不用再花费过多的成本开发新市场，交易成本降低。因此，在客户集中度或供应商集中度较高的背景下，相对于开发新客户或供应商所耗费的咨询费用和分析成本而言，企业维护已有的大客户或大供应商的成本要低很多（刘昌华等，2017），稳定的合作伙伴关系还使企业不必将更多的精力放在市场开拓和供应商开发上，企业发展的重点必将转移到自身内部建设上来，集中精力打好内部建设的根基，提高内部控制质量。

2. 业务关系依赖的消极影响

研究显示，一个企业的财务危机会通过供应链上的经济联系影响上下游企业（Gray and Boehlje，2005），供应链风险对企业绩效有严重负面影响，供应链上风险也具有传染性，其中制造企业与电力企业风险双向传

---

① 张爱玲. 业务伙伴集中程度对内部控制质量影响研究——基于经济景气程度视角 [D]. 北京：首都经济贸易大学，2019.

染，而煤炭企业风险能单向传染给制造企业（Florian and Constangioara，2014；徐敏和喻冬冬，2016），企业对大客户的依赖可能导致特别风险，增加审计师发表非标审计意见的可能性，企业与客户的契约关系也可能使企业"陷入"关系风险（郑军等，2017；王亚娟等，2014），王海林（2006）认为，企业与上下游供应商和客户凭借共同利益结成的合作联盟是松散的，会因为各自追求自身利益最大化导致彼此产生利益冲突，而其中任何一方控制不利的后果都会传导到其他企业。上述研究说明，随着企业客户和供应商集中度的提高，企业对主要客户和供应商的依赖程度就会增大，那么每个大客户和大供应商的财务困境、内部控制缺陷和其他经营风险就可能通过业务和财务关系传导到企业，按照风险传导理论，处于业务链中的企业作为风险传播节点，外界传入的风险会聚集在企业内，一旦企业处理不当或自身经营存在其他小问题都容易出现风险共振，导致企业风险急剧增加，使企业内部控制的"控制力"下降，内部控制有效性降低，出现内部控制重大重要缺陷的概率增大。

一个企业的客户群或者供应商群集中程度越高，企业市场布局变得就越狭小，客户或供应商可能会对企业的交易活动形成更有力支配（Noll，2005）；客户或供应商数量减少，集中程度提高会降低企业的议价能力，这一方面会使产品和服务的价格更低，使企业营业收入减少、经营业绩下降（黄晓波等，2015），或者使企业的材料采购价格升高，使企业生产成本上升，进而利润下降。而且客户或供应商对价格的支配地位会使产品和服务的低价格具有更强刚性，导致从上游传导下来的材料、人工等其他额外成本无法通过产品定价方式与下游分摊，造成企业自身的经营利润下降，经营目标实现难度提高；勒斯加滕（Lustgarten，1975）认为大客户对其他客户出价也会产生影响，导致垄断客户主导与企业的交易价格和企业的销售利润，进而可能发生客户合谋。当企业的客户或者供应商集中之后，对企业来说更换一个合作伙伴的成本将是巨大的，因此对于陷入财务困境的供应商或者客户，企业更换的代价是巨大的，也就造成了困境企业的风险会向上游和下游流动，将遇险成本传递给整个供应链。上述因素传导到企业会对企业内部控制的有效运行形成干扰，成为企业的风险因素，如果企业不能适时调整和完善自身内部控制，会影响企业的内部控制质量。

企业的供应链关系中，客户或者供应商为了维护与企业关系会发生特定关系投资，客户或者供应商集中之后，企业与大客户或者大供应商之间的信息分享和信任程度会提高，彼此关系稳定性增强，出于降低自身管理成本的考虑，大客户或者大供应商的特定关系投资可能会下降，它对企业盈余管理的抑制作用会减弱，这可能会导致企业盈余管理出现上升，内部控制有效性下降，进而影响内部控制质量。

客户或者供应商集中程度提高，企业为了预防大客户丢失带来的财务风险，可能会打破原有现金持有条款规范的限制高额储备现金作为缓冲（Itzkowitz，2013；Bae and Wang，2015）；在与大客户或者大供应商的关系中，企业客户关系和销售、采购等业务管理规范、相关业务流程和管理流程可能不再被严格遵守，业务决策过程的透明化和制度化会受到影响，这些容易导致企业相关业务人员、中层管理人员甚至高层管理者通过客户关系谋取利益，发生道德风险。刘文军和谢帮生（2017）研究发现非国有企业的客户集中度达到某阈值前，客户集中度提高，客户与企业合谋隐藏企业坏消息的概率增加；随着企业与大客户或者大供应商之间长期合作关系延续，原本建立起来的基于信任和承诺的交流机制的客户或者供应商集中的正向效益可能被弱化，机会主义行为、敲竹杠或道德风险等负面问题增大（黄培清和张珩，2001）；金和罗（Kim and Luo，2017）发现相比客户集中度高的公司，萨班斯法案使低集中度企业盈余管理下降的幅度更大，内部控制在低客户集中度企业发挥的作用更大。同时，客户集中度低的企业，由于多样和分散的客户会对企业产品和服务的品种、质量等提出更多要求，为了尽可能满足这些要求，企业会积极改善管理，这有助于推动企业生产和销售管理的科学化、规范化、流程化水平。与此同时，企业与大客户之间合作关系的长期稳定可能使企业内部负责审计、监督的人员的风险意识降低，思想容易产生麻痹松懈，导致相关监督机制执行变得柔性化，监督作用减弱。上述因素都会直接影响企业内部控制质量。

此外，不同客户或者供应商的企业文化千差万别，为了维护和这些业务伙伴的合作关系，包括企业文化在内的内部环境必然要做出适应性调整和改变；随着企业与业务伙伴合作关系的发展，有些会出现大客户或者大供应商通过投资入股方式与企业结成更紧密的利益共同体，使原本单纯的竞争或合作关系发生了本质变化，这些都会改变企业的控制环境，如果企业不能及时调整内部控制体系，内部控制有效性会受到影响。

由上述分析可知，企业业务伙伴集中可能对内部控制产生正反两方面影响，因此提出备择假设：

H5-1a：客户依赖度提高可能会增强公司内部控制能力，进而促进内部控制质量的提高；供应商依赖度提高可能会增强公司内部控制的能力，进而促进内部控制质量的提高。

H5-1b：客户依赖度提高可能会使企业内部控制弱化，进而导致内部控制质量下降；供应商依赖度提高可能会使企业内部控制弱化，进而导致内部控制质量下降。

（二）宏观经济景气程度的作用

已有研究发现，企业作为经济活动主体，其经营和管理受宏观经济运行状况影响（王林和唐晓东，2000）。比如，行业景气度高时盈余管理程度更高（陈武朝，2013）；货币政策的松紧对企业内部控制质量呈负向影响，也就是货币政策越宽松，企业内部控制质量越差（尹美群等，2015）；而货币政策发生变化时企业面临的宏观经济环境随之发生改变，并通过一定的传导机制影响公司治理、内部控制等微观企业行为（姜国华和饶品贵，2011）。我们认为客户和供应商集中与内部控制作为企业经营和管理决策的结果和行为，二者之间的关系可能受宏观经济环境的影响。当企业所处的宏观经济环境景气时，企业发展机会多，扩张动机更强烈，企业更容易忽略内部控制建设，虽然此时企业面临的生存危机、破产风险下降，但是面临的快速扩张和高速发展造成的管理能力跟不上发展步伐、运营资金规模和资金结构不合理、陷入财务困境甚至出现资金链断裂、并购文化冲突等的风险增加，如果客户和供应商集中度高，大客户或大供应商企业面临的上述风险会通过供应链传导到企业，此时因为企业自身也处于扩张和发展中，同样面临上述风险的威胁，极易导致风险共振，企业内控抵御干扰的能力下降，面临大量干扰因素时，内部控制作用的效用降低，内部控制质量下降。

由此提出假设：

H5－2：在其他条件相同的情况下，宏观经济环境景气程度高会加重客户和供应商集中度对内部控制质量的负面作用。

二、研究设计

(一) 样本与数据选取

研究以 2008～2016 年沪深两市 A 股制造业上市公司为样本，剔除 ST、*ST 类企业和数据缺失样本后，最终客户维度获得研究样本 9 315 个，供应商维度获得研究样本 6 676 个。为了避免极端值影响，对连续变量按 1% 和 99% 进行了 Winsorize 处理，同时对部分数据进行了标准化。

内部控制质量和内部控制缺陷数据来源于迪博（DIB）内部控制与风险管理数据库，其他样本数据均来自国泰安数据库（CSMAR）。

(二) 模型设计

1. 检验过程

首先，采用模型 5－1 和模型 5－2 对假设 H5－1 的客户依赖程度和供应商依赖程度对内部控制质量的影响进行了检验。

$$ICQ_{i,t} = \alpha_1 + \alpha_2 CCcentra_{i,t} + \alpha_3 Size_{i,t} + \alpha_4 Top10_{i,t} + \alpha_5 Owner_{i,t} + \alpha_6 Magsr_{i,t} +$$
$$\alpha_7 IDB_{i,t} + \alpha_8 Age_{i,t} + \alpha_9 Dualy_{i,t} + \alpha_{10} Year_t + \varepsilon \qquad \text{模型 5－1}$$

$$ICQ_{i,t} = \alpha_1 + \alpha_2 SCcentra_{i,t} + \alpha_3 Size_{i,t} + \alpha_4 Top10_{i,t} + \alpha_5 Owner_{i,t} + \alpha_6 Magsr_{i,t} +$$
$$\alpha_7 IDB_{i,t} + \alpha_8 Age_{i,t} + \alpha_9 Dualy_{i,t} + \alpha_{10} Year_t + \varepsilon \qquad \text{模型 5－2}$$

采用模型 5－3 和模型 5－4 验证宏观经济景气程度是否对客户依赖度与内部控制质量之间的关系发挥调节作用。模型 5－5 和模型 5－6 验证宏观经济景气程度对供应商依赖度与内部控制质量之间的关系是否存在调节效应。

$$ICQ_{i,t} = \alpha_1 + \alpha_2 CCcentra_{i,t} + \alpha_3 Mec_t + \alpha_4 Size_{i,t} + \alpha_5 Top10_{i,t} + \alpha_6 Owner_{i,t} +$$
$$\alpha_7 Magsr_{i,t} + \alpha_8 IDB_{i,t} + \alpha_9 Age_{i,t} + \alpha_{10} Year_t + \varepsilon \qquad \text{模型 5－3}$$

$$ICQ_{i,t} = \alpha_1 + \alpha_2 CCcentra_{i,t} + \alpha_3 Mec_t + \alpha_4 Mec_t \times CCcentra_{i,t} + \alpha_5 Size_{i,t} + \alpha_6 Top10_{i,t} +$$
$$\alpha_7 Owner_{i,t} + \alpha_8 Magsr_{i,t} + \alpha_9 IDB_{i,t} + \alpha_{10} Age_{i,t} + \alpha_{11} Year_t + \varepsilon \qquad \text{模型 5－4}$$

$$ICQ_{i,t} = \alpha_1 + \alpha_2 SCcentra_{i,t} + \alpha_3 Mec_t + \alpha_4 Size_{i,t} + \alpha_5 Top10_{i,t} + \alpha_6 Owner_{i,t} +$$

$$\alpha_7 Magsr_{i,t} + \alpha_8 IDB_{i,t} + \alpha_9 Age_{i,t} + \alpha_{10} Year_t + \varepsilon \qquad \text{模型 } 5-5$$

$$ICQ_{i,t} = \alpha_1 + \alpha_2 SCcentra_{i,t} + \alpha_3 Mec_t + \alpha_4 Mec_t \times SCcentra_{i,t} + \alpha_5 Size_{i,t} + \alpha_6 Top10_{i,t} +$$

$$\alpha_7 Owner_{i,t} + \alpha_8 Magsr_{i,t} + \alpha_9 IDB_{i,t} + \alpha_{10} Age_{i,t} + \alpha_{11} Year_t + \varepsilon \qquad \text{模型 } 5-6$$

式中 $CCcentra$ 是解释变量，表示客户依赖度，分别用前五大客户营收占比（$TopCR5$）、是否高度依赖（$OverCC$）计量；$SCcentra$ 表示供应商依赖度，用前五大供应商采购占比（$TopSP5$）、是否高度依赖（$OverSP$）两个指标衡量。

2. 变量说明

（1）上下游业务关系依赖程度。

本书的业务关系依赖程度分别是指关系网络中上游的供应商依赖度和下游的客户依赖度两个维度。$CCcentra$ 和 $SCcentra$ 分别表示公司 i 第 t 年的客户依赖度和供应商依赖度，是指企业客户群和供应商群的集中程度，已有文献衡量客户依赖度和供应商依赖度的指标主要包括前五大客户（或供应商）营业收入占全年营收比重、前五大客户（或供应商）赫芬达尔指数、是否存在营业收入占比 20% 以上大客户或供应商、是否存在营业收入占比 10% 以上大客户或供应商、营业收入占比 10% 以上大客户（或供应商）的销售收入累计占全年营收比重等（陈正林，2016；陈峻和张志宏，2016；Dan et al.，2016；褚剑和方军雄，2016；王雄元等，2014；王勇和朱瑞星，2017）。

根据证监会《公开发行证券的公司信息披露内容与格式准则第 2 号——年度报告的内容与格式》要求，上市公司应当在年报中披露销量前五名客户的销售额占公司年度销售总额的比例，以及前五名供应商采购金额占公司总采购金额的比例。考虑数据的可得性，我们采用前五大客户营收占比（$TopCR5$）是否高度依赖（$OverCC$）两个指标衡量客户依赖度，并用前五大客户赫芬达尔指数（$CHHI5$）进行稳健性检验；用前五大供应商采购金额占比（$TopSP5$）是否高度依赖（$OverSP$）两个指标衡量供应商依赖度，并用前五大供应商赫芬达尔指数（$SHHI5$）。其中，前五大客户营收占比 $TopCR5_{i,t} = \sum\limits_{j=1}^{5} \dfrac{Sale_{i,t}^j}{Sale_{i,t}}$，$Sale^j$ 表示公司 i 第 t 年向前五大客户中客户 j

的销售收入，$Sale_{i,t}$ 表示公司 i 第 t 年营业收入；是否高度依赖是虚拟变量，如果前五大客户营业收入占比大于等于 30% 时，$OverCC$ 取 1，否则为 0；前五大客户赫芬达尔指数 $CHHI_{i,t} = \sum_{j=1}^{5} \left(\dfrac{Sale_{i,t}^{j}}{Sale_{i,t}} \right)^2$；前五大供应商采购金额占比 $TopSP5_{i,t} = \sum_{j=1}^{5} \dfrac{\text{从供应商} i \text{的采购额}_{i,t}^{j}}{\text{年采购总额}_{i,t}}$，公司 i 第 t 年前五大供应商采购额占比大于等于其均值 34% 时，$OverSP$ 为 1，否则为 0。前五大供应商赫芬达尔指数 $SHHI5_{i,t} = \sum_{j=1}^{5} \left(\dfrac{\text{从供应商} i \text{的采购额}_{i,t}^{j}}{\text{年采购总额}_{i,t}} \right)^2$。

（2）宏观经济景气程度。

采用宏观经济景气一致指数衡量我国宏观经济景气程度（Mec）。该指标是反映当前经济基本走势的指标，由工业生产、工业从业人员数、社会需求（投资、消费、外贸）、社会收入（国家税收、企业利润、居民收入）四方面合成。图 5-1 是该指标从 1991 年开始披露到 2016 年的变化情况。以 1991～2016 年该指标的均值（99.465）作为分界，大于此均值则经济景气程度（Mec）变量取 1，否则为 0。在本书研究的 2008～2016 年时间范围内，2009 年、2010 年、2011 年为经济景气程度较高年份，其他为经济景气程度较低年份。

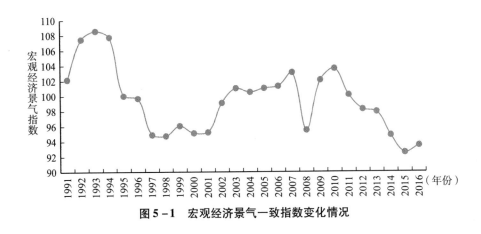

图 5-1　宏观经济景气一致指数变化情况

（3）内部控制质量。

管理上，内部控制质量可以看成是一个组织内部控制适用性、符合性和抗干扰能力满足要求的程度。根据我国企业内部控制规范的要求，企业内部控制目标是"合理保证企业经营管理合法合规、资产安全、财务报告及相关信息真实完整，提高经营效率和效果，促进企业实现发展战略"。①中国上市公司内部控制指数正是基于内部控制合规、报告、资产安全、经营、战略五大目标的实现程度设计的②，由于迪博公司发布的上市公司内部控制指数基于内部控制目标的实现程度设计（中国上市公司内部控制指数研究课题组，2011；林斌等，2014）且已在相关研究中广泛使用，因此本书采用迪博内部控制指数衡量内部控制质量（ICQ）。

（4）控制变量。

模型中控制变量引入借鉴了陈正林（2016）、林钟高等（2014）的研究。主要变量定义如表5－1所示。

表5－1　　　　　　　　　　　主要变量定义

变量	变量含义	定义
ICQ	内部控制质量	公司i第t年迪博内部控制指数/1 000
TopCR5	前五大客户营收占比	公司i第t年前五大客户的销售收入占总收入的比重
OverCC	是否高度依赖	虚拟变量，前五大客户营业收入占比≥30%取1，否则为0
CHHI5	前五大客户赫芬达尔指数	$\sum_{i=1}^{5}$（企业向前五大客户中客户i的销售收入$_i$/企业第t年的营业收入）^{2}
TopSP5	前五大供应商采购占比	公司i第t年前五大供应商采购额占总采购金额的比重
OverSP	是否高度依赖	虚拟变量，前五大供应商采购额占比≥34%取1，否则为0
SHHI5	前五大供应商赫芬达尔指数	$\sum_{i=1}^{5}$（企业向前五大供应商中供应商i的采购额/企业第t年的总采购金额）^{2}

① 见财政部《企业内部控制基本规范》。
② 详见《会计研究》2011年第12期，第20～24页。

变量	变量含义	定义
Mec	经济景气程度	以 1991 年至 2016 年一致指数均值为界，第 t 年一致指数大于均值则为 1，否则为 0
Size	公司规模	公司 i 第 t 年年末总资产自然对数
Top10	股权依赖度	公司 i 第 t 年前十大股东持股比例
Owner	股权性质	虚拟变量，公司 i 第 t 年实际控制人为国有取 1，否则为 0
Magsr	高管人员持股比例	公司 i 第 t 年管理层持股数量/总股数
IDB	独立董事比例	公司 i 第 t 年独立董事/董事会人数
Age	上市年龄	公司 i 第 t 年上市年龄为（t 年年末至样本公司上市日期）/365
Dualy	两职合一	哑变量，公司 i 第 t 年董事长和总经理两职合一取值为 1，否则为 0
Year	年份	年份控制变量

（三）描述统计

表 5–2 是业务关系依赖的下游客户依赖度和上游供应商依赖度两个维度的主要变量描述性统计结果。客户维度数据显示，内部控制质量 ICQ 的最小值为 0，最大值为 0.926，均值为 0.645，说明我国制造业上市公司内部控制质量差异较大，整体质量尚待提高。客户依赖度的衡量指标前五大客户营业收入占比 TopCR5 均值为 0.301，说明公司前五大客户营业收入占比相对较高，平均达到 30%，前五大客户对公司影响重大，其影响力和影响面值得深究。而最大值为 0.928、最小值为 0.038、标准差为 0.199，说明不同企业客户依赖度的差异水平较大，依赖度较高的公司，前五大客户几乎控制了公司产品销售的整个命脉。是否高度依赖 OverCC 的均值为 0.392，说明样本中有 39.2% 的公司前五大客户营业收入占比超过样本均值 30%。由此可见，当前我国制造业上市公司客户依赖度偏高的现象较为普遍，且不同公司间的客户依赖度水平显著不平衡。宏观经济景气度 Mec 的均值是 0.269，标准差为 0.443，说明我国当前整体的宏观经济景气程度

不高，且各年差异水平较大。从客户维度模型中的控制变量看，公司规模均值为 21.74、最大值为 25.070、最小值为 19.293，说明制造业上市公司规模较稳定，整体差异不大。股权集中度 $Top10$ 均值为 0.567，最大值为 0.883，最小值为 0.217，标准差为 0.153，样本公司前十大股东持股比例平均超过 57%，说明股权集中度总体偏高，且差异不大。股权性质均值为 0.382，说明样本公司中有 38.2% 为国有企业，多数样本公司为非国有企业。高管人员持股比例均值为 0.073，最大值为 1，最小值为 0，可见样本公司高管人员总体持股比例较低，总体差异很大。独立董事比例 IDB 的均值为 0.369，最大值为 0.556，最小值为 0.273，说明样本公司中独立董事在董事会中占有一定的比重，平均达到 36.9%，且差异不大。两职合一指标均值 0.259，说明有 25.9% 的公司董事长与总经理兼任。公司上市年龄 Age 均值为 9.138，最大值为 22，最小值为 1，说明样本公司上市年龄差异较大。

表 5 - 2　　　　　　　　　　　描述性统计分析

变量	客户维度					供应商维度				
	样本数	均值	标准差	最小值	最大值	样本数	均值	标准差	最小值	最大值
ICQ	9 315	0.645	0.147	0.000	0.926	6 676	0.644	0.133	0.000	0.909
$TopCR5$	9 315	0.301	0.199	0.038	0.928					
$OverCC$	9 315	0.392	0.488	0.000	1.000					
$TopSP5$						6 676	0.341	0.192	0.048	0.911
$OverSP$						6 676	0.498	0.500	0.000	1.000
Mec	9 315	0.269	0.443	0.000	1.000	6 676	0.090	0.287	0.000	1.000
$Size$	9 315	21.74	1.136	19.293	25.070	6 676	21.88	1.102	19.66	25.18
$Top10$	9 315	0.567	0.153	0.217	0.883	6 676	0.570	0.148	0.226	0.883
$Owner$	9 315	0.382	0.486	0.000	1.000	6 676	0.351	0.477	0.000	1.000
$Magsr$	9 315	0.073	0.190	0.000	1.000	6 676	0.060	0.133	0.000	0.693

变量	客户维度					供应商维度				
	样本数	均值	标准差	最小值	最大值	样本数	均值	标准差	最小值	最大值
IDB	9 315	0.369	0.051	0.273	0.556	6 676	0.372	0.052	0.250	0.556
Dualy	9 315	0.259	0.438	0.000	1.000	6 676	0.272	0.445	0.000	1.000
Age	9 315	9.138	5.901	1.000	22.000	6 676	12.680	6.319	2.003	25.270

同样地，供应商维度结果显示，内部控制质量 *ICQ* 的最小值为 0，最大值为 0.909，均值为 0.644，情况与客户维度类似，整体水平尚待提高。供应商依赖度衡量指标 *TopSP5* 的均值为 0.341，最大值和最小值相差 0.863，样本公司前五大供应商营业收入占比平均为 34.1%，总体高于客户依赖度平均水平，个体样本公司之间的依赖度差异较大。是否属于供应商高依赖度 *OverSP* 均值为 0.498，说明样本中有近一半的公司前五大供应商营业收入占比超过其均值 34%。无论从连续变量前五大供应商采购额占比，还是从类型变量是否属于高依赖度的视角分析，供应商依赖度整体情况均要高于客户依赖度。其余变量的描述性统计结果与客户方向差别不大，不再赘述。

（四）相关系数检验

研究中采用 *PWCORR* 方法分别对客户方向和供应商方向模型进行相关系数分析，结果如表 5－3 和表 5－4 所示。两表的结果显示，客户依赖度（*TopCR5*）、供应商依赖度（*TopSP5*）与内部控制质量（*ICQ*）均在 1% 的水平上显著负相关，说明有客户依赖度或供应商依赖度越高，公司的内部控制质量反而越低，客户和供应商依赖战略不利于公司的自身"免疫能力"的提高。企业所处环境的经济景气程度与内部控制质量在 1% 的水平上显著正相关，说明在不受其他因素影响的前提下，公司所处的宏观经济景气环境越好，公司越有能力完善内部控制体系，推进内部控制制度的执行，提高内部控制质量。所有变量之间的相关系数小于 0.5，说明不存在严重的多重共线性问题。

表5-3

相关性分析（TopCR5&TopSP5）

客户

	ICQ	TopCR5	Mec	Size	Top10	Owner	Magsr	IDB	Age	Dualy
ICQ	1									
TopCR5	-0.135***	1								
Mec	0.113***	-0.027*	1							
Size	0.267***	-0.201***	-0.127***	1						
Top10	0.192***	0.004	-0.007	0.111***	1					
Owner	0.046***	-0.051***	0.206***	0.265***	-0.072***	1				
Magsr	0.025	0.019**	-0.110***	-0.179***	0.171***	-0.265***	1			
IDB	-0.004	0.023**	-0.117***	0.023**	0.051***	-0.087***	0.102***	1		
Age	-0.125***	-0.017*	-0.075***	0.283***	-0.421***	0.367***	-0.336***	-0.029***	1	
Dualy	-0.016*	0.020**	-0.092***	-0.110***	0.033***	-0.263***	0.212***	0.096***	-0.170***	1

供应商

	ICQ	TopSP5	Mec	Size	Top10	Age	Owner	Magsr	Dualy	IDB
ICQ	1									
TopSP5	-0.125***	1								
Mec	0.081***	-0.002	1							
Size	0.171***	-0.236***	-0.087***	1						
Top10	0.155***	-0.023**	0.025**	0.093***	1					
Age	-0.080***	0.003	0.078***	0.271***	-0.381***	1				
Owner	-0.028**	-0.041***	0.051***	0.296***	-0.118***	0.536***	1			
Magsr	0.033***	0.036***	0.016	-0.241***	0.135***	-0.356***	-0.260***	1		
Dualy	0.022*	0.032***	-0.019	-0.122***	0.026**	-0.196***	-0.249***	0.180***	1	
IDB	0.027***	-0.006	-0.016	0.000	0.047***	-0.076***	-0.060***	0.065***	0.113***	1

注：括号中的值为 t 统计值；*、**、*** 分别表示在10%、5%、1%水平上显著。

表 5-4 相关性分析（OverCC&OverSP）

客户

客户	ICQ	OverCC	Mec	Size	Top10	Owner	Magsr	IDB	Age	Dualy
ICQ	1									
OverCC	-0.096***	1								
Mec	0.113***	-0.030***	1							
Size	0.267***	-0.161***	-0.127***	1						
Top10	0.192***	0.0100	-0.007	0.111***	1					
Owner	0.046***	-0.044***	0.206***	0.265***	-0.072***	1				
Magsr	0.025***	0.021**	-0.110***	-0.179***	0.171***	-0.265***	1			
IDB	-0.00400	0.0110	-0.117***	0.023**	0.051***	-0.087***	0.102***	1		
Age	-0.125***	-0.031***	-0.075***	0.283***	-0.421***	0.367***	-0.336***	-0.029***	1	
Dualy	-0.016*	0.0140	-0.092***	-0.110***	0.033***	-0.263***	0.212***	0.096***	-0.170***	1

供应商

供应商	ICQ	OverSP	Mec	Size	Top10	Age	Owner	Magsr	Dualy	IDB
ICQ	1									
OverSP	-0.094***	1								
Mec	0.081***	0.023*	1							
Size	0.171***	-0.186***	-0.087***	1						
Top10	0.155***	-0.001	0.025**	0.093***	1					
Age	-0.080***	-0.014	0.078***	0.271***	-0.381***	1				
Owner	-0.028**	-0.028**	0.051***	0.296***	-0.118***	0.536***	1			
Magsr	0.033***	0.035***	0.016	-0.241***	0.135***	-0.356***	-0.260***	1		
Dualy	0.022*	0.032***	-0.019	-0.122***	0.026**	-0.196***	-0.249***	0.180***	1	
IDB	0.027**	-0.004	-0.016	0.000	0.047***	-0.076***	-0.060***	0.065***	0.113***	1

注：括号中的值为 t 统计值；*、**、*** 分别表示在 10%、5%、1% 水平上显著。

（五）上下游业务关系依赖程度与内部控制基本关系回归分析

表 5 - 5 客户维度的回归结果显示，前五大客户营收占比、是否高度依赖与内部控制质量均在 1% 水平上呈显著负相关（$\beta = -0.048$、$\beta = -0.011$），表明客户依赖度越高，企业内部控制质量越差。假设 H5 - 1b 中客户依赖度与内部控制假设成立。模型 5 - 3 加入宏观经济景气程度变量后，客户依赖度与内部控制质量的关系保持不变，系数分别是 -0.048、-0.011；模型 5 - 4 中客户依赖度和宏观经济景气程度交叉项（$CCcentra \times Mec$）与内部控制质量在 5% 水平上显著负相关，其中前五大客户营收占比和宏观经济景气程度交叉项（$TopCR5 \times Mec$）、是否过度依赖和宏观经济景气程度的交叉项（$OverCC \times Mec$）系数分别是 -0.048、-0.017，此时，客户依赖度与内部控制质量的回归系数分别变为 -0.055、-0.014。说明，宏观经济景气程度对企业客户依赖度与内部控制质量之间的关系具有调节作用，宏观经济景气程度可以加重客户依赖度对企业内部控制质量的负面影响。假设 H5 - 2 中客户依赖度与内部控制关系成立。

表 5 - 5　上下游业务关系依赖度、宏观经济景气程度与内部控制关系回归

客户维度	ICQ	ICQ	ICQ	ICQ	ICQ	ICQ
$TopCR5$	-0.048 *** (-5.75)	-0.048 *** (-5.75)	-0.055 *** (-6.24)			
Mec		0.050 *** (4.27)	0.050 *** (4.27)			
$TopCR5 \times Mec$			-0.048 ** (-2.51)			
$OverCC$				0.011 *** (-3.78)	0.011 *** (-3.78)	0.014 *** (-4.37)
Mec					0.050 *** (4.31)	0.050 *** (4.30)
$OverCC \times Mec$						-0.017 ** (-2.55)
$Size$	0.038 *** (22.41)	0.038 *** (22.41)	0.038 *** (22.37)	0.040 *** (23.01)	0.040 *** (23.01)	0.040 *** (22.98)
$Top10$	0.090 *** (7.89)	0.090 *** (7.89)	0.090 *** (7.95)	0.088 *** (7.74)	0.088 *** (7.74)	0.088 *** (7.77)

续表

客户维度	ICQ	ICQ	ICQ	ICQ	ICQ	ICQ
Owner	-0.013 ***	-0.013 ***	-0.013 ***	-0.013 ***	-0.013 ***	-0.013 ***
	(-3.43)	(-3.43)	(-3.42)	(-3.45)	(-3.45)	(-3.43)
Magsr	0.028 ***	0.028 ***	0.028 ***	0.029 ***	0.029 ***	0.029 ***
	(4.43)	(4.43)	(4.45)	(4.58)	(4.58)	(4.60)
IDB	0.025	0.025	0.027	0.022	0.022	0.024
	(0.92)	(0.92)	(0.97)	(0.79)	(0.79)	(0.86)
Dualy	0.003	0.003	0.003	0.003	0.003	0.003
	(0.83)	(0.83)	(0.81)	(0.80)	(0.80)	(0.79)
Age	-0.003 ***	-0.003 ***	-0.003 ***	-0.003 ***	-0.003 ***	-0.003 ***
	(-8.94)	(-8.94)	(-8.93)	(-9.08)	(-9.08)	(-9.08)
Year	控制	控制	控制	控制	控制	控制
_cons	-0.157 ***	-0.254 ***	-0.251 ***	-0.189 ***	-0.287 ***	-0.285 ***
	(-4.23)	(-6.51)	(-6.44)	(-5.09)	(-7.37)	(-7.34)
N	9315	9315	9315	9315	9315	9315
F	64.856 ***	64.856 ***	62.303 ***	64.486 ***	64.486 ***	61.580 ***
R2_a	0.143	0.143	0.143	0.140	0.140	0.141

注：括号中的值为 t 统计值；* 、** 、*** 分别表示在 10% 、5% 、1% 水平上显著。

表 5 - 6 供应商维度的回归结果显示，前五大供应商营收占比、是否高度依赖与内部控制质量均在 1% 水平上呈显著负相关（$\beta = -0.053$、$\beta = -0.017$），表明供应商依赖度越高，企业内部控制质量越差。假设 H5 - 1b 供应商依赖度与内部控制关系假设成立。模型 5 - 5 加入宏观经济景气程度变量后，供应商依赖度与内部控制质量的关系和系数均保持不变，模型 5 - 6 中供应商依赖度和宏观经济景气程度交叉项（$CCcentra \times Mec$）中前五大供应商营收占比和宏观经济景气程度交叉项（$TopSP5 \times Mec$）与内部控制质量在 5% 水平上显著负相关，是否过度依赖和宏观经济景气程度的交叉项（$OverSP \times Mec$）与内部控制质量在 1% 水平上显著负相关，系数分别是 -0.073 、 -0.032，此时，供应商依赖度与内部控制质量的回归系数分别变为 -0.062 、 -0.02。说明，宏观经济景气程度对企业供应商依赖度与内部控制质量之间的关系具有调节作用，宏观经济景气程度可以加重供应商依赖度对企业内部控制质量的负面影响。假设 H5 - 2 供应商依赖度与内部控制关系假设得到验证。

表 5 - 6　上下游业务关系依赖度、宏观经济景气程度与内部控制质量回归结果

供应商维度	*ICQ*	*ICQ*	*ICQ*	*ICQ*	*ICQ*	*ICQ*
TopSP5	- 0.053 *** (- 5.27)	- 0.053 *** (- 5.27)	- 0.062 *** (- 5.93)			
Mec		0.013 (1.58)	0.013 (1.63)			
TopSP5 × Mec			- 0.073 ** (- 2.33)			
OverSP				- 0.017 *** (- 5.15)	- 0.017 *** (- 5.15)	- 0.020 *** (- 6.05)
Mec					0.013 (1.60)	0.014 * (1.68)
OverSP × Mec						- 0.032 *** (- 3.13)
Size	0.029 *** (14.68)	0.029 *** (14.68)	0.029 *** (14.68)	0.030 *** (15.29)	0.030 *** (15.29)	0.030 *** (15.28)
Top10	0.062 *** (5.11)	0.062 *** (5.11)	0.062 *** (5.11)	0.061 *** (5.08)	0.061 *** (5.08)	0.061 *** (5.09)
Owner	- 0.010 ** (- 2.26)	- 0.010 ** (- 2.26)	- 0.010 ** (- 2.18)	- 0.010 ** (- 2.19)	- 0.010 ** (- 2.19)	- 0.010 ** (- 2.14)
Magsr	0.023 ** (2.22)	0.023 ** (2.22)	0.023 ** (2.26)	0.023 ** (2.24)	0.023 ** (2.24)	0.022 ** (2.22)
IDB	0.059 ** (2.05)	0.059 ** (2.05)	0.057 ** (2.01)	0.059 ** (2.06)	0.059 ** (2.06)	0.059 ** (2.06)
Dualy	0.007 ** (2.13)	0.007 ** (2.13)	0.007 ** (2.14)	0.007 ** (2.13)	0.007 ** (2.13)	0.007 ** (2.12)
Age	- 0.003 *** (- 7.16)	- 0.003 *** (- 7.16)	- 0.003 *** (- 7.23)	- 0.003 *** (- 7.34)	- 0.003 *** (- 7.34)	- 0.003 *** (- 7.39)
Year	控制	控制	控制	控制	控制	控制
_cons	0.088 ** (2.09)	0.075 * (1.82)	0.078 * (1.91)	0.057 (1.40)	0.045 (1.10)	0.047 (1.16)
N	6 676	6 676	6 676	6 676	6 676	6 676
F	33.700 ***	33.700 ***	33.364 ***	33.558 ***	33.558 ***	33.898 ***
R2_a	0.106	0.106	0.107	0.104	0.104	0.105

注：括号中的值为 t 统计值；＊、＊＊、＊＊＊分别表示在 10%、5%、1% 水平上显著。

上述回归检验的控制变量中，公司规模与内部控制质量在1%的水平上显著正相关，说明随着公司规模的扩大，内部控制能力会越强，内部控制质量越好；股权集中度与内部控制质量在1%的水平上显著正相关，说明公司的股权越集中，越倾向于发挥大股东的监督作用，促进内部控制质量的提高；高管人员持股与内部控制质量均在1%或5%水平上显著正相关，说明高管持股能够推进内部控制建设，提高内部控制质量。股权性质与内部控制质量在1%或5%的水平上显著负相关，反映了国有企业反倒不如非国有企业的内部控制质量；上市公司年龄与内部控制质量在1%水平上显著负相关，反映了越年轻的公司越重视内部控制建设，成立年限越长的公司可能内部控制建设越容易被忽视。其他控制变量与内部控制之间不存在稳定关系。

（六）稳健性检验

首先，用前五大客户赫芬达尔指数代替客户依赖度、前五大供应商赫芬达尔指数代替供应商依赖度对全部模型进行了检验。其中，前五大客户赫芬达尔指数 $CHHI_{i,t} = \sum_{j=1}^{5} \left(\frac{Sale_{i,t}^{j}}{Sale_{i,t}} \right)^2$、$SHHI_{i,t} = \sum_{j=1}^{5} \left(\frac{采购额_{i,t}^{j}}{公司年采购总额_{i,t}} \right)^2$，结果如表5-7所示。从结果看，客户与供应商依赖程度与内部控制关系保持不变，宏观经济环境对企业客户依赖度与内部控制质量之间关系的调节作用保持不变，宏观经济景气程度对企业供应商依赖度与内部控制质量之间关系的调节作用方向保持不变，但不显著。

表5-7　　　　　　　　　　　　　重新计量解释变量

客户维度	ICQ	ICQ	ICQ	供应商维度	ICQ	ICQ	ICQ
CHHI5	-0.022 ** (-1.98)	-0.022 ** (-1.98)	-0.026 ** (-2.22)	SHHI5	-0.059 *** (-3.17)	-0.059 *** (-3.17)	-0.067 *** (-3.50)
Mec		0.043 *** (9.34)	0.042 *** (9.34)	Mec		0.006 (0.70)	0.007 (0.87)
CHHI5 × Mec			-0.074 ** (-2.24)	SHHI5 × Mec			-0.076 (-1.32)

客户维度	ICQ	ICQ	ICQ	供应商维度	ICQ	ICQ	ICQ
Size	0.025*** (24.94)	0.025*** (24.94)	0.025*** (24.96)	Size	0.030*** (14.98)	0.030*** (14.98)	0.030*** (14.98)
Top10	0.058*** (8.62)	0.058*** (8.62)	0.058*** (8.63)	Top10	0.060*** (4.95)	0.060*** (4.95)	0.060*** (4.93)
Owner	-0.005** (-2.28)	-0.005** (-2.28)	-0.005** (-2.28)	Owner	-0.010** (-2.20)	-0.010** (-2.20)	-0.010** (-2.18)
Magsr	0.015*** (3.83)	0.015*** (3.83)	0.015*** (3.81)	Magsr	0.022** (2.12)	0.022** (2.12)	0.022** (2.11)
IDB	0.006 (0.34)	0.006 (0.34)	0.008 (0.45)	IDB	0.059** (2.06)	0.059** (2.06)	0.058** (2.05)
Dualy	0.001 (0.71)	0.001 (0.71)	0.001 (0.69)	Dualy	0.007** (2.07)	0.007** (2.07)	0.007** (2.10)
Age	-0.001*** (-3.93)	-0.001*** (-3.93)	-0.001*** (-3.96)	Age	-0.003*** (-7.11)	-0.003*** (-7.11)	-0.003*** (-7.12)
Year	控制	控制	控制	Year	控制	控制	控制
_cons	0.073*** (3.12)	0.073*** (3.12)	0.072*** (3.10)	_cons	0.048 (1.13)	0.042 (1.00)	0.042 (1.01)
N	6 948	6 948	6 948	N	6 677	6 677	6 677
F	84.368***	84.368***	79.650***	F	31.972***	31.972***	30.683***
R2_a	0.200	0.200	0.201	R2_a	0.101	0.101	0.102

注：括号中的值为 t 统计值；* 、** 、*** 分别表示在 10%、5%、1% 水平上显著。

其次，用反映制造业景气程度的制造业采购经理人指数（PMI）代替宏观经济一致指数（Mec）[①]，对模型 5 - 3、模型 5 - 4、模型 5 - 5 和模型 5 - 6 的宏观经济景气程度的调节作用进行检验。PMI 指标以自 2005 年开始披露至 2016 年的均值为分界，大于此均值取 1，否则为 0。表 5 - 8 和表 5 - 9 结果显示，检验结果全部支持了前述的分析和结论。

———————————

① 因本研究的样本对象是制造业企业，故作此检验。

表 5 - 8   重新计量调节变量——客户维度

客户维度	ICQ	ICQ	ICQ	ICQ	ICQ	ICQ
TopCR5	-0.050 *** (-5.67)	-0.050 *** (-5.67)	-0.057 *** (-6.18)			
PMI		0.053 *** (4.50)	0.053 *** (4.51)			
TopCR5 × PMI			-0.051 *** (-2.70)			
OverCC				-0.012 *** (-3.79)	-0.012 *** (-3.79)	-0.014 *** (-4.35)
PMI				0.053 *** (4.54)	0.053 *** (4.54)	
OverCC × PMI						-0.018 *** (-2.69)
Size	0.038 *** (22.39)	0.038 *** (22.39)	0.038 *** (22.36)	0.044 *** (22.24)	0.044 *** (22.24)	0.043 *** (22.23)
Top10	0.090 *** (7.89)	0.090 *** (7.89)	0.090 *** (7.95)	0.085 *** (7.45)	0.085 *** (7.45)	0.086 *** (7.49)
Owner	-0.013 *** (-3.43)	-0.013 *** (-3.43)	-0.013 *** (-3.42)	-0.006 * (-1.68)	-0.006 * (-1.68)	-0.006 * (-1.67)
Magsr	0.028 *** (4.43)	0.028 *** (4.43)	0.028 *** (4.45)	0.029 *** (4.62)	0.029 *** (4.62)	0.029 *** (4.64)
IDB	0.025 (0.90)	0.025 (0.90)	0.026 (0.96)	0.019 (0.69)	0.019 (0.69)	0.021 (0.76)
Dualy	0.003 (0.83)	0.003 (0.83)	0.003 (0.81)	0.002 (0.62)	0.002 (0.62)	0.002 (0.62)
Age	-0.003 *** (-8.94)	-0.003 *** (-8.94)	-0.003 *** (-8.93)	-0.004 *** (-9.31)	-0.004 *** (-9.31)	-0.004 *** (-9.31)
Year	控制	控制	控制	控制	控制	控制
_cons	-0.156 *** (-4.20)	-0.253 *** (-6.48)	-0.250 *** (-6.42)	-0.291 *** (-7.24)	-0.393 *** (-9.39)	-0.393 *** (-9.38)
N	9 315	9 315	9 315	9 315	9 315	9 315
F	64.806 ***	64.806 ***	62.257 ***	28.345 ***	28.345 ***	28.072 ***
R2_a	0.143	0.143	0.143	0.157	0.157	0.158

注：括号中的值为 t 统计值；* 、** 、*** 分别表示在 10% 、5% 、1% 水平上显著。

表 5 - 9　　　　　　　　　　重新计量调节变量——供应商维度

供应商维度	ICQ	ICQ	ICQ	ICQ	ICQ	ICQ
TopSP5	- 0. 053 *** (- 4. 89)	- 0. 050 *** (- 4. 73)	- 0. 055 *** (- 5. 34)			
PMI		0. 069 *** (13. 36)	0. 069 *** (13. 47)			
TopSP5 × PMI			- 0. 047 * (- 1. 65)			
OverSP				- 0. 014 *** (- 4. 24)	- 0. 014 *** (- 4. 20)	- 0. 016 *** (- 4. 82)
PMI					0. 070 *** (13. 50)	0. 070 *** (13. 69)
OverSP × PMI						- 0. 017 * (- 1. 75)
Size	0. 024 *** (12. 97)	0. 026 *** (13. 75)	0. 026 *** (13. 75)	0. 025 *** (13. 71)	0. 027 *** (14. 46)	0. 027 *** (14. 45)
Top10	0. 101 *** (8. 15)	0. 095 *** (7. 73)	0. 095 *** (7. 73)	0. 101 *** (8. 15)	0. 095 *** (7. 73)	0. 095 *** (7. 73)
Owner	- 0. 003 (- 0. 55)	- 0. 002 (- 0. 54)	- 0. 002 (- 0. 51)	- 0. 002 (- 0. 51)	- 0. 002 (- 0. 50)	- 0. 002 (- 0. 47)
Magsr	0. 038 *** (3. 69)	0. 037 *** (3. 60)	0. 036 *** (3. 59)	0. 037 *** (3. 69)	0. 036 *** (3. 61)	0. 036 *** (3. 60)
IDB	0. 023 (0. 79)	0. 023 (0. 79)	0. 023 (0. 78)	0. 023 (0. 77)	0. 023 (0. 77)	0. 023 (0. 77)
Dualy	0. 005 (1. 45)	0. 005 (1. 61)	0. 005 (1. 63)	0. 005 (1. 41)	0. 005 (1. 58)	0. 005 (1. 59)
Age	- 0. 001 *** (- 3. 07)	- 0. 002 *** (- 3. 98)	- 0. 002 *** (- 4. 00)	- 0. 001 *** (- 3. 20)	- 0. 002 *** (- 4. 11)	- 0. 002 *** (- 4. 13)
Year	控制	控制	控制	控制	控制	控制
_cons	0. 056 (1. 22)	0. 024 (0. 53)	0. 026 (0. 58)	0. 021 (0. 46)	- 0. 009 (0. 19)	- 0. 008 (0. 17)
N	6 676	6 676	6 676	6 676	6 676	6 676
F	13. 113 ***	14. 290 ***	14. 730 ***	12. 966 ***	14. 182 ***	14. 386 ***
R2_a	0. 077	0. 088	0. 089	0. 075	0. 087	0. 087

注：括号中的值为 t 统计值；* 、** 、*** 分别表示在 10% 、5% 、1% 水平上显著。

最后，滞后一期的稳健性检验。

考虑到客户或者供应商依赖政策可能对内部控制质量存在滞后效应，同时为了避免客户依赖度或者供应商依赖度与内部控制质量在同一年内可能存在反向因果关系，本书对客户依赖度和供应商依赖度进行了滞后一期检验①，回归结果见表 5 – 10 和表 5 – 11。

表 5 – 10 滞后一期检验——客户维度

客户维度	模型 5 – 1	模型 5 – 3	模型 5 – 4	模型 5 – 1	模型 5 – 3	模型 5 – 4
	ICQ	*ICQ*	*ICQ*	*ICQ*	*ICQ*	*ICQ*
$TopCR5_{t-1}$	– 0. 045 *** （ – 5. 22 ）	– 0. 045 *** （ – 5. 22 ）	– 0. 055 *** （ – 5. 83 ）			
Mec		0. 037 *** （5. 95）	0. 036 *** （5. 84）			
$TopCR5_{t-1} \times Mec$			– 0. 061 *** （ – 2. 86 ）			
$OverCC_{t-1}$				– 0. 007 *** （ – 2. 76 ）	– 0. 007 *** （ – 2. 76 ）	– 0. 010 *** （ – 3. 55 ）
Mec				0. 096 *** （16. 83）	0. 096 *** （16. 79）	
$OverCC_{t-1} \times Mec$						– 0. 018 *** （ – 2. 92 ）
Size	0. 039 *** （23. 25）	0. 039 *** （23. 25）	0. 039 *** （23. 21）	0. 035 *** （23. 64）	0. 035 *** （23. 64）	0. 035 *** （23. 63）
*Top*10	0. 065 *** （6. 18）	0. 065 *** （6. 18）	0. 067 *** （6. 28）	0. 069 *** （7. 16）	0. 069 *** （7. 16）	0. 070 *** （7. 25）
Owner	– 0. 003 （ – 0. 93 ）	– 0. 003 （ – 0. 93 ）	– 0. 003 （ – 0. 89 ）	– 0. 010 *** （ – 2. 96 ）	– 0. 010 *** （ – 2. 96 ）	– 0. 010 *** （ – 2. 97 ）
Magsr	0. 033 *** （3. 43）	0. 033 *** （3. 43）	0. 033 *** （3. 43）	0. 034 *** （4. 48）	0. 034 *** （4. 48）	0. 034 *** （4. 49）

① 为了保证样本量采用 2008 ~ 2017 年数据。

客户维度	模型 5 - 1	模型 5 - 3	模型 5 - 4	模型 5 - 1	模型 5 - 3	模型 5 - 4
	ICQ	*ICQ*	*ICQ*	*ICQ*	*ICQ*	*ICQ*
IDB	0.006 (0.24)	0.006 (0.24)	0.007 (0.25)	0.015 (0.64)	0.015 (0.64)	0.015 (0.64)
Age	− 0.004 *** (− 10.16)	− 0.004 *** (− 10.16)	− 0.004 *** (− 10.11)	− 0.004 *** (− 11.11)	− 0.004 *** (− 11.11)	− 0.004 *** (− 11.11)
Year	控制	控制	控制	控制	控制	控制
_cons	− 0.134 *** (− 3.53)	− 0.171 *** (− 4.41)	− 0.166 *** (− 4.29)	− 0.059 * (− 1.85)	− 0.155 *** (− 4.68)	− 0.154 *** (− 4.63)
N	9 607	9 607	9 607	9 607	9 607	9 607
F	26.182 ***	26.182 ***	26.084 ***	69.878 ***	69.878 ***	66.278 ***
$Adj - R^2$	0.146	0.146	0.147	0.124	0.124	0.124

注：括号中的值为 t 统计值；*、**、*** 分别表示在 10%、5%、1% 水平上显著。

表 5 - 11　　　　　　　　　滞后一期检验——供应商维度

供应商维度	模型 5 - 2	模型 5 - 5	模型 5 - 6	模型 5 - 2	模型 5 - 5	模型 5 - 6
	ICQ	*ICQ*	*ICQ*	*ICQ*	*ICQ*	*ICQ*
$TopSP5_{t-1}$	− 0.045 *** (− 4.05)	− 0.045 *** (− 4.05)	− 0.066 *** (− 4.90)			
Mec		0.001 (0.07)	− 0.000 (− 0.03)			
$TopSP5_{t-1} \times Mec$			− 0.106 ** (− 2.52)			
$OverSP_{t-1}$				− 0.008 *** (− 2.62)	− 0.008 *** (− 2.62)	− 0.013 *** (− 3.79)
Mec					0.013 (1.62)	0.012 (1.56)
$OverSP_{t-1} \times Mec$						− 0.027 *** (− 2.67)
Size	0.030 *** (14.00)	0.030 *** (14.00)	0.030 *** (13.99)	0.029 *** (16.30)	0.029 *** (16.30)	0.029 *** (16.29)
*Top*10	0.056 *** (4.17)	0.056 *** (4.17)	0.057 *** (4.20)	0.063 *** (5.58)	0.063 *** (5.58)	0.063 *** (5.60)

供应商维度	模型 5 - 2	模型 5 - 5	模型 5 - 6	模型 5 - 2	模型 5 - 5	模型 5 - 6
	ICQ	*ICQ*	*ICQ*	*ICQ*	*ICQ*	*ICQ*
Owner	0.003 (0.56)	0.003 (0.56)	0.003 (0.63)	- 0.009 ** (- 2.07)	- 0.009 ** (- 2.07)	- 0.008 ** (- 2.04)
Magsr	0.031 *** (2.83)	0.031 *** (2.83)	0.031 *** (2.80)	0.028 *** (3.29)	0.028 *** (3.29)	0.028 *** (3.26)
IDB	0.042 (1.30)	0.042 (1.30)	0.041 (1.26)	0.039 (1.47)	0.039 (1.47)	0.038 (1.43)
Age	- 0.003 *** (- 7.05)	- 0.003 *** (- 7.05)	- 0.003 *** (- 7.08)	- 0.003 *** (- 8.40)	- 0.003 *** (- 8.40)	- 0.003 *** (- 8.45)
Year	控制	控制	控制	控制	控制	控制
_cons	- 0.005 (- 0.09)	0.047 (0.96)	0.056 (1.14)	0.080 ** (2.12)	0.067 * (1.80)	0.071 * (1.90)
N	6 265	6 265	6 265	6 265	6 265	6 265
F	13.036 ***	13.036 ***	13.365 ***	36.766 ***	36.766 ***	35.208 ***
$Adj - R^2$	0.103	0.103	0.103	0.088	0.088	0.089

注：括号中的值为 t 统计值；* 、** 、*** 分别表示在 10%、5%、1% 水平上显著。

从回归结果看，滞后一期的客户依赖度和供应商依赖度均与内部控制质量在 1% 水平上显著负相关，说明前一年的客户依赖度越高，本年的内部控制质量越差，前一年的供应商依赖度越高，本年的内部控制质量越差。滞后一期的客户依赖度和供应商依赖度与经济景气程度的交乘项与内部控制质量均显著，说明将自变量滞后一期后，经济景气程度的调节效应仍然存在。上述结论与主回归结论一致，再次证明了本书研究结果的稳健可靠。

三、进一步考察：上下游业务关系依赖程度对企业绩效

研究表明，在市场竞争环境下，企业与伙伴企业之间的关系对企业绩效有影响。卡尔和皮尔逊（Carr and Pearson，1999）认为企业与主要供应商的长期协作关系有利于提升企业财务绩效；叶尼雅尔特和亚尔辛卡亚（Yeniyurt and Yalcinkaya，2014）也认为与供应商的良好关系、协同发展有

利于新产品的开发，对提升创新绩效产生积极影响；熊伟等（2014）利用结构方程模型得出客户参与有利于企业财务绩效的提升；李娜等（2015）对 237 家制造业企业问卷调查分析结果显示，占有优势网络位置的供应商对企业绩效的提升有显著的推动作用；潘宏亮、杨晨（2010）对苏州地区制造业企业的问卷调查也显示，企业的业务关系网络与创新绩效有着显著的正相关关系；郑军等（2013）研究认为在地区法制环境发展不均衡环境下，制造业上市公司的上下游关系可以促进企业节约交易成本、提升企业价值，这种作用在法制环境较差的地区更加明显；方（Fang，2008）利用对 188 家来自不同行业企业的分析结果，表明企业间关系专用性投资，使企业间的相互依赖性提高，进而提高客户和供应商的协作和企业间信息共享，有利于新产品的价值创造及提升创新绩效；戴尔和辛格（Dyer and Singh，1998）、林钟高和汤谢莹（2015）也认为这种关系专用性投资，有助于企业获取关键资源，并在较长时间内保持竞争优势，提升企业长期绩效。对于制造企业来说，在市场充分竞争的环境下，企业如果能够获得更多供应商的知识和信息等资源，将有利于其挑选合适的、有资格的供应商以满足企业生产和发展的需要。并且企业只有维护好与供应商特别是主要供应商的业务关系，才有利于在采购环节节约交易成本，进而提升企业绩效。具体而言，供应商越集中，意味着与主要供应商有大批的商品交易，向主要供应商的采购金额比较大，企业与供应商的关系就越密切，进而有利于达到较优的经济订货批量，降低成本，提高企业绩效。同样地，企业如果能够获得更多的客户知识或信息等资源，将有利于向客户提供更合适、更有价值的产品，并且企业只有与客户特别是主要客户维护好业务关系，才有利于增加销售收入，实现企业自身的经营目标，提高企业绩效。具体而言，客户越集中，意味着与主要客户存在着大量的商品销售，向主要客户的销售金额比例越大，企业与客户的关系就越密切，进而有利于销售收入的增加，实现企业的经营目标，提高企业绩效。

也有学者研究得出了不同的结论，唐跃军（2009）认为供应商和客户的议价能力会对企业绩效产生影响，供应商的议价能力高，直接导致企业原材料的采购成本高；客户的议价能力高，直接导致企业生产的产品的售价降低，进而公司绩效受到影响；而张珩和黄培清（2001）研究认为，由于国内企业之间非市场行为的存在，如果企业选择了不适当的供应商、客户，将有碍于企业效益的提升。由于企业对供应商的高度依赖，使企业的转移成本较高，从而供应商可能对企业采取机会主义行为，通过降低原材料质量、提高原材料的采购价格等方式从企业获得更多的利润，削弱公司的盈利能力，从而使企业的绩效降低。如果企业的供应商集中度较低，在原材料采购方面，企业可以利用竞争优势，选择价格较低并且质量较好的供应商，这样就能够避免供应商过于集中带来的弊端，提升企业绩效。而客户集中度高则企业对客户的依赖程度就高，进而会导致企业处于被动状态，竞争中可能不得不降低产品价格，或者提高产品质量以满足客户的需求，从而不利于自身利润的增加，使企业绩效难以提升。而且供应商和客户过度集中还会使得企业对较少业务伙伴形成较强的依赖，会增大企业的经营风险，可能对企业收益带来更多不确定性。

上述研究表明，企业与其上、下游企业之间的关系对企业经营发展异常重要，同时这种合作关系也具有两面性。基于此，提出对立假设：

H5 - 3a：供应商越集中越有利于企业绩效的提高；客户越集中越有利于企业绩效的提高。

H5 - 3b：供应商越集中越不利于企业绩效的提高；客户越集中越不利于企业绩效的提高。

采用下面的模型对供应商和客户集中度对企业绩效的影响进行了检验。

$$Roe/Roa = \beta_0 + \beta_1 Network + \beta_2 Size + \beta_3 Lev + \beta_4 Atr + \beta_5 Grow + \beta_6 Cr10 + Year + \varepsilon$$

公式中，因变量企业绩效分别用净资产收益率（Roe）和总资产净利润率（Roa）衡量。其中，Roe = 净利润/平均净资产，Roa = 净利润/平均总资产衡量。自变量（$Network$）分别用供应商集中度（$Supply$）和客户集中度（$Customer$）来度量。研究中采用前五名供应商的采购总额占年度采购总额的百分比作为供应商集中度的替代变量，用 $Supply$ 表示；采用前五名客户的销售总额占年度销售总额的百分比作为客户集中度的替代变量，用 $Customer$ 表示。并用自变量取值减其均值除以其标准差进行了标准化处理。选取了公司规模（*Size*）、资产负债率（*Lev*）、总资产周转率（*Atr*）、销售增长率（*Grow*）和股权比例（*Cr*10）作为控制变量，其中公司规模用总资产的自然对数衡量，股权比例用前十大股东的持股比例计算。同时加入了年度虚拟变量（*Year*），控制了年度对企业绩效的影响。

选取 2008～2016 年沪深 A 股制造业上市公司作为初始样本。为了确保研究结果的可靠性，对初始样本进行以下处理：（1）剔除 ST、*ST 等特殊处理的公司；（2）剔除财务数据缺失的公司；（3）剔除数据异常的公司。最终，供应商集中度（*Supply*）对应的有效样本观测值是 7 114 个；客户集中度（*Customer*）对应的有效样本观测值是 10 270 个。为消除极端值对实证结果的影响，本书对所有连续型变量进行首尾 1% 的 Winsorize 处理。

样本的描述性统计和相关性分析分别如表 5－12 和表 5－13 所示。数据显示，供应商层面的样本公司总体的标准化处理后净资产收益率（*Roe*）均值为 7.4%，最小值和最大值分别为 －38.1% 和 34.7%，标准化处理后资产收益率（*Roa*）均值为 4.9%，最小值和最大值分别为 －14.4% 和 22.2%，可见制造业公司的资产收益情况差异较大，并且普遍偏低。供应商集中度（*Supply*）的均值为 34.497%，说明总体而言，前五大供应商集中度较高，说明目前制造业上市公司对主要供应商具有较强依赖性。但是供应商集中度的最大值与最小值之间的差距较大，其中 *Supply* 最小值为 6.33%，最大值达到 89.68%，表明制造业内上市公司之间供应商集中度差距较大。

表 5－12　　　　　　　　　　描述性统计结果

供应商层面					
变量	样本量	平均值	中位数	标准差	最小值	最大值
Roe	7 114	0.074	0.072	0.102	－0.381	0.347
Roa	7 114	0.049	0.044	0.058	－0.144	0.222
Supply	7 114	34.497	30.445	18.691	6.330	89.680
Size	7 114	21.804	21.655	1.123	19.729	25.248
Lev	7 114	0.389	0.376	0.201	0.046	0.896

续表

供应商层面

变量	样本量	平均值	中位数	标准差	最小值	最大值
Growth	7 114	0.139	0.073	0.336	−0.456	2.027
Atr	7 114	0.655	0.565	0.396	0.126	2.427
Cr10	7 114	59.032	60.206	14.861	23.149	88.961

客户层面

变量	样本量	平均值	中位数	标准差	最小值	最大值
Roe	10 270	0.077	0.076	0.113	−0.465	0.383
Roa	10 270	0.050	0.045	0.060	−0.151	0.239
Customer	10 270	29.853	24.555	19.473	3.620	89.890
Size	10 270	21.779	21.622	1.152	19.644	25.254
Lev	10 270	0.400	0.387	0.210	0.045	0.942
Growth	10 270	0.145	0.081	0.338	−0.465	2.042
Atr	10 270	0.670	0.582	0.399	0.126	2.421
Cr10	10 270	59.017	60.295	15.204	22.590	89.283

表 5 – 13 各变量间相关性分析

供应商层面

变量	*Roe*	*Roa*	*Supply*	*Size*	*Lev*	*Growth*	*Atr*	*Cr10*
Roe	1.000							
Roa	0.897 ***	1.000						
Supply	−0.067 ***	−0.033 ***	1.000					
Size	−0.001	−0.105 ***	−0.244 ***	1.000				
Lev	−0.232 ***	−0.427 ***	−0.109 ***	0.483 ***	1.000			
Growth	0.231 ***	0.199 ***	−0.027 **	0.075 ***	0.045 ***	1.000		
Atr	0.168 ***	0.106 ***	0.056 ***	0.112 ***	0.210 ***	0.023 *	1.000	
Cr10	0.250 ***	0.305 ***	0.019	−0.033 ***	−0.217 ***	0.080 ***	0.034 ***	1.000

续表

客户层面								
变量	*Roe*	*Roa*	*Customer*	*Size*	*Lev*	*Growth*	*Atr*	*Cr*10
Roe	1.000							
Roa	0.879 ***	1.000						
Customer	−0.037 ***	−0.028 ***	1.000					
Size	0.035 ***	−0.081 ***	−0.201 ***	1.000				
Lev	−0.246 ***	−0.435 ***	−0.068 ***	0.459 ***	1.000			
Growth	0.236 ***	0.203 ***	0.034 ***	0.084 ***	0.043 ***	1.000		
Atr	0.160 ***	0.100 ***	−0.119 ***	0.141 ***	0.219 ***	0.063 ***	1.000	
*Cr*10	0.245 ***	0.301 ***	0.057 ***	−0.008	−0.238 ***	0.081 ***	0.027 ***	1.000

注：括号中的值为 t 统计值；*、**、*** 分别表示在 10%、5%、1% 水平上显著。

客户层面的样本公司总体的标准化处理后净资产收益率（*Roe*）均值为 7.7%，最小值和最大值分别为 −46.5% 和 38.3%，标准化处理后资产收益率（*Roa*）均值为 5.0%，最小值和最大值分别为 −15.1% 和 23.9%，同样反映了制造业公司的资产收益情况差异较大且普遍偏低的情况。客户集中度（*Customer*）的均值为 29.853%，说明总体而言，前五大客户集中度较高，说明目前制造业上市公司对主要客户依赖较强。但是客户集中度的最大值与最小值之间的差距较大，其中 *Customer* 最小值为 3.62%，最大值达到 89.89%，表明制造业内不同上市公司的客户集中度存在很大差异。表 5 − 13 显示模型的主要变量之间不存在严重的多重共线性问题。

上述模型的多元回归结果如表 5 − 14 所示。供应商层面的回归结果显示，*Supply* 的系数为 −0.009 和 −0.004，均在 1% 水平显著，意味着供应商集中度与企业绩效呈显著的负相关关系，供应商集中不利于企业绩效提高。前五大供应商的采购金额所占比例越高，即供应商越集中，越不利于企业绩效的提高。

客户层面的回归结果中，*Customer* 的系数均为 −0.002，至少在 5% 的水平显著。意味着客户集中度与企业绩效也呈显著的负相关关系，前五大客户的销售额所占比例越高，即客户越集中，越不利于企业绩效的提高。

表 5 – 14 供应商/客户与企业绩效回归结果

变量	自变量：Supply		自变量：Customer	
	（1）	（2）	（3）	（4）
	Roe	Roa	Roe	Roa
Supply	− 0. 009 *** （ − 7. 27）	− 0. 004 *** （ − 6. 83）		
Customer			− 0. 002 ** （ − 2. 20）	− 0. 002 *** （ − 3. 59）
Size	0. 009 *** （6. 07）	0. 005 *** （6. 24）	0. 015 *** （11. 20）	0. 006 *** （9. 25）
Lev	− 0. 155 *** （ − 16. 29）	− 0. 139 *** （ − 32. 29）	− 0. 181 *** （ − 20. 16）	− 0. 143 *** （ − 37. 78）
Growth	0. 065 *** （15. 08）	0. 033 *** （14. 70）	0. 070 *** （18. 40）	0. 033 *** （17. 61）
Atr	0. 055 *** （15. 43）	0. 028 *** （15. 08）	0. 052 *** （16. 54）	0. 025 *** （15. 70）
Cr10	0. 001 *** （13. 72）	0. 001 *** （16. 59）	0. 001 *** （14. 48）	0. 001 *** （18. 02）
_cons	− 0. 174 *** （ − 5. 73）	− 0. 061 *** （ − 4. 10）	− 0. 290 *** （ − 10. 71）	− 0. 084 *** （ − 6. 54）
Year	控制	控制	控制	控制
N	7 114	7 114	10 270	10 270
R^2	0. 2137	0. 3233	0. 2182	0. 3259

注：括号中的值为 t 统计值；* 、** 、*** 分别表示在 10% 、5% 、1% 水平上显著。

四、研究结论与启示

该部分研究以 2008 ~ 2016 年沪深两市 A 股制造业上市公司为研究样本，分别从客户依赖度和供应商依赖度两个视角来研究了业务关系依赖程度对企业内部控制的影响，并分析了企业所处的经济环境景气程度在两者关系中的调节效应。结果表明：第一，供应商依赖度和客户依赖度与内部控制之间存在显著的负相关关系，即供应商依赖度越高越不利于企业内部控制质量的提高，客户依赖度越高，越不利于企业内部控制质量的提高；第二，供应商依赖度和客户依赖度与内部控制质量之间的关系受到企业所处宏观经济环境景气程度的影响，企业所处的宏观经济环境越景气，企业发展和扩张的机会越多，可能会忽视内部控制建设，对客户依赖度和供应商依赖度与内部控制质量之间的关系产生负向调节作用；第三，进一步考察也发现，供应商和客户集中度与企业绩效之间存在着显著的负相关关系。

研究启示如下。第一，伴随供应商依赖程度或客户依赖程度提高，企业对大供应商、大客户依赖程度增加，供应商企业的风险、客户企业的风险都可能通过业务活动和经济联系传导到企业，使企业经营风险增加，同时由于供应商或客户数量变少，供应商之间、客户之间更容易形成合谋，而且企业内部人员借助与大供应商、大客户的关系容易发生道德风险，甚至为谋私利与供应商或客户形成合谋，导致委托代理问题加重。这就提醒企业在发展大供应商、大客户的时候，在提高供应商依赖度或客户依赖度的同时要关注自身内部控制体系，提高自身内部控制能力，重视和防范供应商依赖、客户依赖带来的内外风险。第二，企业在宏观经济状况好、发展机会多时，也要重视供应商依赖、客户依赖的潜在风险，适时根据供应商或客户结构，与上下游供应商或客户关系的变化及时调整和完善自身的内部控制体系，提高内部控制抗干扰能力。第三，如果企业能够通过开拓销售渠道，利用产品差异化，适度增加客户或供应商，避免过度依赖，将会减弱高依赖客户和供应商集中度带来的对企业绩效的不利影响。

第二节　其他业务关系紧密程度对内部控制的作用

一、理论分析与研究假设

（一）其他业务关系紧密程度各构成指标对内部控制的影响

企业在建工程涉及金额一般较大、建设周期较长，容易成为企业会计舞弊的"重灾区"。第一，企业可能通过操纵在建工程转固定资产的时点达到虚增资产、降低企业成本费用并高估利润的目的。对于筹集资金方式为借款的在建工程，通过延长在建工程周期，可以使本应归属于当期的财务费用予以资本化，从而虚增利润。第二，公司内部人员通过操纵在建工程规模，可能会掩盖管理层的在职消费、占用资金等行为，容易滋生管理层的机会主义行为，虚增企业资产的同时使企业会计信息质量下降。第三，企业在建工程项目管理中，对于固定资产已经达到预计可使用状态的可能在工程款结算、质量验收、竣工验收等环节产生疏漏和舞弊，导致企业验收工作不到位、不规范和数据确认不准确等问题，进而可能使企业在建工程项目存在重大的质量问题和安全隐患。因此，在建工程项目引发的编制虚假财务报告、决策失误和竣工验收质量问题等风险，可能使企业内部控制流程失效，内部控制质量下降。

企业应收和预付款项占比过大意味着企业的信用风险高。首先，与企业存在应收和预付业务的供应商和客户有避免偿债降低自身成本和风险的动机，同时当供应商和客户自身因经营不善等因素陷入财务困境时，其偿债能力会受到限制，从而出现无法到期付款的情况。因此企业应收和预付款项的增大可能导致企业信用风险增高。为了控制采购和销售业务中的风险，我国的《企业内部控制应用指引第 7 号——采购业务》和《企业内部控制应用指引第 9 号——销售业务》对企业采购和销售业务的内部控制流程提出了具体的规范化要求。企业为了做到在保障采购业务满足生产经营的要求同时也可以防范采购风险发生，实现销售目标的前提下又可以保障及时回收销售货款，减少销售信用成本和损失，会加强内部控制建设，完善自身的内部控制体系。比如，加强对业务伙伴的风险评估与有效的信息沟通，对不具备和丧失偿债意愿和偿债能力的业务伙伴有效甄别，有效降低企业的财务风险；健全内部管理流程，加强风险管理意识，强化信用风险点控制，加强采购和销售业务的风险点控制，对影响采购和销售业务的内外部因素进行更有效的监督与评估；规范业务流程，强化对员工业务层面的监督力度，有效防止因内部漏洞导致公司出现应收账款风险过高的情况等，以此降低企业应收和预付账款业务可能带来的信用风险。因此，企业应收和预付账款比例越高越会提升内部控制质量。

企业金融资产投资具有可分割性、高流动性和高风险性的特点。第一，实物资产投资，比如企业建造厂房和购置固定资产，满足整体性要求。与此不同，金融资产投资可以根据投资者偏好购买或持有不同比例金融资产，即金融资产投资具有可分割性。第二，相比固定资产投资的回收期和周转期，金融资产投资具有高度流动性，投资者可以根据自身意愿在遵守市场规则前提下通过金融市场出售或购买金融资产，不受时间约束。束缚了资金的流动性。第三，金融资产投资收益受所投资产品发行主体的情况变化、市场经济环境的波动、宏观政策的变动等各种因素影响很大，相比固定资产投资具有高风险性。因此，企业对金融资产投资的决策和管理与固定资产投资存在很大差异。而且企业金融资产投资的高风险性客观上也需要企业构建相适应的金融资产投资的风险识别、分析、决策、监控、管理的业务和控制体系。因此，企业金融资产投资占比可能会促使企业提高内部控制质量。

企业长期股权投资是企业对被投资单位实施控制、重大影响的权益性投资，以及对其合营企业的权益性投资。企业进行长期股权投资后，除了购买上市公司证券股权之外，其他长期股权投资一般情况下并不活跃在公开市场上，因而所投资资产的公允价值不能充分可靠地计量，企业在进行长期股权投资后会面临很大风险。企业长期股权投资还可能涉及对被投资企业的治理，由于企业作为投资主体与被投资主体之间存在广泛的信息不对称，企业原有的治理体系和治理结构可能无法对被投资企业形成应有的制衡，难以及时发现投资背后隐藏的潜在风险，或者原有的治理体系和内部控制无法有效管控长期股权投资产生的新的管理和业务需求以及与原有业务和管理的协作，极易发生违规、舞弊等风险。比如，如果企业内部控制体系未能实施有效的长期股权投资审批程序、设置归口单位和业务管理部门，长期股权投资将存在发生内部控制风险的隐患，导致因未能有效严格遵守业务流程审批、归口管理部门动态监督失效，使得长期股权投资极有可能出现重大差错和欺诈行为，导致企业权益性投资存在巨大风险和隐患，降低企业投资效率。而且企业取得长期投资股权后，需要按照投资合同协议和章程的规定，对被投资单位推派董事监事和经营管理人员，加强长期股权投资初期的跟踪管理，参与、监督和影响被投资单位的运营决策，若此时企业内部控制未能有效跟进，将影响企业对被投资单位的监督和运营决策，丧失管理权。因此企业取得长期股权投资的情况下，一般会调整治理结构和内部控制体系，改变和完善业务流程审批和归口业务管理部门，以期对被投资单位实施有效管理和监督，这有助于提高企业的内部控制质量。

企业为其他企业提供融资担保意味着会按照担保比例共担融资风险，虽然企业为了控制担保风险也会要求融资企业提供反担保产品，但是由于企业之间的担保关系的基础常常是企业间上下游关系、高管的个人关系以及母子公司的所有权关系（马亚军和冯根福，2005），而且我国上市公司关联方交易披露不规范，具有控制权的公司股东很可能违背公平性原则，利用隐蔽的渠道和手段操纵关联担保，出现损害中小股东利益和公司价值的行为（徐攀，2017）。根据信息不对称理论，企业之间在信息含量的掌握上存在偏差，担保企业对于融资企业的资金状况、经营风险等并不能完全掌握，一旦被担保企业出现资金链断裂、经营持续恶化，无力偿还债务等问题，风险会转移给担保企业。同时，企业之间的经济往来日益紧密，供应链环节上的企业之间存在高度的经济联系，企业发展的好坏不仅取决于自身，还依赖整个供应链的竞争力。为了发挥供应链运营效率，企业之间常常存在紧密的业务合作关系，供应链中高度依赖的企业会互相提供融资担保，形成"担保圈"。交互复杂的融资"担保圈"虽然缓解了企业的融资约束，但同样会面临企业之间的风险传染。一旦担保圈中的某些关键企业资不抵债，风险便会在供应链的担保圈中传染，甚至可能出现"火烧连营"的状况，使提供担保的企业被要求去偿还债务。轻者产生法律纠纷，重者可能使担保企业出现经营困难，甚至陷入财务困境、破产倒闭等情况，从而加重企业的内部控制缺陷，降低内部控制体系的有效性，因此，提高企业担保比例可能会导致内部控制质量降低。

关联交易为企业实施业绩操纵、盈余管理提供了可能，严重降低了企业的信息透明度，弱化了企业内部控制水平。研究显示，关联交易已经成为控股股东侵占中小股东利益，企业粉饰财务报表、操纵利润和避税等的重要方式（马建威和李伟，2013）。一方面，当企业经营不善，业绩下滑未能达到管理层薪酬考核标准时，由于信息不对称和委托代理问题，管理层便有动机通过关联交易的方式增加企业的应计收入来提高利润，造成了企业更为激进的盈余管理水平。另一方面，当企业业绩表现良好，甚至超出预期时，为了避税或者避免出现"棘轮效应"，管理层也易通过关联交易进行利益转移，或者延迟、隐瞒收入。我国各类要素市场和法律法规体系尚不发达和完善的情况下，企业之间的关联交易极易受到具有控制或重大影响的关联方的左右，交易的达成、成交的数量和金额以及付款方式等具体交易内容受到控制方的操纵，使企业之间的正常交易背离市场基于讨价还价的平等地位，丧失基于充分挖掘对方信息以公允价格进行公平交易的机会，使处于被动地位的企业处于劣势局面。非公允的关联交易会破坏企业的内部控制体系，导致业务流程管理与监管失效。因此，企业关联交易占比增大可能会降低内部控制的有效性，使内部控制质量下降。

企业为了更好地适应同行业竞争需要，提高产品市场占有率和企业竞争力，会强化自身的业务流程与管理流程，加强对风险因素的分析和监控。政府的税制改革、税收优惠等税收政策变化，可以降低企业高应缴税额产生的资金挤占，"减负"后的企业成本费用更低，企业可以有更充裕的资金完善内部控制流程体系的设计与建设，避免因制度体系的滞后影响企业的发展。同时，政府税率的调整变化也会使企业业务经营面临更多的环境不确定性，企业必须充分解读和适应政策，不断提升企业的信息与沟通质量，调整和提升内部控制体系以适应外部环境变化，有效应对企业的经营风险。因此，政府政策也会提高企业内部控制质量。

此外，出口商品占比反映了企业出口销售规模情况。由于企业出口销售业务的对象是海外客户，受这些客户所在国家或地区政治、法制、经济、文化等因素影响，企业的出口业务会面临与本土销售不同的风险，这些风险也会影响企业内部控制的有效性。因此，企业在实现商品出口业务中需要在业务流程和管理、遵循的规则、组织结构和组织文化、组织的人员管理等多方面做出调整、改变甚至变革，以应对海外销售业务带来的风险。为此，本章后面两部分专门分析了企业国际化对自身风险承担水平和内部控制质量产生的影响问题。

（二）其他业务关系紧密度综合指标对内部控制的影响

每个企业都需要从业务伙伴汲取资源以维持自身的经营发展，由于各个企业拥有的资源存在差异性，而且有些资源并不能完全通过市场定价进行交易，因此企业的经营与发展需要掌握专有资源的业务伙伴，这就形成了企业之间的相互依存关系。企业与业务伙伴之间紧密的合作关系是建立在长期战略合作基础上的，为了维护这种合作关系，企业会不断简化业务流程，提高与业务伙伴之间的信息沟通和企业内部的信息支持，这有助于提升内部控制能力。

根据交易成本理论，市场经济活动中，企业为了寻找适合的业务伙伴以促成业务合作关系，需要付出包括事前的搜寻、签约、谈判、契约保障等交易成本，以及事后的讨价还价、营运等成本，企业与业务伙伴之间建立更紧密的合作关系，可以降低企业的交易成本，并一定程度减少因业务关系不稳定带来的交易费用的大幅波动。而且稳定持续的业务伙伴关系还可以更好地应对环境不确定和环境变动给企业经营带来的风险，依靠稳定的业务伙伴支持增强企业的抗风险能力。另外，优质的业务伙伴还会形成"示范效应"，有助于带动那些内部控制质量薄弱的企业强化内部控制建设，提升内部控制质量。

但是，任何事物极则必反，企业与业务伙伴之间的关系也并非越紧密越好，过度的紧密会形成企业对其他业务伙伴的过度依赖，这会增加企业的经营风险和财务风险。适度的业务关系中业务伙伴处于一种相对平等的讨价还价地位，企业的资源交换、业务往来更多的是一种基于双方平等协商的公允价格交换，不存在被迫交易和控制的现象，因此这种相对公平、积极的业务关系可以产生积极的影响，有利于优化相关业务环节的管理，强化信息沟通与监督要素。而过度依赖会使掌握重要或者优质资源的企业处于强势地位，形成垄断势力，企业之间地位的不平等会使弱势一方在交易价格、交易数量和盈利空间上承担不利结果，进而会增高企业的商业信用及隐性费用支出，增大企业的经营风险。而且处于高度业务依赖中的企业为了维护不公允的价格、商业信用使用规模等，其相关经营决策常常不能按照正常程序进行，容易损害企业内部控制体系的有效运行，容易滋生企业相关业务环节的职务舞弊和腐败，给企业带来更大的潜在风险。

综上所述，其他业务关系依赖对于企业内部控制质量的影响存在倒"U"型的非线性关系，即适度紧密的业务关系能够促进企业提升内部控制质量，而过度紧密的业务关系会损害企业的内部控制质量。

二、研究设计和结果

以 2008~2016 年中国沪深两市制造业 A 股上市公司作为研究样本构建三个模型对上述假设进行了检验。其中模型 5-7 用于检验其他业务关系紧密度各分项指标①与内部控制质量之间的关系，模型 5-8 用于检验其他业务关系紧密度的综合指标对企业内部控制质量存在影响，并进一步用模型 5-9 检验其他业务关系紧密度与内部控制质量之间是一种倒"U"型关系。

$$ICQ_{i,t} = \beta_0 + \beta_1 PCP_{i,t} + \beta_2 APRP_{i,t} + \beta_3 EPAP_{i,t} + \beta_4 HFAP_{i,t} + \beta_5 LEIAP_{i,t} +$$
$$\beta_6 GBAP_{i,t} + \beta_7 PAtra_{i,t} + \beta_8 GA_{i,t} + \beta_9 Size_{i,t} + \beta_{10} Top10_{i,t} + \beta_{11} Owner_{i,t} +$$
$$\beta_{12} Magsr_{i,t} + \beta_{13} IDB_{i,t} + \beta_{14} Age_{i,t} + \beta_{15} Dualy_{i,t} + Year + \varepsilon \qquad 模型 5-7$$

$$ICQ_{i,t} = \beta_0 + \beta_1 BRDep_{i,t} + \beta_2 Size_{i,t} + \beta_3 Top10_{i,t} + \beta_4 Owner_{i,t} +$$
$$\beta_5 Magsr_{i,t} + \beta_6 IDB_{i,t} + \beta_7 Age_{i,t} + \beta_8 Dualy_{i,t} + Year + \varepsilon \qquad 模型 5-8$$

$$ICQ_{i,t} = \beta_0 + \beta_1 BRDep_{i,t} + \beta_2 BRDep_{i,t}^2 + \beta_3 Size_{i,t} + \beta_4 Top10_{i,t} + \beta_5 Owner_{i,t} +$$
$$\beta_6 MAGSR_{i,t} + \beta_7 IDB_{i,t} + \beta_8 Age_{i,t} + \beta_9 Dualy_{i,t} + \beta_{10} Year + \varepsilon \qquad 模型 5-9$$

样本进行了如下筛选：（1）因为 ST、*ST 类上市公司的经营业绩的可靠性差，财务状况异常，导致研究不具有普适性，因此剔除了 ST、*ST 类上市公司样本。（2）剔除了企业财务数据缺失或者财务指标异常的上市公司样本。最终得到研究样本总数为 8 915 个。研究中出口商品销售收入、担保总额来自 Wind 数据库，内部控制指数来自迪博数据库（DIB），其他数据均来自国泰安数据库（CSMAR）。为了避免异常值影响，实证中对主要连续变量上下 1% 进行了 Winsorize 处理。

模型中，*BRDep* 表示其他业务关系紧密度，*PCP* 表示在建工程占比，

---

① 上市企业出租资产业务数据未披露，故未含。

APRP 表示应收和预付账款占比，EPAP 表示出口商品占比，HFAP 表示持有金融资产占比，LEIAP 表示长期股权投资占比，GBAP 表示担保业务占比，PAtra 表示关联交易占比，GA 表示政府政策。采用 min – max 方法将数据进行标准化处理，公式为：$X_i = \dfrac{x - \min}{\max - \min}$，$x$ 为企业对应业务指标原值，x_i 为标准化后数值，min 为企业对应 8 类指标的最小值，max 为企业对应的 8 类指标的最大值，标准化后的数据整体归一化到 [0，1] 区间。其他变量含义和计算见表 5 – 15。

表 5 – 15　　　　　　　　　　变量定义及计算

变量	含义	变量计算方法
ICQ	内部控制质量	取迪博内部控制指数/1 000
BRDep	其他业务关系紧密度	取 8 类业务活动指标标准化处理后算数平均值
PCP	在建工程占比	在建工程总额/总资产
APRP	应收和预付账款占比	(应收账款总额 + 预付账款总额)/总资产
EPAP	出口商品占比	出口销售收入/营业收入
HFAP	持有金融资产占比	(交易性金融资产总额 + 可供出售金融资产总额 + 持有至到期投资总额)/总资产
LEIAP	长期股权投资占比	长期股权投资总额/总资产
GBAP	担保业务占比	担保总额/营业收入
PAtra	关联方交易占比	关联交易涉及的金额/公司同类交易收入
GA	政府政策	应交税费金额/负债总额
Size	公司规模	年末总资产自然对数
Top10	股权集中度	前十大股东持股比例
Owner	股权性质	虚拟变量，实际控制人为国有取 1，否则为 0
Magsr	高管人员持股比例	管理层持股数量/总股数
IDB	独立董事比例	独立董事数量/董事会人数

续表

变量	含义	变量计算方法
Age	上市年龄	（当年年末 – 样本公司上市日期）/365
Dualy	两职合一	哑变量，董事长和总经理两职合一取值为1，否则为0
Year	年份	控制变量

（一）描述性统计

主要变量的描述性统计如表 5 – 16 所示。*ICQ* 的均值为 0.655，中位数为 0.680，方差为 0.136，被解释变量 *ICQ* 的离散程度不大，可见行业内企业的内部控制质量相对集中，差异性较小，行业整体内部控制水平较低。基本业务指标中差异性较大的是变量 *GBAP* 和 *PAtra*，标准差分别为 7.162 和 1.984，并且极差也很大，体现不同企业在这两项业务上（分别是担保业务和关联交易业务）的差异性较大，尤其以担保业务最为明显，体现出行业中不同企业的担保业务水平差距较大，并且行业中企业的关联交易占比整体均值较高，高达 0.698，大规模的关联交易势必会影响企业的内部控制质量。

表 5 – 16　　　　　主要变量的描述性统计

变量	观测值	均值	中位数	标准差	最大值	最小值
ICQ	8 915	0.655	0.680	0.136	0.993	0.000
PCP	8 915	0.045	0.024	0.062	0.703	0.000
APRP	8 915	0.148	0.130	0.099	0.872	0.000
EPAP	8 915	0.153	0.055	0.213	1.319	0.000
HFAP	8 915	0.014	0.000	0.043	0.607	0.000
LEIAP	8 915	0.031	0.007	0.064	0.769	0.000
GBAP	8 915	0.154	0.000	7.162	457.9	0.000
PAtra	8 915	0.698	0.000	1.984	29.000	0.000
GA	8 915	0.021	0.014	0.257	0.932	– 19.380
BRDep	8 915	0.226	0.210	0.075	0.469	0.969

（二） 相关性分析和 VIF 分析

模型 5 - 7、模型 5 - 8 方差膨胀因子（VIF）检验如表 5 - 17 所示。主要变量的方差膨胀因子（VIF）均值分别为 1. 25、1. 43 和 1. 33，各指标的方差膨胀因子（VIF）均小于 2，说明不存在严重的多重共线性问题。主要变量的相关系数分析（Pearson）见表 5 - 18、表 5 - 19。在基本业务指标与内部控制质量（ICQ）的相关系数分析中：在建工程占比（PCP）、担保业务占比（GBAP）、关联交易占比（PAtra）与应收和预付账款占比（AP-RP）、出口商品占比（EPAP）与企业内控质量（ICQ）分别在 1% 和 5% 水平下显著，除担保业务（GBAP）与企业内控质量为负相关关系外，其余均呈正相关关系，说明上述业务活动除担保业务（GBAP）活动外，均会随着业务量的提升进一步促进企业内控质量的提高，而随着企业担保业务活动的增多，企业的内控质量却会有所下降，尽管变量持有金融资产占比（HFAP）和长期股权投资占比（LEIAP）与内控质量并不显著，但模型设计中加入诸多控制影响内控质量的变量后，回归的拟合结果良好。其他业务关系紧密度综合指标（BRDep）与内部控制质量（ICQ）在 1% 显著水平下正相关，这仅仅是两变量之间的关系，有待于回归模型中再次检验。

表 5 - 17 主要变量的 VIF 检验

模型 5 - 7			模型 5 - 8		
变量	VIF	1/VIF	变量	VIF	1/VIF
Age	1. 88	0. 5308	Age	1. 79	0. 5584
Magsr	1. 67	0. 5977	Magsr	1. 66	0. 6008
Owner	1. 53	0. 6526	Owner	1. 50	0. 6657
Size	1. 37	0. 7320	Size	1. 27	0. 7863
TOP10	1. 29	0. 7738	TOP10	1. 26	0. 7935
IDB	1. 03	0. 9754	IDB	1. 02	0. 9772

续表

模型 5 - 7			模型 5 - 8		
变量	VIF	1/VIF	变量	VIF	1/VIF
Dualy	1. 11	0. 9009	*Dualy*	1. 10	0. 9064
PAtra	1. 20	0. 8304	*BRDep*	1. 01	0. 9885
GA	1. 15	0. 8695			
APRP	1. 12	0. 8897			
PCP	1. 11	0. 8980			
LEIAP	1. 07	0. 9374			
EPAP	1. 06	0. 9458			
HFAP	1. 06	0. 9466			
GBAP	1. 03	0. 9672			
Mean VIF	1. 25	Mean VIF	1. 33		

表 5 - 18　　　　　　　　主要变量相关系数分析（*BRDep*）

变量	*ICQ*	*BRDep*	*Size*	TOP10	*Owner*	*MAGSR*	*IDB*	*Age*	*Dualy*
ICQ	1								
BRDep	0. 048 ***	1							
Size	0. 289 ***	0. 052 ***	1						
TOP10	0. 150 ***	− 0. 002	0. 178 ***	1					
Owner	0. 027 **	− 0. 035 ***	0. 270 ***	− 0. 061 ***	1				
MAGSR	0. 035 ***	0. 034 ***	− 0. 215 ***	0. 211 ***	− 0. 462 ***	1			
IDB	0. 014	0. 025 **	0. 005	0. 060 ***	− 0. 064 ***	0. 118 ***	1		
Age	− 0. 119 ***	0. 003	0. 269 ***	− 0. 339 ***	0. 423 ***	− 0. 530 ***	− 0. 055 ***	1	
Dualy	0. 005	0. 040 ***	− 0. 114 ***	0. 011	− 0. 266 ***	0. 222 ***	0. 091 ***	− 0. 186 ***	1

注：括号中的值为 t 统计值；*、**、***分别表示在 10%、5%、1% 水平上显著。

表 5 - 19

主要变量相关系数分析（8 个自变量）

变量	ICQ	PCP	APRP	EPAP	HFAP	LEIAP	GBAP	PAtra	GA	Size	TOP10	Owner	Magsr	IDB	Age	Dualy
ICQ	1															
PCP	0.032***	1														
APRP	0.023**	-0.174***	1													
EPAP	0.026**	0.004	0.031***	1												
HFAP	-0.009	-0.070***	-0.099***	-0.024**	1											
LEIAP	0.012	-0.076***	-0.114***	-0.060***	0.109***	1										
GBAP	-0.089***	0.023**	-0.022**	-0.013	-0.006	0.060***	1									
PAtra	0.023**	0.054***	-0.123***	-0.052***	-0.042**	0.022**	-0.006	1								
GA	-0.010	-0.046***	0.0150	-0.014	-0.026**	0.003	-0.002	-0.053***	1							
Size	0.289***	0.155***	-0.131***	-0.024**	0.029**	0.017	-0.033***	0.112***	-0.011	1						
TOP10	0.150***	0.046***	0.001	0.024**	-0.081***	-0.084***	-0.001	0.013	0.010	0.178***	1					
Owner	0.027**	0.056***	-0.117***	-0.110***	-0.003	0.066***	-0.007	0.202***	-0.011	0.270***	-0.061***	1				
Magsr	0.035***	-0.005	0.150***	0.089***	-0.039***	-0.095***	-0.011	-0.160***	0.028**	-0.215***	0.211***	-0.462***	1			
IDB	0.014	0.003	0.042***	0.011	0.002	-0.002	0.015	-0.039***	0.008	0.005	0.060***	-0.064***	0.118***	1		
Age	-0.119***	-0.030***	-0.179***	-0.122***	0.122***	0.146***	0.017	0.079***	-0.015	0.269***	-0.339***	0.423***	-0.530***	-0.055***	1	
Dualy	0.005	0.003	0.066***	0.091***	-0.013	-0.045***	0.022**	-0.119***	0	-0.114***	0.011	-0.266***	0.222***	0.091***	-0.186***	1

注：括号中的值为 t 统计值；*、**、*** 分别表示在 10%、5%、1% 水平上显著。

（三）回归结果分析

表 5 - 20 中，模型 5 - 7 回归结果显示，应收和应付账款占比（AP-RP）、持有金融资产占比（HFAP）、担保业务占比（GBAP）、关联交易占比（PAtra）、政府政策（GA）和在建工程占比（PCP）、长期股权投资占比（LEIAP）与企业内部控制质量（ICQ）分别在 1% 或 5% 水平上显著，说明企业上述业务活动会对其内部控制质量产生影响。其中，担保业务活动（GBAP）、企业关联交易业务活动（PAtra）和在建工程业务活动（PCP）会对企业的内部控制质量产生负向影响，这些业务活动的增加会降低企业内部控制质量，其余的企业的基本业务活动出口商品（EPAP）、持有金融资产（HFAP）、长期股权投资（LEIAP）等业务活动均会提高企业的内部控制质量。

表 5 - 20　　　　　　　　　　　回归结果

变量	模型 5 - 7	模型 5 - 8	模型 5 - 9
ICQ	ICQ	ICQ	ICQ
BRDep		0.0728 *** (4.01)	0.5602 *** (5.65)
BRDep2			- 0.9265 *** (- 4.99)
PCP	- 0.0527 ** (- 1.99)		
APRP	0.0573 *** (3.78)		
EPAP	0.0174 *** (2.84)		
HFAP	0.0716 *** (2.76)		
LEIAP	0.0508 ** (2.22)		
GBAP	- 0.1646 *** (- 6.04)		
PAtra	- 0.0040 *** (- 3.87)		

变量	模型 5－7	模型 5－8	模型 5－9
ICQ	*ICQ*	*ICQ*	*ICQ*
GA	0.2113 *** (5.91)		
Size	0.0482 *** (29.58)	0.0450 *** (28.08)	0.0451 *** (34.79)
TOP10	0.0002 * (1.67)	0.0003 *** (2.63)	0.0003 *** (3.04)
Owner	－0.0020 (－0.56)	－0.0056 (－1.60)	－0.0051 (－1.58)
Magsr	0.0369 *** (4.98)	0.0429 *** (5.73)	0.0409 *** (4.34)
IDB	0.0129 (0.52)	0.0169 (0.67)	0.0162 (0.63)
Age	－0.0037 *** (－10.39)	－0.0037 *** (－10.31)	－0.0037 *** (－12.01)
Dualy	0.0058 * (1.91)	0.0061 * (2.01)	0.0055 * (1.71)
Year	控制	控制	控制
Cons	－0.3337 *** (－9.60)	－0.2815 *** (－8.22)	－0.3427 *** (－11.07)
N	8 915	8 915	8 915
Adj － R²	0.185	0.17	0.1718
F	57.31	74.05	109.7924

注：括号中的值为 t 统计值；* 、** 、*** 分别表示在10% 、5% 、1%水平上显著。

表5－20中，模型5－8、模型5－9回归结果显示，其他业务关系紧密度（*BRDep*）与内部控制质量（*ICQ*）在1%水平上显著正相关，其他业务关系紧密度的平方项（*BRDep*^{2}）与内部控制质量（*ICQ*）在1%水平上显著负相关，即其他业务关系紧密度与内部控制质量存在先升后降的倒"U"型关系，这种倒"U"型关系说明，企业其他业务关系紧密度越强，越能促进其内部控制建设，内部控制质量越好；但是其他业务关系网络依

赖度对内部控制质量的作用存在一种临界效应，当其他业务关系紧密度达到一定水平后，业务关系紧密度的增强可能导致企业对其他业务伙伴的过度依赖，此时企业内部控制质量会下降。也就是说，对于其他业务关系紧密度较低的企业，加强与其他业务伙伴的紧密关系对提升自身内部控制质量有利，而对于与其他业务伙伴关系过度紧密的企业来说，进一步强化彼此关系只能适得其反，会因过度依赖其他业务伙伴而使企业自身的内部控制质量降低。

三、研究结论

我国作为制造业大国，注重提升企业自身经济业务质量，强化内部控制体系在采购、销售、资金运动业务层面的有效监督，对于提升制造业企业竞争力和"走出去"具有重要作用。本部分以 2008 ~ 2016 年沪深 A 股上市的制造业公司为样本，探讨企业业务关系活动对于内部控制质量的作用及影响，结果表明：第一，本书构建的反映企业其他业务关系紧密度的分项指标中，企业的应收和预付账款占比、持有金融资产占比、长期股权投资占比和政府政策等基本业务活动指标能够显著提升企业的内部控制质量；在建工程占比、担保交易占比和关联交易占比会降低企业内部控制质量。第二，企业其他业务关系紧密度综合指标与企业内部控制质量呈现倒"U"型关系，即适中的业务关系紧密度能够有利于提升企业内部控制质量，而过高的其他业务关系紧密度会降低企业内部控制质量。

需要说明的是，由于企业的经营活动是多元化的，而非单一性，业务活动之间存在诸多联系而非相互割裂。它们之间的关系不仅仅受到企业战略决策、内部结构的影响，还会受到竞争对手决策、宏观经济波动等外部环境的各种不确定性因素的影响，这使企业的各项经营活动受到诸多因素的干扰，变得更加复杂、交织和难以预测。因此本部分对应收和预付账款占比、持有金融资产占比、长期股权投资占比、在建工程占比、担保交易占比、关联交易占比和政府政策与内部控制检验并不注重正负关系，而是在于探讨它们是否会影响企业的内部控制质量。

第三节　企业国际化对风险承担的影响

经济全球化和"一带一路"为我国企业开拓国际市场提供了可能和机遇，越来越多的企业走出国门开展国际化经营。来自 Wind 数据库的数据显示①，在 2000～2019 年的 20 年间披露销售数据的 57 920 家 A 股上市公司中有 27 779 家有海外销售业务，占 47.96%。

企业风险承担水平是企业经营决策行为的结果体现。国际化经营可以使企业避开大量同质化竞争、突破国内发展空间的制约，在更大范围内配置生产要素，发挥比较优势（林毅夫和李永军，2003），从而使资源配置更合理，提高企业的资源利用效率。来自新兴市场国家的企业还可以通过国际化获得新技术、开拓新市场，提高企业价值和市场竞争力，积累国际知识和经验提升企业的全球竞争力。已有研究表明，国际化为企业带来国际市场和相关业务机会的同时，也带来了国际和当地竞争对手的挑战。海外目的地国家或地区出于保护本地企业或产业的需要在市场和政策上对外来企业的限制和"非平等对待"，与本土在法律规范、社会文化、消费方式等方面的巨大差异，政治因素的影响，以及"来源国劣势"形成的对新兴市场国际化企业的负面影响等因素使企业经营环境的复杂性大幅提高（杨勃和齐欣，2020），导致企业一段时期内自身内部控制体系在应对这些变化时可能表现出"力不从心"，甚至出现更严重的控制漏洞和缺陷（王海林和王晓旭，2018）。因此，国际化不仅使企业获得了可能实现更高回报但必须承担更高风险的项目和机会，还会增大企业经营环境的不确定性，进而推高企业的风险承担水平。

一、理论分析与研究假设

决策者的风险偏好与决策环境密切相关。为了充分把握跨国市场的机

---

① 创业板上市公司除外。

会，企业管理者在进行国际化经营决策时往往更有意愿选择具有高收益预期的项目，由于这样的项目同时伴随着高风险，因此会使企业风险承担水平升高。而且企业开拓海外市场也会面临外部环境的高不确定性和高风险，相比本土经营，企业跨国进入新市场时无论采取对外贸易、直接投资还是跨国并购哪种国际化模式，企业的经营风险都在增加，企业绩效会随国际化程度的增加而下降。胡鞍钢等（2017）对我国央企2003～2014年国际化经营情况的分析显示，虽然央企跨国经营规模占比逐年扩大，但盈利能力却在下降。张晓涛和陈国媚（2017）研究也表明，现阶段我国大部分制造业企业国际化成本往往大于收益，国际化经营带来的是企业绩效的降低。许晖等（2008）通过研究华为公司的案例发现，企业国际化中除了面临来自跨国宏观环境和行业因素的风险外，还面临着技术、决策、运营、人力资源等来自企业内部的风险。语言、文化和政治制度等因素也会干扰企业和市场之间的信息流动，影响企业跨国进入不同市场后的机会和风险。国际化企业需要面对与本土市场不同的需求偏好、社会文化、法律法规和政治经济情况，由于企业对这些因素普遍缺乏深入理解和全面认识，财务问题处理还存在众多缺陷，这使企业常常无法达到国际化经营的预期目标，因而海外经营的不确定性极大增加了企业国际化经营后的风险承担水平。

从市场角度看，虽然国际化为企业增加了新的市场和机会，但也增加了收入流的不稳定性。第一，跨国经营后，面对不同于本土的市场运行机制、政府干预、消费者群体等因素，企业在本土已经累积的市场优势、对关键资源的控制优势、建立的良好政企关系等无法再有效发挥作用（杨勃和刘娟，2020），而且如果企业市场营销能力不强，那么市场扩张不仅不能提高预期业绩，反而会增大收入流的不稳定性，增加企业的违约风险（Sun et al.，2020）。第二，根据信息不对称理论，如果当地市场因素频繁变动或企业对新环境了解不足、认识不深，管理者对所提供产品的市场容量、竞争者状况和企业预期目标就容易做出不准确判断，加之我国不少企业存在的一定程度的国际化盲目性，也会增加企业的战略误判、经营决策失误、危机应对滞后、市场需求反应迟钝、遇到风险时应对能力不足等情况的发生。第三，跨国经营还会出现企业与海外资本市场投资者之间的信息不对称问题，增加企业海外融资的成本和难度，而且企业跨国经营会大量采用债务融资，受国际环境和国际资本市场不确定性影响，企业的债务融资成本会提高，这会促使企业投资决策中偏向选择预期收益高的高风险项目，推高风险承担水平。同时由于全球金融相互关联，国际化经营企业的风险承担还会受全球流动性水平的更大影响（Bruno and Shin，2014），汇率变动、客户不能按期支付款项形成海外呆账等来自金融市场的风险威胁着企业的经营活动（Ma et al.，2013）。如果企业的产品或服务在跨国市场上技术优势和品牌优势不明显、创新能力不足，原有成本优势也因为适应新市场的运营成本增加而减小，那么企业国际化经营的不确定性会大幅增加，来自跨国的市场风险会大幅提高，进一步导致企业风险承担水平加大。

从法律规制看，海外目的地国家或地区的法律规制是国际化企业开展经营活动必须遵守的行为准则，因此企业跨国经营所在国家和区域的局部环境会影响企业的行为和绩效。遵守不同于本土的法律规范、应对不同的政府监管和行政干预、克服出于保护本地企业或产业需要的法规性壁垒等都会增加企业跨国经营的成本，从而使企业丧失原来本土经营中具有的低成本优势，造成经营效率和经营效益下降，经营的不确定性增加。企业国际化中还会面临海外目的地对企业承担社会责任的更高要求和期望，这会增加企业的运营成本，对那些本身产权保护意识不强、社会责任意识差的企业，还会使企业风险承担水平增加。

从社会文化看，由社会结构、社会风俗、价值观和基本信念构成的社会文化影响着当地居民的消费习惯、生活方式和消费偏好，也影响客户和供应商的商业模式与惯例，还影响企业在市场中的生产经营方式。企业国际化经营过程中不可避免地要与具有不同文化背景的组织开展合作与交流，雇用具有不同文化背景、价值观和信念的管理者和员工，满足不同消费偏好和习惯顾客的独特需求。而且一些国家或地区还会因为不了解或者固有偏见对来自新兴经济体企业的产品和服务的科技含量、安全性、质量等存在更多负面评价（潘镇等，2020），甚至存在抵触情绪，这会导致企业的交易成本增加，进而增大企业的风险承担水平。

从政治因素看，企业国际化过程中海外目的地的政治形势、方针政策及其变动对企业的经营活动都存在巨大影响。当地的政党轮替、货币和财税政策，甚至其执政党对我国的友好态度等都对我国跨国经营企业的生存和发展直接产生影响。而当地政局是否稳定、基本政策是否频繁或大幅波动也是导致国际化经营企业外部环境不确定性增加的直接因素。如果政治环境动荡，企业不仅无法准确制定和实施自身的国际化经营战略，投资活动无法实现预期目标，经营成本难以有效控制，还可能陷于无法正常开展生产经营活动，甚至资产安全得不到保证的境地。

此外，国际化企业进入的国家和地区的经济体制、经济发展水平、经济运行状况和经济政策等经济因素会对企业跨国经营的风险承担产生影响。高通货膨胀率、高失业率、GDP 负增长等经济滞胀也会降低市场活力，增加企业生产经营成本，降低企业利润，严重的可能使企业破产倒闭。

由上分析可见，国际化为企业带来了新市场和更多机会，在企业冒险机会和意愿增多、跨国经营环境的复杂性和不确定性增大等多种因素共同作用下，企业经营的不确定性增加，风险承担水平会增大。据此提出如下假设：

H5－4：随着企业国际化程度的提高，企业的风险承担水平会上升。

二、研 究 设 计

（一）样本选取、数据来源

本研究以 2008～2016 年我国 A 股全部制造业上市公司为对象，剔除 ST、*ST 以及变量缺失样本后最终获得有效研究样本 7 214 个。公司海外销售收入数据来源于万德数据库（Wind）；公司成立时间来源于锐思数据库（RESSET），公司审计的事务所数据来源于中国经济金融数据库（CCER），其他数据均来自国泰安数据库（CSMAR）。为避免极端值影响，检验中所有连续变量进行 1% 和 99% 的 Winsorize 处理。

（二）模型设计与变量定义

本书采用模型 5－10 对企业国际化与风险承担关系的假设进行检验。

$$Risk_{i,t} = \beta_0 + \beta_1 FSTS_{i,t} + \beta_2 Size_{i,t} + \beta_3 LEV_{i,t} + \beta_4 ROE_{i,t} + \beta_5 TOP1_{i,t} +$$
$$\beta_6 Firage_{i,t} + \beta_7 Growth_{i,t} + \beta_8 Mshare_{i,t} + \beta_9 PPE_{i,t} + \beta_{10} BIG4_{i,t} +$$
$$\beta_{11} Soe_{i,t} + \beta_{12} Year_{i,t} + \beta_{13} Ind_{i,t} + \varepsilon \qquad 模型 5-10$$

1. 解释变量（FSTS），表示企业国际化程度

企业国际化是一个较为宽泛的概念，它表明一个企业跨越了国家边界或全球区域，经营扩张到不同地理位置或市场。企业国际化既包括通过对外投资、产品或服务等生产要素出口形成的外向国际化，也包括通过生产要素进口实现的内向国际化。本研究关注的是我国本土企业在"走出去"过程中所承担风险的变化，因此聚焦于企业外向国际化。

目前学术界对企业国际化并没有统一认识，管理学上一般将其看成实现企业地域和市场多元化的行为。由于不同国家和地区能够获取的研究数据存在差异，已有研究中国际化程度衡量指标包括海外销售收入占总销售收入比重、海外经营收入占总收入比重、海外资产占总资产比重、海外雇员占总雇员比重、海外子公司占全部子公司比重、企业海外子公司数量、海外子公司分布国家和地区数量、对外直接投资等，并以前两个指标应用最为普遍（Contractor et al.，2003；吴晓波等，2014）。受我国上市公司相关数据获得性局限，本书也采用企业海外主营业务收入占主营业务总收入比衡量企业国际化程度（FSTS）。

2. 被解释变量（Risk），表示企业风险承担水平

已有文献关于企业风险承担的衡量主要包括盈余波动性、股票收益波动性、ROA 的最大最小值差、研发强度、负债比率和企业生存可能性等，尤以企业盈余波动性和股票收益波动性应用最多。考虑到盈余波动性与本书解释变量企业国际化程度衡量采用的海外销售收入占比均为企业收入相关的财务指标，为避免变量之间可能存在的内生性问题，主检验中企业风险承担选择更具外生性的公司股票收益波动率衡量，而以盈余波动性做稳健性检验。企业风险承担（Risk）同时用股票年度内日收益率标准差（Riskdsd）和股票年度内周收益率标准差（Riskwsd）两个指标衡量。计算公式如式 5-1 所示：

$$Risk_{i,t} = \sqrt{\frac{1}{T-1} \times \sum_{n=1}^{T} \left(r_{i,t,n} - \frac{1}{T} \sum_{n=1}^{T} r_{i,t,n} \right)^2} \qquad 式 5-1$$

当 $r_{i,t,n}$ 表示企业 i 第 t 年第 n 个交易日的股票日收益率，T 表示一个交易年度内实际交易的天数时，由式 5 – 1 计算得出的是年度内公司股票日收益率标准差（Riskdsd）。当 $r_{i,t,n}$ 表示企业第 t 年第 n 个交易周的股票周收益率，T 表示一个交易年度内实际交易的周数时，通过式 5 – 1 计算得到的是年度内公司股票周收益率标准差（Riskwsd）。

3. 控制变量

实证中控制变量包括企业规模（SIZE）取公司总资产的自然对数；资产负债率（LEV），取公司债务账面总值与资产账面总值之比；企业盈利能力（ROE），取公司净利润与总资产净额之比；股权集中度（TOP1），取公司第一大股东持股比例；企业成立时间（Firage），取公司成立年数的自然对数；企业成长性（Growth），取公司主营业务收入增长率；管理层持股比例（Mshare），取管理层持股数量与公司总股本之比；固定资产比率（PPE），取公司固定资产占总资产比重；是否"四大"审计（BIG4），公司当年由"四大"事务所审计的取 1，否为 0；产权性质（SOE）国有企业取 1，非国有企业取 0。同时控制了年度（Year）和行业（Ind）。其中行业按照证监会 2012 年行业分类标准中制造业细分行业。

（三）描述性统计

表 5 – 21 描述性统计结果显示，样本公司股票日收益的年度标准差最大值为 0.1038，最小值为 0.0143，平均值为 0.0319。股票周收益的年度标准差最大值为 0.2272，约为最小值 0.0275 的 8 倍，平均值为 0.0671 的 3 倍，说明不同企业的风险承担水平存在很大差异；企业国际化程度均值为 0.2189，最大值为 0.9284，最小值为 0.0003，说明我国制造业上市公司国际化的整体水平不高，差异较大；第一大股东持股比例均值为 0.3529，最大值为 0.7500，最小值为 0.0959，表明样本公司第一大股东持股普遍超过全部股份三成，股权总体上较为集中；资产负债率均值为 0.4173，最大值为 0.8636，最小值为 0.0531，说明样本公司负债水平普遍超过 41%，有的甚至超过 86%；企业盈利能力均值为 0.0596，最大值为 0.3231，最小值为 – 0.6017，75 分位为 0.1086，说明样本公司普遍盈利水平不高；企业成长性均值为 0.1604，最大值为 2.0805，最小值为 – 0.4241，25 分位为

−0.0262，说明样本公司主营收入增长情况差异巨大，不少于 1/4 的样本公司是负增长；管理层持股比例均值为 0.1338，最大值为 0.7070，最小值为 0，25 分位为 0，说明样本公司管理层持股普遍低于 15%，公司间差异很大，而且 1/4 以上的样本公司管理层未持股；固定资产比率最大值为0.6136，最小值为 0.0236，均值为 0.2537，说明公司之间固定资产规模占比也存在较大差异；"四大"审计的均值为 0.0524，说明样本中有 5.24%的公司是由"四大"会计师事务所进行审计；企业性质均值为 0.3643，说明样本中国有企业占比不到四成。

表 5−21 描述性统计

变量	样本量	平均值	标准差	最小值	25 分位	50 分位	75 分位	最大值
Riskdsd	7 214	0.0319	0.0101	0.0143	0.0246	0.0295	0.0372	0.1038
Riskwsd	7 214	0.0671	0.0264	0.0275	0.0484	0.0600	0.0792	0.2272
FSTS	7 214	0.2189	0.2287	0.0003	0.0415	0.1335	0.329	0.9284
LEV	7 214	0.4173	0.1987	0.0531	0.2592	0.4114	0.5739	0.8636
SIZE	7 214	21.9497	1.1424	19.9105	21.1332	21.7776	22.5765	25.4501
ROE	7 214	0.0596	0.1096	−0.6017	0.0253	0.0629	0.1086	0.3231
*TOP*1	7 214	0.3529	0.1423	0.0959	0.2428	0.3377	0.4472	0.7500
Firage	7 214	2.7574	0.2984	1.9459	2.5649	2.7726	2.9444	3.4657
Growth	7 214	0.1604	0.3448	−0.4241	−0.0262	0.1062	0.2615	2.0805
Mshare	7 214	0.1338	0.2026	0.0000	0.0000	0.0023	0.2599	0.7070
PPE	7 214	0.2537	0.1385	0.0236	0.1467	0.2277	0.3440	0.6136
*BIG*4	7 214	0.0524	0.2228	0	0	0	0	1
SOE	7 214	0.3643	0.4813	0	0	0	1	1

表 5−22 是相关性分析，结果显示主要变量之间不存在严重的多重共线性。

表 5 - 22 相关性分析

变量	Riskdsd	Riskwsd	FSTS	LEV	SIZE	ROE	TOP1	Firage	Growth	Mshare	PPE	BIG4	SOE
Riskdsd	1												
Riskwsd	0.917***	1											
FSTS	0.066***	0.056***	1										
LEV	-0.021*	-0.021*	-0.079***	1									
SIZE	-0.186***	-0.176***	-0.132***	0.510***	1								
ROE	-0.069***	-0.079***	-0.022*	-0.205***	0.068***	1							
TOP1	-0.044***	-0.051***	-0.054***	0.040***	0.169***	0.092***	1						
Firage	-0.015	0.005	0.017	0.140***	0.193***	-0.050***	-0.166***	1					
Growth	0.027**	0.023*	-0.017	0.037***	0.053***	0.255***	0.024**	-0.051***	1				
Mshare	0.074***	0.069***	0.066***	-0.355***	-0.326***	0.075***	-0.106***	-0.180***	0.062***	1			
PPE	-0.015	-0.025**	0.065***	0.204***	0.110***	-0.196***	0.015	0.025**	-0.090***	-0.185***	1		
BIG4	-0.080***	-0.080***	-0.021*	0.111***	0.362***	0.073***	0.102***	0.049***	-0.017	-0.123***	0.069***	1	
SOE	-0.065***	-0.079***	-0.123***	0.350***	0.326***	-0.098***	0.128***	0.112***	-0.066***	-0.478***	0.149***	0.153***	1

注：括号中的值为 t 统计值；*、**、*** 分别表示在 10%、5%、1% 水平上显著。

三、实证结果

(一) 回归结果分析

表 5 - 23 第 2 列、第 3 列仅控制年度和行业时被解释变量与解释变量之间的回归结果显示,企业国际化与股票日收益的年度标准差和股票周收益的年度标准差均在 1% 水平上显著正相关,0.0017 和 0.0034,说明企业国际化程度的提高会增大企业的风险承担水平。第 4 列、第 5 列加入控制变量后的结果显示,企业国际化与股票日收益的年度标准差和股票周收益的年度标准差也均在 1% 水平上显著正相关,回归系数分别为 0.0011 和 0.0019。进一步表明,随着企业国际化程度的提高,企业的经营环境更为复杂多变,多种因素会导致企业经营的不确定性增加,企业风险承担水平上升。前述假设得到验证。

表 5 - 23 回归结果

变量	*Riskdsd*	*Riskwsd*	*Riskdsd*	*Riskwsd*
FSTS	0.0017 *** (4.59)	0.0034 *** (3.52)	0.0011 *** (3.19)	0.0019 ** (2.07)
LEV			0.0048 *** (10.28)	0.0137 *** (10.00)
SIZE			- 0.0022 *** (- 26.41)	- 0.0059 *** (- 23.29)
ROE			- 0.0015 ** (- 2.02)	- 0.0062 *** (- 2.78)
TOP1			0.0016 *** (3.07)	0.0028 * (1.92)
Firage			- 0.0008 *** (- 2.59)	- 0.0019 ** (- 2.32)
Growth			0.0022 *** (6.55)	0.0054 *** (6.34)
Mshare			0.0021 *** (4.84)	0.0025 ** (2.16)
PPE			- 0.0018 *** (- 2.82)	- 0.0056 *** (- 3.21)

续表

变量	*Riskdsd*	*Riskwsd*	*Riskdsd*	*Riskwsd*
BIG4			0.0000 (0.13)	0.0002 (0.27)
SOE			0.0000 (0.12)	-0.0008 * (-1.68)
Year	OK	OK	OK	OK
Ind	OK	OK	OK	OK
_Cons	0.0451 *** (55.06)	0.0919 *** (45.05)	0.0922 *** (46.46)	0.2162 *** (37.47)
R2 - a	0.6478	0.5618	0.6993	0.6125
F	294.0413	189.7636	297.0164	182.6346
N	7 214	7 214	7 214	7 214

注：括号中的值为 t 统计值；*、**、*** 分别表示在 10%、5%、1% 水平上显著。

控制变量方面，企业规模、企业盈利能力、固定资产占比、企业成立时间均与风险承担显著负相关，表明大规模企业和具有较好盈利能力的企业面对外部风险的威胁时往往拥有更灵活的应变能力，风险应对会更加游刃有余；企业固定资产的增加，特别是与企业生产相关的固定资产投入增加，有助于企业更好地应对经营上的不确定性，降低企业的风险程度；成立时间较长的企业会在以往的经营中积累更多经验，面对不确定的外部环境时比成立时间短、经验匮乏的企业可能拥有更多的应对手段，使得总体风险承担水平低。资产负债水平、企业成长性、管理层持股与风险承担显著正相关，说明增大企业负债水平会提高企业承担的风险；拥有更好成长性和更快增长速度的企业为了能够争取到更多的发展机会和市场份额，在企业发展过程中会更愿意去承担风险；管理层持股会激励管理者更多寻找和利用发展机会，更愿意冒险以满足个人利益目标。

（二）稳健性检验

采用替换变量、工具变量法、Heckman 两阶段检验对企业国际化与风险承担的关系进行稳健性检验。

（1）企业国际化采用海外销售收入占当年总营业收入的滞后一期

（*LFSTS*）替换 *FSTS*，再利用模型 5 – 10 进行检验。表 5 – 24 第 2 列、第 3 列的结果表明，企业国际化对风险承担水平具有正向作用的研究结论不变；企业风险承担改用盈余波动性衡量，用经行业调整的 *ROA* 三年标准差（*Risk*3）和五年标准差（*Risk*5）分别替换被解释变量 *Risk*。其中 *ROA* 三年标准差和五年标准差按照式 5 – 2 至式 5 – 4 计算。

$$ROA_{i,t} = \frac{EBIT_{i,t}}{Assets_{i,t}} \qquad 式 5 - 2$$

$$Adj\_ROA_{i,t} = \frac{EBIT_{i,t}}{Assets_{i,t}} - \frac{1}{n}\sum_{k=1}^{n}\frac{EBIT_{k,t}}{Assets_{k,t}} \qquad 式 5 - 3$$

$$Risk_{i,t} = \sqrt{\frac{1}{N-1}\sum_{j=-2}^{0}\left(Adj\_ROA_{i,t+j} - \frac{1}{N}\sum_{j=-2}^{0}Adj\_ROA_{i,t+j}\right)^2} \quad N = 3$$

或者

$$Risk_{i,t} = \sqrt{\frac{1}{N-1}\sum_{j=-2}^{2}\left(Adj\_ROA_{i,t+j} - \frac{1}{N}\sum_{j=-2}^{2}Adj\_ROA_{i,t+j}\right)^2} \quad N = 5 \quad 式 5 - 4$$

公式中 *i* 表示企业，*t* 表示观测年度，*n* 表示某一观测年度某行业的企业总数量，*k* 表示该行业的第 *k* 家企业，*N* 分别取 3 年和 5 年。

表 5 – 24 第 4 列、第 5 列检验结果表明，分别用 *ROA* 三年标准差、五年标准差替换被解释变量后，回归结果依然与前述研究结论保持一致。即随着国际化程度的提高，企业的风险承担水平增加。

表 5 – 24   稳健性检验

变量	替换解释变量		替换被解释变量	
	Riskdsd	*Riskwsd*	*Risk*3	*Risk*5
LFSTS	0.0008 *** (2.81)	0.0018 * (1.76)		
FSTS			0.0038 * (1.81)	0.0224 * (1.78)
LEV	0.0043 *** (9.93)	0.0124 *** (8.39)	0.0085 ** (2.47)	0.0257 ** (1.98)
SIZE	– 0.0020 *** (– 25.35)	– 0.0056 *** (– 21.49)	– 0.0022 *** (– 3.42)	– 0.0057 *** (– 3.01)

变量	替换解释变量		替换被解释变量	
	Riskdsd	*Riskwsd*	*Risk3*	*Risk5*
ROE	− 0. 0024 ***	− 0. 0075 ***	− 0. 0766 ***	− 0. 1329 ***
	(− 3. 22)	(− 3. 10)	(− 8. 12)	(− 2. 82)
TOP1	0. 0008 *	0. 0023	− 0. 0009	− 0. 0152 *
	(1. 74)	(1. 41)	(− 0. 31)	(− 1. 72)
Firage	− 0. 0008 ***	− 0. 0022 **	0. 0017	0. 0017
	(− 3. 14)	(− 2. 57)	(1. 27)	(0. 63)
Growth	0. 0021 ***	0. 0051 ***	0. 0005	0. 0038
	(9. 58)	(6. 32)	(0. 30)	(0. 69)
Mshare	0. 0013 ***	0. 0024 *	− 0. 0090 ***	− 0. 0243 ***
	(3. 33)	(1. 81)	(− 4. 30)	(− 2. 64)
PPE	− 0. 0016 ***	− 0. 0054 ***	− 0. 0132 ***	− 0. 0477 **
	(− 2. 88)	(− 2. 86)	(− 3. 24)	(− 2. 11)
BIG4	− 0. 0004	− 0. 0007	0. 0001	− 0. 0041
	(− 1. 23)	(− 0. 74)	(0. 06)	(− 0. 71)
SOE	0. 0000	− 0. 0008	− 0. 0040 ***	− 0. 0092 ***
	(0. 30)	(− 1. 60)	(− 3. 97)	(− 4. 08)
Year	OK	OK	OK	OK
Ind	OK	OK	OK	OK
_Cons	0. 0759 ***	0. 1882 ***	0. 0916 ***	0. 1758 ***
	(42. 66)	(31. 89)	(6. 88)	(4. 12)
R2 − a	0. 7438	0. 6210	0. 2388	0. 0777
F	288. 0632	136. 9280	44. 6784	7. 5910
N	5 809	5 809	7 149	6 478

注：括号中的值为 t 统计值；＊、＊＊、＊＊＊分别表示在 10%、5%、1% 水平上显著。

（2）工具变量法。借鉴何威风和刘巍（2017）关于工具变量的选取方法，以制造业各细分行业的企业国际化行业均值（*MFSTS*）作为工具变量，采用工具变量法缓解实证中可能存在的遗漏变量和测量误差的内生性问题。由于回归中的均值是按照制造业细分行业计算得出，为避免可能存在的严重多重共线性问题，在回归中不在控制行业虚拟变量。表 5 − 25 第二阶段检验结果验证了前述研究结论的稳健性。

（3）Heckman 两阶段检验。考虑到本书的研究样本是存在国际化业务的公司，为了避免可能存在的样本自选择偏差的内生性问题，参考王新等（2014）的研究，采用 Heckman 两阶段检验解决样本自选择可能对研究结论的影响。因为同行业企业之间存在着一定程度的"不甘落后"的竞争和模仿关系，由于企业之间的攀比、模仿和学习，行业内其他企业"走出去"的国际化经营行为会促使企业管理层产生开拓海外市场的倾向，从而做出开展国际化经营的决策，因此我们选择行业内国际化经营的企业数量 NUMFSTS 作为排他性变量引入第一阶段模型。由于行业内国际化经营企业的数量并不会直接影响企业自身的风险承担，仅能通过影响企业自身的国际化水平间接影响企业风险承担，因此变量（NUMFSTS）满足 Heckman 检验对第一阶段排他性变量的要求。

第一阶段：$Probit(Sale_{i,t}=1)=f(\beta_0+\beta_1 NUMFSTS_{i,t}+\beta_2 Controls_{i,t}+$

$$Year_{i,t}+Ind_{i,t})+\varepsilon \qquad 模型5-11$$

第二阶段：$Risk_{i,t}=\beta_0+\beta_1 FSTS_{i,t}+\beta_2 IMR_{i,t}+\beta_3 Controls_{i,t}+$

$$Year_{i,t}+Ind_{i,t}+\varepsilon \qquad 模型5-12$$

模型 5-11 中 Sale 为企业国际化哑变量，公司第 t 年有海外销售收入时 Sale 取 1，否则取 0；NUMFSTS 表示行业内国际化经营的企业数量。模型 5-12 中企业风险承担水平 Risk 分别取 Riskdsd 和 Riskwsd。其他变量的含义同前。上述模型中 $Controls_{i,t}$ 代表全部控制变量。

根据 Heckman 方法，由第一阶段模型 5-11 的回归结果，按照公式 $IMR=\dfrac{\varphi(\hat{\alpha}_0'Z+\hat{\alpha}_1'X)}{\varPhi(\hat{\alpha}_0'Z+\hat{\alpha}_1'X)}$ 计算出逆米尔斯比率（IMR）代入第二阶段模型 5-12 作为控制变量。公式中 Z 表示引入变量 NUMFSTS，X 表示模型 5-11 中除 NUMFSTS 之外的控制变量集合。$\varphi(\cdot)$ 表示标准正态分布的概率密度函数，$\varPhi(\cdot)$ 表示标准正态分布的累计分布函数。

表 5-25 所示的 Heckman 两阶段检验结果显示，将逆米尔斯比率（IMR）代入第二阶段模型 5-12 后，IMR 与被解释变量存在显著的相关关系，说明在解决了样本自选择问题后，企业国际化与风险承担依然在 5% 水平上显著正相关，企业国际化与风险承担依然在至少 10% 水平显著正相关，表明企业国际化程度与风险承担水平的研究结论保持不变。

表 5 – 25　　　　　　　　　　　　工具变量和 Heckman 两阶段检验

变量	工具变量法			变量	Heckman 两阶段检验		
	第一阶段	第二阶段			第一阶段	第二阶段	
	FSTS	Riskdsd	Sale		Sale	Riskdsd	Riskwsd
MFSTS	0.9942 *** (23.61)						
FSTS		0.0046 *** (4.63)	0.0115 *** (3.87)	FSTS		0.0010 *** (2.96)	0.0017 * (1.82)
IMR				IMR		0.0031 ** (2.17)	0.0102 ** (2.57)
NUMFSTS				NUMFSTS	0.0006 *** (5.37)		
LEV	0.0086 (0.52)	0.0049 *** (10.63)	0.0138 *** (10.21)	LEV	– 0.4753 *** (– 6.01)	0.0042 *** (8.07)	0.0116 *** (7.64)
SIZE	– 0.0146 *** (– 4.98)	– 0.0021 *** (– 24.50)	– 0.0055 *** (– 21.36)	SIZE	0.2218 *** (14.21)	– 0.0019 *** (– 12.92)	– 0.0048 *** (– 11.06)
ROE	– 0.0066 (– 0.26)	– 0.0028 *** (– 3.99)	– 0.0095 *** (– 4.30)	ROE	– 0.5382 *** (– 4.38)	– 0.0021 *** (– 2.82)	– 0.0082 *** (– 3.58)
TOP1	0.0164 (0.90)	0.0016 *** (3.19)	0.0033 ** (2.26)	TOP1	– 0.0401 (– 0.39)	0.0015 *** (2.94)	0.0026 * (1.76)
Firage	0.0374 *** (3.76)	– 0.0012 *** (– 4.00)	– 0.0030 *** (– 3.80)	Firage	– 0.1677 *** (– 3.15)	– 0.0010 *** (– 3.57)	– 0.0028 *** (– 3.37)
Growth	– 0.0174 ** (– 1.98)	0.0025 *** (7.67)	0.0062 *** (7.22)	Growth	0.7325 *** (13.99)	0.0029 *** (6.33)	0.0079 *** (6.15)
Mshare	0.0276 (1.58)	0.0024 *** (5.68)	0.0034 *** (2.88)	Mshare	0.0901 (1.08)	0.0023 *** (5.22)	0.0032 *** (2.68)
PPE	0.1986 *** (10.44)	– 0.0030 *** (– 5.29)	– 0.0084 *** (– 5.16)	PPE	0.4945 *** (4.62)	– 0.0011 * (– 1.68)	– 0.0034 * (– 1.81)
BIG4	0.0343 *** (2.95)	0.0000 (0.02)	0.0003 (0.30)	BIG4	– 0.0584 (– 0.80)	– 0.0001 (– 0.19)	– 0.0001 (– 0.08)
SOE	– 0.0439 *** (– 7.31)	0.0003 * (1.90)	0.0000 (0.09)	SOE	– 0.1900 *** (– 5.73)	– 0.0003 (– 1.23)	– 0.0017 *** (– 2.85)
Year	OK	OK	OK	Year	OK	OK	OK
				Ind	OK	OK	OK
_Cons	0.2125 *** (3.16)	0.0906 *** (47.94)	0.2101 *** (37.70)	_Cons	– 4.1571 *** (– 11.78)	0.0839 *** (20.32)	0.1893 *** (16.24)
R2 – a	0.1235	0.6832	0.5983	Pseudo R2/ R2 – a	0.0779	0.6996	0.6130
F	51.5667	677.8154	424.7156	Wald/F	894.4057	293.9516	179.7753
N	7 214	7 214	7 214	N	10 147	7 214	7 214

注：括号中的值为 t 统计值；＊、＊＊、＊＊＊分别表示在 10%、5%、1%水平上显著。

（三）进一步分析

根据风险分散理论，企业特征是跨国企业经营决策的关键影响因素。具有不同特征的企业在面对某个国家提供的相同投资机会时会做出不同选择。比如，劳动密集型企业的产品技术含量、附加值和差异化程度较低，在我国人工成本相对较低的情况下此类企业跨国经营上具有一定成本优势，可以一定程度规避海外市场的进入壁垒，短期内有助于企业获得竞争优势。但是长期看，随着人工成本的提高，此类企业会因缺乏核心竞争力而面临巨大风险，国际化失败的可能性更大（刘传志等，2017）。技术密集型企业的产品具有更多差异化和技术含量，但是由于我国技术密集型企业在全球价值链中仍处于相对低端位置，自主的技术水平较低、创新能力偏弱（吴敬茹，2020），产品中那些较高技术含量的零部件和核心基础技术大都依靠国外进口，这使我国此类企业在国际化竞争中面临巨大不确定性，企业风险承担大幅增加。资本密集型企业具有资本投入大、资金占用时间长的特点，相比国外同类企业，我国资本密集型企业具有更多资金优势，因此国际化竞争并不会使此类企业的风险显著增加。

企业所属制造业类型的划分借鉴了阳立高等（2014）的做法，按照企业性质和结构将制造业各行业分为劳动密集型、技术密集型和资本密集型三类，具体行业归类结果如表 5-26 所示。

表 5-26　　　　　　　　　　制造业类型

产业类型	包含的细分行业
劳动密集型	农副食品加工业、食品制造业、纺织业、纺织服装（料、帽）制造业、皮革毛皮羽毛（绒）及其制品业、木材加工及木竹藤棕草、家具制造业、印刷业和记录媒介的复制、文教体用品制造业、橡胶制品业、塑料制品业、非金属矿物制品业、金属制品业
资本密集型	饮料制造业、烟草制品业、造纸及纸制品业、石油加工与炼焦及核燃料、化学原料及化学制品制造业、化学纤维制造业、黑色金属冶炼及压延加工业、有色金属冶炼及压延加工业、通用设备制造业
技术密集型	医药制造业、专用设备制造业、交通运输设备制造业、电气机械及器材制造业、通信设备计算机及其他电子、仪器仪表文化办公用机械

表 5 -27 结果显示，劳动密集型企业和技术密集型企业的国际化程度与风险承担水平之间呈现一定的显著正相关关系，资本密集型企业的国际化程度与风险承担水平之间回归系数为正值但关系不显著。表明劳动密集型和技术密集型企业随着国际化程度的提高，企业风险承担水平会显著增加，但是这种关系在资本密集型企业中表现并不显著。这可能源于劳动密集型企业劳动投入量大、产品差异化程度低、核心竞争力缺乏，技术密集型企业在国际市场上与其他国家同类企业竞争时技术的先进性优势不足所致。而由于我国企业资本相对充裕，国际同业之间竞争时融资约束较少，与劳动密集型和技术密集型企业相比，资本密集型企业在国际竞争中相对优势更大，因此此类企业国际化对风险承担的影响体现不明显。

表 5 -27　　　　　　　　　　　　制造业类型的分组检验

变量	劳动密集型		资本密集型		技术密集型	
	Riskdsd	*Riskdwsd*	*Riskdsd*	*Riskdwsd*	*Riskdsd*	*Riskdwsd*
FSTS	0.0009 (1.43)	0.0040 ** (2.21)	0.0006 (0.77)	0.0013 (0.56)	0.0016 *** (3.33)	0.0021 * (1.76)
LEV	0.0042 *** (3.70)	0.0132 *** (4.07)	0.0045 *** (5.49)	0.0135 *** (5.22)	0.0052 *** (7.74)	0.0137 *** (7.25)
SIZE	−0.0023 *** (−11.56)	−0.0061 *** (−9.59)	−0.0019 *** (−11.92)	−0.0047 *** (−10.15)	−0.0024 *** (−20.07)	−0.0064 *** (−18.28)
ROE	−0.0033 * (−1.69)	−0.0110 * (−1.85)	−0.0006 (−0.57)	−0.0001 (−0.03)	−0.0012 (−1.10)	−0.0082 ** (−2.48)
TOP1	0.0015 (1.21)	0.0072 ** (2.07)	0.0017 * (1.79)	0.0012 (0.41)	0.0012 * (1.75)	0.0018 (0.91)
Firage	0.0002 (0.29)	−0.0006 (−0.30)	−0.0013 ** (−2.23)	−0.0030 * (−1.93)	−0.0009 ** (−2.15)	−0.0017 (−1.59)
Growth	0.0026 * (1.68)	0.0061 * (1.66)	0.0022 *** (2.95)	0.0045 *** (2.64)	0.0020 *** (6.56)	0.0055 *** (5.91)
Mshare	0.0022 *** (2.69)	0.0027 (1.20)	0.0002 (0.21)	−0.0007 (−0.27)	0.0027 *** (4.60)	0.0036 ** (2.27)
PPE	−0.0026 ** (−2.22)	−0.0061 * (−1.85)	−0.0016 (−1.46)	−0.0021 (−0.65)	−0.0022 ** (−2.04)	−0.0093 *** (−3.38)

续表

变量	劳动密集型		资本密集型		技术密集型	
	Riskdsd	*Riskdwsd*	*Riskdsd*	*Riskdwsd*	*Riskdsd*	*Riskdwsd*
BIG4	0.0012 (1.60)	0.0040 * (1.79)	− 0.0009 * (− 1.95)	− 0.0034 ** (− 2.49)	0.0002 (0.45)	0.0016 (1.08)
SOE	− 0.0003 (− 0.64)	− 0.0007 (− 0.56)	− 0.0003 (− 0.86)	− 0.0013 (− 1.35)	0.0003 (1.18)	− 0.0006 (− 0.93)
Year	OK	OK	OK	OK	OK	OK
Ind	OK	OK	OK	OK	OK	OK
_Cons	0.0922 *** (20.00)	0.2171 *** (14.94)	0.0846 *** (25.70)	0.1931 *** (18.63)	0.0944 *** (35.00)	0.2241 *** (29.70)
R2 − a	0.7211	0.6540	0.7151	0.6107	0.6870	0.6023
F	116.2654	63.5594	190.3444	104.2716	250.7579	163.8284
N	1 340	1 340	2 102	2 102	3 772	3 772

注：括号中的值为 t 统计值；*、**、*** 分别表示在 10%、5%、1% 水平上显著。

四、研究结论与启示

改革开放 40 多年来，我国大量企业实施"走出去"战略，不仅促进了国家战略和供给侧结构性改革的实施，通过参与全球化市场竞争企业还发展壮大了自己。机会总是与风险同行，企业国际化过程中风险承担水平是否受到了相应影响，这是我们需要关注的问题。在当前国际环境的复杂性、不稳定性和不确定性明显增加的情况下，要实现"国内国际双循环相互促进"，关注企业国际化经营中的风险承担水平问题尤显重要。本书对 2008 ~ 2016 年我国制造业上市公司数据的研究发现，伴随企业国际化经营程度的提高，企业的风险承担水平会上升。而且，面对复杂多变的国际化外部环境，企业国际化对风险承担的正向作用在劳动密集型企业和技术密集型企业成立，但是在资本密集型企业表现不显著。

本书的研究表明，为了确保企业风险处于自身可承受的程度内，无论属于哪个类型的制造业行业，企业都不能忽视国际化对自身风险承担的影响问题，都应增强风险意识，做好风险防范和化解预案；同时要根据企业本土经营的风险水平情况，在跨国经营项目决策时进行审慎选择。即使开展国际化业务时间久的企业，虽然在国际化经营中已经积累了较丰富经验，对海外目的地的经营环境也较熟悉，但是受国际政治因素影响，我国企业的国际化经营近年又面临了很大不确定性，这在技术密集型企业体现得更明显。因此，面对新的环境变化，所有企业都需要保持对风险的敏感性，以便减弱国际化对企业风险带来不利影响。本书的研究不仅丰富了企业国际化微观效应研究的理论文献，为企业重视国际化经营中的风险承担问题提供了理论依据；也可以警示企业重视国际循环中风险承担水平增加带来的影响，确保企业自身在国内国际双循环中的总体风险承担水平处于可承受程度以内。

第四节　企业国际化对内部控制的影响[①]

企业内部控制是建立在一定内外环境下的，外部环境对企业构建内部控制体系构成影响，企业对内部控制的要求也会随自身经营环境的变化而改变（Doyle et al.，2007）。因此，研究企业国际化对内部控制的影响不仅具有现实意义，也可以警示企业在追求和实施国际化战略的同时要重视内部控制建设，及时提高内部控制能力，实时调整完善能够适应国际化需求的有效内部控制体系。

一、理论分析与研究假设

文献显示，国际化对企业具有积极作用。对于现阶段的中国制造业企业来说，国际化广度的提高有利于企业的成长（杨忠和张骁，2009），国际化程度越高企业拥有的竞争优势也就越大；国际化程度高的企业的环境治理绩效会更好，表现为企业环境资本投资更多（程博，2018）。国际化对企业内部控制建设也具有积极作用。企业国际化经营会面临海外目的地的不同法律规范体系要求，为在海外生存和占领海外市场，企业必然会尽

---

①　王晓旭. 企业国际化程度、信息透明度与内部控制关系研究——基于我国制造业的经验数据 [D]. 北京：首都经济贸易大学，2018.

最大可能提高自身的内部控制能力以达到不同地区的合规要求，而且通过与海外各类企业和组织的合作，还可以促进国际化经营企业不断学习、借鉴并吸收国际上内部控制实践中的先进做法和经验，完善已有内部控制体系。企业为适应国际资本市场对内部控制信息披露的要求必然要建立起符合国际规范的内部控制制度，必须提高内部控制质量。

国际化中企业会面临海外市场对企业信息披露深度、广度和披露内容、信息披露形式、披露信息时效性等的不同要求，企业不断满足这些要求可以提高自身的信息透明度，这有助于降低信息不对称水平，缓解委托代理问题程度，对降低内部控制缺陷程度、提高内部控制质量有利。

企业走向海外，必然面临更复杂的经营环境，决策和经营中的不确定性因素会大幅增加。为了立足海外市场，提高市场占有率，企业一定会更多关注潜在的风险因素、通过各种方法手段加强风险控制，提高自身抗风险能力，这会进一步促使企业完善内部控制体系，提高内部控制质量。

大量文献也显示出企业国际化的消极作用。亨纳特（Hennart，2007）认为国际化会增加企业面临的系统化风险，拉维和米勒（Lavie and Miller，2008）也认为由于不熟悉国外商业环境，需要跨地区协调，应对与本土国不同的文化、制度和经济发展差异等因素，企业进入外国市场时都会遭受损失，徐等（Xu et al.，2008）研究了华为公司国际化进程后发现，高新技术企业在国际化中面临来自自然环境、政府政策、市场竞争、文化差异等多方面的风险，这些因素使企业在国际化战略实施、国际化经营中面临更大的风险和不确定性。

从市场角度看，基于创造就业、促进增长或平衡贸易账户需要，海外目的国政府会想办法替代商品进口，再加上关税壁垒、规模经济、产品和要素等因素，海外市场对一个国际化企业来说并不是完全竞争市场（Hymer，1976）。因此，在企业还不具备充分技术优势、管理优势和制度优势情况下采用高投入资源的国际化扩张模式容易招致失败（杨忠和张骁，2009），跨国经营的企业要实现盈利必须改变内部结构、系统和流程来适应新的市场环境（Ruigrok and Wagner，2003）。不同国家由于经济发展水平、文化、消费方式等方面不同，客户对产品质量、性能、包装和服务的要求也会存在差异，企业在跨国增值扩张中也需要动态调整自身战略、资源、结构和组织来适应新环境（Shi et al.，2012；Doyle et al.，2007）。国际化改变了企业内部控制所处的经营环境，面对内外环境的快速变化，企业的组织结构、人员配置、产品、服务、理念等可能由于不能及时调整而产生新问题，导致企业在走出本土开展国际化经营时原有内部控制体系出现一定程度的低效或无效期，整体内部控制质量出现下降可能。

从文化角度看，文化作为控制环境的要素之一会影响企业内部控制体系及其实施效果（王竹泉和隋敏，2010；李志斌，2012），不同国家文化会使内部控制制度产生差异，国家文化作为历史长期积淀的产物也会影响企业内部控制信息的披露（Hooghiemstra et al.，2015）。国际化使企业面临的不同文化冲击增大，内部控制建设不可避免地受到内部文化冲突的影响，使构建有效的内部控制体系产生困难。由于各个企业不同文化接纳融合的能力存在差异，那些文化融合能力差的企业就容易产生控制缺陷，使原有内部控制质量下降。

从法制环境看，外部制度性因素对企业内部控制有效性具有影响，杨道广和陈汉文（2015）研究发现法治环境对企业内部控制质量与守法水平之间的关系具有交互作用。企业内部控制建设时需要将法制环境内化到控制环境、风险评估、控制活动、监督评价等各个方面，以避免国际化经营中由于触碰法律规范带来风险。但是企业国际化过程中熟悉和消化不同国家和地区复杂的法规制度有一个过程，这不仅会增加内部控制建设成本，也极易在一段时间内使原有内部控制质量下降。

因此，我们认为国际化对企业管理具有积极和消极两方面影响，为此提出对立假设：

H5-5a：基于积极因素作用，企业国际化会对内部控制产生有利影响。伴随企业国际化程度提高的一段时间内，企业在不断适应外部生存和发展的要求中内部控制质量会提高。

H5-5b：基于消极因素作用，伴随国际化程度的提高，企业内部控制应对复杂环境的能力可能存在跟不上国际化步伐的情况，会使一段时间内企业内部控制弱化，导致内部控制质量下降。

二、研究设计

建立模型 5 - 13 对上述假设进行检验。

$$ICP_{i,t} = \alpha_0 + \sum_{n=0}^{s} \delta_n FRTR_{i,t-n} + \alpha_2 Size_{i,t} + \alpha_3 Top10_{i,t} + \alpha_4 Owner_{i,t} +$$

$$\alpha_5 MAGSR_{i,t} + \alpha_6 IDB_{i,t} + \alpha_7 Age_{i,t} + \alpha_8 Year + \alpha_9 Ind + \varepsilon \quad 模型 5 - 13$$

研究中发现，企业当年内部控制质量会受当期和以前期国际化程度的影响，因此上述模型中分别建立分布滞后模型计量国际化程度的影响。为了解决滞后期长度、损失自由度和滞后解释变量的多重共线性问题，研究中首先将国际化程度对内部控制质量产生影响的最长滞后期设为 3 年，并采用 LR、FPE、AIC、SC 和 HQ 五种方法①对相关模型最优滞后期进行了分析，确定出最优滞后期为 2 年；然后采用经验加权估计法对滞后解释变量加权生成新变量 Z_{FRTR}，各期变量权重选择两头小、中间大的 A 型滞后结构，分别以 1/4、1/2、1/4 作为国际化程度当期、滞后一期及滞后二期权重②，令 $Z_{FRTR} = \frac{1}{4} FRTR_{i,t} + \frac{1}{2} FRTR_{i,t-1} + \frac{1}{4} FRTR_{i,t-2}$，于是

$$\sum_{n=0}^{s} \delta_n FRTR_{i,t-n} = \alpha Z_{FRTR} \circ$$

模型中其他变量含义见表 5 - 28。

表 5 - 28　　　　　　　　　　变量定义

变量	含义及计算方法
ICP_{it}	内部控制质量，取 i 公司第 t 年的迪博公司内部控制指数
$FRTR_{i,t-n}$	国际化程度，i 企业第 $t-n$ 年在海外实现的主营业务收入占主营业务总收入的比重，n 取 0，1，2

①　LR、FPE、AIC、SC 和 HQ 五种方法分别指顺序修正 LR 检验、最终预报误差、赤池信息准则、许瓦兹信息准则和 Hannan - Quinn 信息准则。

②　为了更合理确定滞后模型，研究中还采用递减滞后结构（分别赋予当期、滞后一期和滞后二期的国际化程度权重 1/2、1/4 和 1/6）和不变滞后结构（当期、滞后一期和滞后二期国际化程度权重均设为 1/3）两种方法进行分析，综合考虑调整 R^2、F 检验值、t 检验值以及回归结果，证实采用 A 型滞后结果更加合理。限于篇幅另两种方法回归结果不再列示。

变量	含义及计算方法
$Size_{it}$	公司规模，i 公司第 t 年年末总资产自然对数
$Top10_{it}$	股权集中度，i 公司第 t 年前十大股东持股比例
$Owner_{it}$	所有权性质，哑变量，如 i 公司第 t 年实际控制人为国有取值为 1，否则为 0
$MAGSR_{it}$	高管持股比例，i 公司第 t 年管理层持股数量与总股数比
IDB_{it}	独立董事比例，i 公司第 t 年独立董事占董事会人数的比重
Age_{it}	公司年龄，i 公司第 t 年年龄 =（第 t 年年末日期 – 公司成立日期)/365
$Year_{it}$	年份控制变量
Ind_{it}	行业控制变量，按照证监会 2012 年行业分类标准中制造业细分行业

（一）数据来源

选取 2000 ~ 2016 年沪深两市全部制造业上市公司为样本，删除存在变量数据缺失的公司后获得数据 6 259 个。由于 2008 年我国发布了企业内部控制规范，企业开始执行统一的内部控制标准，因此选取 2008 ~ 2016 年沪深两市全部制造业上市公司为样本，为了与后续内控缺陷程度研究保持一致，也充分验证国际化对内部控制质量影响的正确性，还采用第六章国际化对内部控制缺陷作用研究中的样本 1 443 个进行同样的检验。

内部控制质量数据来源于迪博（DIB）数据库，国际化程度数据来源于万德数据库（Wind），其他控制变量数据来自国泰安数据库（CSMAR）和锐思数据库（RESSET），实证分析中连续变量进行了 Winsorize1% 处理。

（二）描述性统计和相关性分析

表 5 – 29 的 2000 ~ 2016 年样本数据描述性统计显示，内部控制质量均值 659. 3、中位数 680. 6、标准差 127. 6，说明总体上企业内部控制质量不高，企业之间差别较大；国际化程度均值 23. 19、中位数 14. 53、标准差 23. 57，表明我国制造业企业国际化程度整体较低，企业之间差距很大；公司前十大股东持股比例均值 57. 44，说明平均 57. 44% 的股票集中在前十大股东手中；国有企业变量均值 0. 371，说明样本中国有企业占近四成；此外，企业规模、高管持股比例不同企业相差很大，独立董事占比差异很小，国际化企业平均年龄 13. 93 岁。

表 5 – 29 的 2008～2016 年样本统计数据显示，2008～2016 年中企业内部控制质量均值 686、标准差 133.3，与 2000～2016 年样本比有所增加，表明企业 2008 年后内部控制质量整体有所提升，但依然普遍偏低；国际化程度均值 20.6、标准差 22.43，说明 2008～2016 年间，与之前的 2000～2016 年相比企业国际化程度整体略有下降，且程度依然整体很低，企业之间差距依然很大；其他指标方面，2008 年及以后国际化的制造业上市企业中，国有企业均值 0.562，说明样本中国有企业超过一半；高管持股比例均值 2.658、标准差 7.362，不同公司高管持股情况依然差异巨大，而且与 2000～2016 年比下降较多；企业规模整体有所提升，前十大股东持股比例、独立董事比例变化不大。国际化企业平均年龄 15.05 岁，说明随着时间增加国际化企业的年龄有所增大。

表 5 – 29 　　　　　　　　　　　　描述性统计

变量	2000～2016 年样本：OLS 模型				变量	2008～2016 年样本：OLS 模型			
	样本量	均值	中位数	标准差		样本量	均值	中位数	标准差
ICP	6 259	659.3	680.6	127.6	*ICP*	1 443	686	693.8	133.3
FRTR	6 259	23.19	14.53	23.57	*FRTR*	1 443	20.6	12.22	22.43
Size	6 259	21.88	21.7	1.149	*Size*	1 443	22.76	22.65	1.312
*Top*10	6 259	57.44	58.48	14.88	*Top*10	1 443	57.6	58.23	15.3
Owner	6 259	0.371	0	0.483	*Owner*	1 443	0.562	1	0.496
MAGSR	6 259	6.237	0.015	13.05	*MAGSR*	1 443	2.658	0.004	7.362
IDB	6 259	0.415	0.364	0.126	*IDB*	1 443	0.414	0.364	0.121
Age	6 259	13.93	14	5.11	*Age*	1 443	15.05	15	4.703

表 5 – 30 与表 5 – 31 所示为基于 2000～2016 年和 2008～2016 年样本的主要变量相关系数分析，采用 PWCORR 方法计算获得。数据显示，国际化与内部控制质量显著负相关，说明国际化程度越高，内部控制质量越低。所有变量之间的相关系数小于 0.4，排除了变量间多重共线性的可能。

表 5 – 30　　　　　　　2000～2016 年样本数据相关性分析

OLS 模型	ICP	FRTR	Size	Top10	Owner	MAGSR	IDB	Age
ICP	1							
FRTR	− 0. 032 **	1						
Size	0. 196 ***	− 0. 132 ***	1					
Top10	0. 162 ***	0. 023 *	0. 054 ***	1				
Owner	0. 00800	− 0. 127 ***	0. 314 ***	− 0. 114 ***	1			
MAGSR	0. 023 *	0. 084 ***	− 0. 234 ***	0. 194 ***	− 0. 354 ***	1		
IDB	− 0. 072 ***	0	0. 081 ***	0. 0100	− 0. 100 ***	0. 081 ***	1	
Age	− 0. 104 ***	− 0. 048 ***	0. 231 ***	− 0. 278 ***	0. 217 ***	− 0. 188 ***	0. 178 ***	1

注：括号中的值为 t 统计值；*、**、*** 分别表示在 10% 、5% 、1% 水平上显著。

表 5 – 31　　　　　　　2008～2016 年样本数据相关性分析

OLS 模型	ICP	FRTR	Size	Top10	Owner	MAGSR	IDB	Age
ICP	1							
FRTR	− 0. 062 **	1						
Size	0. 268 ***	− 0. 124 ***	1					
Top10	0. 070 ***	− 0. 048 *	0. 125 ***	1				
Owner	0. 0330	− 0. 122 ***	0. 274 ***	0. 0280	1			
MAGSR	− 0. 0370	0. 102 ***	− 0. 259 ***	0. 096 ***	− 0. 381 ***	1		
IDB	− 0. 103 ***	0. 0110	0. 120 ***	0. 0290	− 0. 050 *	0. 0140	1	
Age	− 0. 061 **	− 0. 062 **	0. 284 ***	− 0. 228 ***	0. 151 ***	− 0. 187 ***	0. 218 ***	1

注：括号中的值为 t 统计值；*、**、*** 分别表示在 10% 、5% 、1% 水平上显著。

（三）企业国际化程度细分行业详细分析

根据证监会 2014 年上市企业行业分类，制造业可以进一步细分成为 29 个小行业，本书对制造业上市企业的海外销售占比按照 29 个细分行业计算平均值，反映各细分行业的国际化程度及其变化。数据显示，自 2000 年以来，我国 29 个制造业细分行业国际化程度表现出拱桥型、倾斜 L 型、波动下降型和平稳增长型四种不同的变化趋势。

拱桥型的特点是国际化程度在中间年份最高，在到达峰值之后有一个比较剧烈的下降，之后趋于平缓，国际化程度呈现拱桥型特点的细分行业有 C21（家具制造业）、C33（金属制品业）和 C40（仪器仪表制造业）。国际化高峰期出现在 2005～2008 年。

倾斜 L 型的特点是在 2000 年、2001 年、2002 年开展国际化经营的第一年国际化程度最高，之后迅速下降并趋于平缓，国际化程度呈现这一特点的细分行业有 C15（酒、饮料和精制茶制造业）、C17（纺织业）、C25（石油加工、炼焦和核燃料加工业）、C31（黑色金属冶炼和压延加工业）、C32（有色金属冶炼和压延加工业）、C34（通用设备制造业）、C38（电气机械和器材制造业）和 C39（计算机、通信和其他电子设备制造业）。

波动下降型的行业国际化程度整体呈现在波动中下降的趋势，属于这一特点的细分行业有 C13（农副食品加工业）、C18（纺织服装、服饰业）、C19（皮革、毛皮、羽毛及其制品和制鞋业）、C24（文教、工美、体育和娱乐用品制造业）、C28（化学纤维制造业）和 C41（其他制造业）。

属于平稳增长型的行业中，2000 年以来国际化程度整体变化不大，发展比较平稳的细分行业有 C22（造纸和纸制品业）、C23（印刷和记录媒介复制业）、C26（化学原料和化学制品制造业）、C27（医药制造业）、C30（非金属矿物制品业）和 C42（废弃资源综合利用业）。这些细分行业均维持在一个较低水平的国际化程度。而 C14（食品制造业）、C20（木材加工和木、竹、藤、棕、草制品业）、C29（橡胶和塑料制品业）、C35（专用设备制造业）、C36（汽车制造业）和 C37（铁路、船舶、航空航天和其他运输设备制造业）虽然行业整体国际化程度较低，但展现出缓慢增长的趋势。

（四）回归分析

表 5-32 基于 2000～2016 年和 2008～2016 年样本的检验均显示，企业国际化程度与内部控制质量在 1% 水平上显著负相关，即考虑滞后影响的企业近三年平均国际化程度越高，企业内部控制质量越低，假设 H5-5b 的企业国际化与内部控制质量关系得到验证。模型 5-13 结果也显示，企业规模、前十大股东持股比例与内部控制质量在 1% 水平上显著正相关，

且关系稳定。

表 5 - 32　　　　　　　　　　回归结果

变量	2000 ~ 2016 年样本：ICP	2008 ~ 2016 年样本：ICP
Z	- 0. 230 ***	- 0. 600 ***
	(- 3. 15)	(- 3. 28)
$Size_{it}$	32. 790 ***	40. 508 ***
	(18. 10)	(11. 81)
$Top10_{it}$	1. 169 ***	0. 508 **
	(9. 86)	(2. 27)
$Owner_{it}$	- 14. 883 ***	- 10. 756
	(- 3. 68)	(- 1. 37)
$MAGSR_{it}$	0. 523 ***	0. 313
	(5. 32)	(0. 58)
IDB_{it}	13. 948	- 65. 059
	(0. 72)	(- 1. 62)
Age_{it}	- 1. 002 ***	- 0. 857
	(- 2. 79)	(- 1. 05)
$Year$	控制	控制
Ind	控制	控制
$cons$	- 1. 967	- 41. 870
	(- 0. 05)	(- 0. 57)
N	6 259	1 443
F	18. 016	11. 550
$R2\_a$	0. 129	0. 240

注：括号中的值为 t 统计值；*、**、***分别表示在 10%、5%、1% 水平上显著。

三、进一步分析：信息透明度的作用

企业在提高国际化程度时，由于国外市场文化、法律、消费方式等的差异，甚至政治因素的影响，企业经营复杂性提高，内部控制在应对这些变化时很有可能表现出"力不从心"，容易出现内部控制缺陷、内部控制质量下降的情况；但是由于国际市场对获取企业更多信息的要求，企业的信息透明度会提高，导致企业存在的遗漏或隐瞒的内部控制缺陷可能被披露出来，从而进一步降低内部控制质量。换句话说，国际化程度的提升增加了企业经营的复杂性，提高了信息透明度，从而影响内部控制缺陷程度和缺陷数量，进而可能会影响内部控制质量。这种影响可能沿着图 5 - 2 所示路径展开。即信息透明度通过影响内部控制缺陷成为企业国际化对内部控制质量产生作用的一条中介路径。

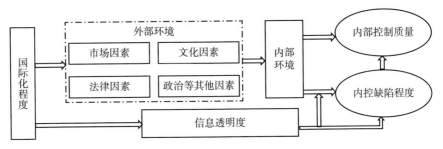

图 5 - 2　国际化程度作用于内部控制路径研究

已有研究也发现，企业提高信息透明度会提高产品的竞争优势，在产权保护做得好的国家和地区，企业增加信息透明度还可以通过缓解信息不对称提高投资效率和企业增长（Durnev et al.，2009），因此国际化企业具有提高自身信息透明度的动机。也有文献得出了不同的结论，福特等（Forte et al.，2015）以 100 家巴西最大银行为样本研究发现国际化与公司信息透明度没有关系，蒋和黄（Chiang and Huang，2012）用 2000～2008 年我国台湾上市公司数据检验发现 2005 年台湾会计准则变化导致了跨国公司信息透明度下降、股权代理成本增加。本书认为，国际市场竞争激烈，企业要立足海外市场就必须让当地投资者、消费者、政府监管部门等现有或潜在利益相关者更深入地了解企业，而不同于本土的法规制度环境客观上也要求企业披露更多信息，这些因素会促使企业提高信息透明度。

我国企业内部控制信息披露方面的研究表明，管理层基于趋利避害和成本效益权衡会"裁量"内部控制缺陷的认定，不愿意披露内部控制缺陷（谭燕等，2016；崔志娟，2011），而且管理层拥有的权力越大越倾向于隐瞒已经存在的缺陷（赵息和许宁宁，2013）；田娟和余玉苗（2012）认为企业为了得出内部控制有效的结论会将重大缺陷归入重要缺陷或一般缺陷；林斌等（2016）研究发现美国上市公司内部控制评价无效的比例远远高于中国上市公司，比如美国 2008～2014 年平均 20.10% 的上市企业披露内部控制评价结果为无效，同期中国平均比例只有 0.52%。来自财政部的数据也显示近几年我国披露内部控制评价报告的上市公司中评价结论为非整体有效的比例 2012 年是 0.13%、2013 年 1%、2014 年 1.28%、2015 年 1.08%、2016 年 1.09%[①]，这些表明我国企业内部控制缺陷存在被低估或被隐瞒的可能。

由此，信息透明度与国际化程度、内部控制质量之间可能存在交互关系。首先，企业走向海外，国际化程度提高，包括市场、文化、法制等在内的企业经营环境发生变化，复杂的国际经营环境使企业原有内部控制体系在一段时间内不能满足新的控制需要，导致整体内部控制质量下降、内部控制缺陷严重程度提高；其次，激烈的市场竞争中，管理者为了彰显在内部控制评价甚至企业经营上的决心会提高内部控制信息披露，比如更多披露内部控制缺陷认定标准信息等会降低缺陷认定的不准确程度和操作空间，缓解内部控制缺陷披露避重就轻的现象，导致一段时间内企业内部控制缺陷严重程度升高的可能性增大，并进一步影响内部控制质量；最后，为了在复杂的国际经营环境中立足，企业提高了信息透明度，于是更多内部控制缺陷被暴露出来，一段时间内企业内部控制质量会出现下降。据此利用模型 5 – 14 和模型 5 – 15 对信息透明度在企业国际化与内部控制关系中的中介作用分步骤进行了检验。

$$Comtran_{i,t} = \beta_0 + \sum_{n=0}^{s} \delta_n FRTR_{i,t-n} + \beta_2 Size_{i,t} + \beta_3 Top10_{i,t} + \beta_4 Owner_{i,t} + $$
$$\beta_5 MAGSR_{i,t} + \beta_6 IDB_{i,t} + \beta_7 Age_{i,t} + \beta_8 Year + \beta_9 Ind + \varepsilon \quad 模型\ 5 - 14$$

---

① 详见 2012～2016 年我国上市公司执行企业内部控制规范体系情况分析报告。

$$ICP_{i,t} = \gamma_0 + \sum_{n=0}^{s} \delta_n FRTR_{i,t-n} + \gamma_2 Comtran_{i,t} + \gamma_3 Size_{i,t} + \gamma_4 Top10_{i,t} +$$

$$\gamma_5 Owner_{i,t} + \gamma_6 MAGSR_{i,t} + \gamma_7 IDB_{i,t} + \gamma_8 Age_{i,t} +$$

$$\gamma_9 Year + \gamma_{10} Ind + \varepsilon \qquad\qquad\qquad 模型 5-15$$

模型中信息透明度的衡量：已有文献衡量企业信息透明度主要采用单一指标和综合指标两类方法。单一指标包括盈余质量指标、交易所披露的考核结果和分析师预测；综合指标由会计信息透明度、股价信息透明度、内部信息透明度等定义而成（杜浩阳，2016）。

由于企业国际化带来的信息透明应该既包括财务信息透明，也要考虑企业在所有者权益、债权人权益、员工权益、客户和消费者权益保护，安全生产、产品质量保证、资源环境和可持续发展、社会公共责任履行等其他内部信息的透明程度。因此，本书定义由会计信息透明度和其他内部信息透明度构成的信息透明度指标 $Comtran_{i,t} = (Atran_{i,t} + ITtran_{i,t})/2$。式中，$Atran$ 表示会计信息透明度，借鉴文献（游家兴和李斌，2007；王克敏等，2009；杜浩阳，2016；Bhattacharya et al.，2003）做法采用盈余激进度和收益平滑度的十分位数赋值法的均值衡量，计算公式是：

$$EA_{i,t} = ACC_{i,t}/TA_{i,t}$$

$$= (\Delta CA_{i,t} - \Delta CL_{i,t} - \Delta CASH_{i,t} + \Delta STD_{i,t} - DEP_{i,t} + \Delta TP_{i,t})/TA_{i,t} \qquad 式 5-5$$

$$ES_{i,t} = |Corr(\Delta ACC_{i,t}/TA_{i,t}, \Delta CFO_{i,t}/TA_{i,t})| \qquad 式 5-6$$

$$Atran_{i,t} = [Decile(EA_{i,t}) + Decile(ES_{i,t})]/2 \qquad 式 5-7$$

公式中，EA 表示盈余激进度，ACC 表示上市公司应计项目，ΔCA 为流动资产增加额，ΔCL 为流动负债增加额，$\Delta CASH$ 为货币资金增加额，ΔSTD 为一年内到期的长期负债增加额，DEP 为折旧和摊销费用，ΔTP 为应交所得税增加额，TA 为期初总资产，ES 表示收益平滑度，$Corr$ 是 ΔACC 和 ΔCFO 分别与期初总资产比值在 $(t-2, t)$ 期间内的相关系数，$\Delta ACC_{i,t}/TA_{i,t}$ 是 i 公司第 t 年应计项目增加额与期初总资产之比，$\Delta CFO_{i,t}/TA_{i,t}$ 是 i 公司第 t 年经营性现金流量增加额与期初总资产之比。计算时将 EA、ES 分别乘以 -1，因此 $Atran$ 越大，表明会计信息透明度越高。

ITtran 表示其他内部信息透明度，取以下 11 项指标之和：是否参照 GRI《可持续发展报告指南》、是否披露股东权益保护、是否披露债权人权益保护、是否披露职工权益保护、是否披露供应商权益保护、是否披露客户及消费者权益保护、是否披露环境和可持续发展、是否披露公共关系和社会公益事业、是否披露安全生产内容、是否披露公司存在的不足、社会责任报告是否经第三方机构审验。某一指标披露的取值为 1，否则为 0。公司相关信息披露越全面，ITtran 越大，表明公司其他内部信息透明度越高。

由于信息透明度数据可以获取的年份最早是 2008 年，因此研究样本时间选取为 2008 ~ 2016 年，剔除缺失数据后获得样本 1 443 个。信息透明度数据根据 CSMAR 和 RESSET 数据库整理计算得到。2008 ~ 2016 年样本的信息透明度均值 6.753、标准差 1.198，企业信息透明度普遍偏低，表明我国制造业企业整体信息透明度不高[①]。

表 5 - 30、模型 5 - 14 国际化程度与信息透明度在 1% 水平上显著正相关，相关系数 0.005，表明企业国际化程度越高，信息透明度越好。表 5 - 30、模型 5 - 15 企业国际化程度与内部控制质量在 1% 水平上显著负相关，信息透明度与内部控制质量在 1% 水平上显著负相关。

综合模型 5 - 14 和模型 5 - 15 的检验结果表明，信息透明度会使国际化对内部控制质量的负向影响减弱。也就是信息透明度作为中介变量，减弱了企业国际化过程中新的文化、市场、法规、政治等经营环境因素对企业内部控制产生的部分不利影响，起到了中介效应，效应大小为 $\beta_1 \times \gamma_2 = 0.005 \times (-9.320) = -0.047$，根据索贝尔（Sobel，1982）关于中介作用路径强度 z 检验的计算公式 $z = \dfrac{\beta_1 \gamma_2}{\sqrt{\gamma_2^2 s_{\beta_1}^2 + \beta_1^2 s_{\gamma_2}^2}}$，可以计算出 z 值为 -1.926[②]，说明 z 检验显著（当 $P < 0.05$，$N \geqslant 200$ 时，临界值为 $|Z_{\alpha/2}| > 0.97$），中介效应占

---

① 按照公式计算的信息透明度应得分超过 21。
② 依据回归结果 β_1 值为 0.005，γ_2 值为 -9.320，β_1 的标准差 s_{β_1} 为 0.002，γ_2 的标准差 s_{γ_2} 为 3.084 计算。

总效应比为 $\beta_1 \times \gamma_2 / \alpha_1 = -0.047/(-0.600) = 7.77\%$，中介效应解释了因变量的方差变异为 $SQRT$ $(0.246 - 0.240) = 7.75\%$。

为了确保上述结果的稳健性，又替换变量进行了检验，结果见表 5 - 33。

表 5 - 33　　　　　　　　　　　　　回归结果

变量	主回归结果		第 1 次稳健性检验		第 2 次稳健性检验	
	模型 5 - 14 Comtran	模型 5 - 15 ICP	模型 5 - 14 Comtran1	模型 5 - 15 ICP	模型 5 - 14 Atran	模型 5 - 15 ICP
Z_{FRTR}	0.005 *** (2.93)	- 0.558 *** (- 3.04)	0.004 ** (2.21)	- 0.537 *** (- 3.11)	0.004 *** (3.02)	- 0.172 ** (- 2.29)
Comtran/ Comtran1/Atran		- 9.320 *** (- 3.02)		- 10.932 *** (- 4.70)		- 8.318 *** (- 9.79)
Size	0.118 *** (4.12)	41.612 *** (11.89)	0.121 *** (3.38)	39.800 *** (12.31)	0.278 *** (10.77)	33.669 *** (17.94)
Top10/Top1/Top1	- 0.012 *** (- 5.30)	0.397 * (1.76)	- 0.004 (- 1.21)	0.506 ** (2.24)	- 0.015 *** (- 7.37)	0.848 *** (7.04)
Owner	0.028 (0.38)	- 10.493 (- 1.34)	0.041 (0.44)	- 9.781 (- 1.31)	0.416 *** (6.70)	- 16.614 *** (- 4.07)
MAGSR/MO/MO	- 0.008 * (- 1.66)	0.235 (0.43)	0.007 (0.08)	23.164 *** (3.21)	- 0.255 *** (- 4.47)	19.478 *** (5.48)
IDB	- 0.583 (- 1.45)	- 70.490 * (- 1.75)	- 0.324 (- 0.68)	- 63.331 (- 1.63)	- 0.428 (- 1.41)	13.148 (0.68)
Age	- 0.009 (- 1.16)	- 0.943 (- 1.16)	- 0.000 (- 0.02)	- 1.038 (- 1.36)	0.032 *** (5.48)	- 1.435 *** (- 3.97)
Year&Ind	控制	控制	控制	控制	控制	控制
cons	7.347 *** (11.29)	26.607 (0.37)	7.020 *** (8.83)	60.552 (0.89)	2.445 ** (2.42)	88.612 ** (2.09)
N	1 443	1 443	1 517	1 517	6 059	6 059
F	4.628	11.286	4.820	11.858	18.678	18.514
R2_a	0.079	0.246	0.073	0.259	0.108	0.139

注：括号中的值为 t 统计值；* 、** 、*** 分别表示在 10% 、5% 、1% 水平上显著。

（1）将综合信息透明度 Comtran 中的会计信息透明度 Atran 用盈余激进度 EA 进行替换定义变量 Comtran1，即盈余激进度代替盈余激进度和收益平滑度的均值衡量会计信息透明度 Atran。国际化程度滞后 1 期替代滞后 2 期，即 $Z_{FRTR}=1/2FRTR_{i,t}+1/2FRTR_{i,t-1}$。第一大股东持股比例 Top1 代替前十大股东持股比例 Top10，高管是否持股 MO 代替高管持股比例 MAGSR，进行第 1 次稳健性检验。

（2）用会计信息透明度 Atran 代替信息透明度 Comtran，第一大股东持股比例 Top1 代替前十大股东持股比例，高管是否持股 MO 代替高管持股比例进行第 2 次稳健性检验。

检验结果表明，企业国际化程度与内部控制质量显著负相关，国际化程度越高，公司信息越透明。信息透明度降低了国际化程度对内部控制质量的直接影响，起到了部分中介作用。中介效应占总效应比重第 1 次检验为 7.49%①，中介效应解释了因变量的方差变异为 11.83%；第 2 次检验为 16.39%②，中介效应解释了因变量的方差变异为 13.04%。前述研究结论保持稳定。

四、研究结论与启示

本部分利用制造业上市公司数据分析了企业国际化对内部控制质量的影响。研究发现，一个企业国际化程度越高，内部控制质量反而越低。研究也发现国际化程度的影响作用存在滞后效应，而信息透明度是企业国际化对内部控制质量产生作用的中介变量之一。

该项研究的启示是：首先，企业在追求和实施国际化战略的同时要重视自身内部控制建设，一方面要根据国际化需要及时提高自身内部控制能力，另一方面实时调整和建设能够适应国际化程度变化的内部控制体系，使内部控制对企业发展真正起到保驾护航作用。其次，企业实施国际化之

---

① β_1 的值为 0.004，γ_2 的值为 −10.932，β_1 的标准差 $s\beta_1$ 为 0.002，γ_2 的标准差 $s\gamma_2$ 为 2.328。因此，z 值为 −1.840，z 检验显著。

② β_1 的值为 0.004，γ_2 的值为 −8.318，β_1 的标准差 $s\beta_1$ 为 0.001，γ_2 的标准差 $s\gamma_2$ 为 0.850。因此，z 值为 −3.703，z 检验显著。

前可能由于信息透明度不够导致一些存在的缺陷未被披露或者缺陷严重程度被低估，国际化程度的提高会改善企业信息透明度，使过去被隐藏的缺陷得以暴露或披露，对此企业应该积极改善内部控制，及时消除和解决暴露的问题。最后，企业也要更多关注国际化过程中容易产生缺陷的环节和领域，防范内部控制缺陷的发生。

第五节　本章小结

为了验证企业业务关系网络对企业内部控制具有影响作用，本部分以2008~2016年沪深两市 A 股制造业上市公司为研究样本，首先采用业务关系网络的两个指标衡量上下游业务关系依赖度和其他业务关系紧密度，实证研究了业务关系网络对企业内部控制的作用效应。在此基础上进一步研究了国际化对企业风险承担水平和内部控制质量的影响。研究充分表明，企业业务关系网络对其内部控制具有显著的作用效应。

（1）上下游业务关系依赖度对企业内部控制作用效应研究中，分别从客户依赖度和供应商依赖度两个视角进行了实证检验，并分析了企业所处经济环境景气程度在两者关系中的调节效应。研究结果表明，供应商依赖度和客户依赖度对企业内部控制具有显著影响。供应商依赖度越高越不利于企业内部控制质量的提高，客户依赖度越高，越不利于企业内部控制质量的提高。而且它们与内部控制质量之间的关系还会受企业所处的宏观经济环境景气程度的影响，企业所处的宏观经济环境越景气，企业发展和扩张的机会越多，可能会忽视内部控制建设，对客户依赖度和供应商依赖度与内部控制质量之间的关系产生负向调节作用；而且客户依赖度和供应商依赖度对企业绩效存在负向影响，进一步说明过度依赖上下游业务伙伴对企业经营不利。

（2）其他业务关系紧密度对企业内部控制作用效应研究中，分别检验了应收和预付账款占比、持有金融资产占比、长期股权投资占比、在建工程占比、担保交易占比、关联交易占比和政府政策这些具体业务关系网络指标与内部控制的关系，证明它们对内部控制具有影响作用；同时也利用合成指标其他业务关系紧密度进行了实证检验。研究结果表明，应收和预付账款占比、持有金融资产占比、长期股权投资占比、在建工程占比、担保交易占比、关联交易占比和政府政策均会对企业内部控制质量产生影响。而且其他业务关系紧密度对企业内部控制质量的影响呈现倒"U"型关系，即适中的业务关系紧密度能够促进企业内部控制质量，反之，较高的其他业务关系紧密度水平则会弱化企业内部控制体系，降低内部控制质量。

需要强调的是，本部分研究中，对于应收和预付账款占比、持有金融资产占比、长期股权投资占比、在建工程占比、担保交易占比、关联交易占比和政府政策与内部控制关系的检验重点不在于影响的正负关系，而是在于探讨它们是否会影响企业的内部控制质量。由于企业对于自身经营业务模块的侧重有所不同，所以通过本研究旨在强调基本的业务活动会影响内部控制质量，企业在经营活动中要结合企业发展实际，有所突出和侧重，注重业务活动可能会出现的风险点，并加强内部控制对于企业业务活动的有效管理与风险把控，以此实现企业经济活动的高质量发展，提升企业竞争力。

（3）企业国际化使得企业经营的内外部环境发生了变化。企业实施国际化需要面对海外目的地的政治环境、经济政策、法律规范，企业外部经营环境发生了变化，而且企业将业务扩展到了海外，也增加了海外业务伙伴。面对不同于本土企业的习俗文化、消费习惯、做事方式等，企业与海外业务伙伴之间的业务关系不会完全与本土化伙伴相同，因此企业的业务关系网络发生了变化。这些都会增加企业的风险因素，导致经营风险和财务风险增加，并进而影响企业内部控制的有效性。本部分的研究确实证明，提高国际化程度会提高企业的风险承担水平，也会使一段时间内企业的内部控制质量下降。研究也发现，信息透明度是企业国际化对内部控制质量产生作用的中介变量之一。企业国际化程度的提高会改善信息透明度，使过去被隐藏的缺陷得以暴露或披露，因此企业追求和实施国际化战略的同时要重视自身内部控制建设，根据国际化需要及时提高自身内部控制能力，实时调整和建设能够适应国际化程度变化的内部控制体系，使内部控制对企业发展真正起到保驾护航作用。同时，也要分析和研究海外业务伙伴关系，及时防范和化解业务关系网络变化对企业带来的风险。

第六章

业务关系网络中内部控制缺陷的扩散

现有对内部控制缺陷的界定都局限于一个企业内部，按照现有定义，企业内部控制缺陷一定与企业自身相关，与其他外部企业内部控制缺陷无关，但是现实中的企业案例让我们看到，存在业务关系的企业之间内部控制缺陷是存在传染性的。现有对内部控制缺陷界定局限于一个企业内部的做法是一种比较狭隘的视角。企业业务关系网络中由于企业和企业之间存在商业活动的关联，一个企业的内部控制缺陷可能会经由商业活动输入到其他企业，即内部控制缺陷存在传染的可能。这种传染存在进一步造成内部控制缺陷在业务关系网络中扩散的可能。按照风险传染和扩散理论，任何外部组织均可能会将其内部控制缺陷传染至其他组织，差别只是受到传染的组织受输入型内控缺陷影响的严重程度的高低。因此，忽视内部控制缺陷的传染与扩散，将对企业构建全面的内部控制体系非常不利。

第一节　内部控制缺陷扩散的机理

分析企业内部控制缺陷扩散机理之前，需要先明确风险的传染和扩散。现代医学上所说的传染是指病原体从有病的生物体侵入别的生物体，使生物体产生病理反应；或者指因为接触而使情绪、感情、风气等受影响，发生类似变化的现象。按照医学传染理论，传染涉及传染源、传播途径和易感人群等。不同疾病作为不同传染源，其传播途径和易感人群存在差异。而能源互联网信息物理系统的信息空间风险通过信息设备实现了跨空间交互，也可能造成风险在信息空间的扩散，并随着关键节点风险积聚，故障在物理空间内传递（李存斌等，2019）。

经济管理中的风险传染关注了风险在不同主体间的传递。现有文献中关于风险传染方面的研究根据内容大致可以分为三类，即宏观金融体系内的风险溢出、微观企业间的风险传染和金融行业（或机构）与实体行业（或企业）之间风险影响。

宏观金融体系内，由于不同国家和地区、同一国家不同类型的金融市场之间都存在相互联系、相互作用。一个市场受到冲击，其他市场的金融资产价格会受联结效应影响发生波动，导致风险在金融体系内传播。金融危机传染就是风险在金融市场之间传染的典型体现。其中，金融危机的传染机制和渠道是金融危机传染研究的重点，研究显示，关于传染机制主要有两类观点：一是由经济基本面相互联系形成的传染机制，认为金融危机主要经由贸易渠道和金融渠道造成扩散。经济全球化条件下，国际贸易渠道是最基本的金融危机传染渠道，金融危机发生国的贸易需求下降、货币贬值等因素会影响贸易伙伴国的经济基本面，最终使得贸易伙伴国成为危机传染的受害者。而当某国出现金融危机时国际投资者会从该国和其他类似经济体国家中撤资、跨国银行会在全球范围内收缩贷款等，这就使即使贸易联系薄弱的国家之间也会发生金融危机传染现象。二是由投资者行为导致的传染机制，认为投资者在金融危机发生时风险厌恶程度增加，投资组合的重新配置会导致资产价格在别国发生波动，金融危机实现国家间传染。学者们研究也发现，金融危机的传导、银行系统内风险传染、银行市场风险对保险市场的影响、债券市场与股票市场之间的风险传染等在机制上存在差异。庞晓波等（2015）基于流行病传染研究的基本框架，划分金融危机的传染源、传染途径、易感群体和危机免疫四方面分析了金融危机传染研究的现状。

微观企业之间也存在风险传染，其主要经由企业间商业信贷关系（Boissay，2006）、互保联保的担保关系（刘海明等，2016；徐攀和于雪，2018）和企业集团内部子公司之间财务和经营关系传播（纳鹏杰等，

2017；李丽和周宗放，2015）。公司的财务困境也会在供应链中向其他企业传染（Kolay et al.，2013）。不同企业主体风险传染机制也存在差异。比如李存斌等（2013）把一个项目发生问题的因素定义为风险元，将逐级递推的影响定义为风险元传递，构建了由企业应用面、项目链类型面、风险元传递路线面和风险元传递方法面构成的四维企业项目链风险元传递模型。

金融行业（或机构）与实体行业（或企业）之间风险同样存在传染性，邱等（Chiu et al.，2014）利用美国 2001～2011 数据检验发现金融业对工业和服务业存在风险溢出效应；刘向丽和顾舒婷（2014）分析了我国房地产市场对金融系统存在的风险溢出问题，皮克和罗森格伦（Peek and Rosengren，2005）提出僵尸企业的快速退出将导致金融机构涌现大量不良贷款，通过金融机构的传导机制可能诱发信贷风险。现有文献中实体企业对金融机构风险溢出研究较少，相关研究主要集中在企业融资结构对金融机构风险的影响方面。巴蒂斯顿等（Battiston et al.，2012）发现，在信用互联网络中每个代理人同时是借款人和贷款人，一旦一个代理人的某些交易对手违约，它所遭受的损失相当于它对这些交易对手的总风险敞口，因此，债务杠杆越高债务违约信用风险越大，对金融市场风险溢出效应越强；加蒂等（Gatti et al.，2006）发现银行和企业的信贷供给选择存在联动效应，一家公司破产会使银行减少对其他公司的贷款，这会导致企业间商业信贷规模缩减，从而加大下游企业破产的风险（Gatti et al.，2009）。

传染是扩散的基础，扩散理论最早起源于 19 世纪欧洲，扩散研究伴随着欧洲社会科学的兴起而出现。扩散理论创始人之 的法国人加布里埃尔·塔尔德（Gabriel Tarde）提出创新的扩散是解释人类行为改变的最基本要素①。扩散可以分类为很多不同种类，其需要和状态大不相同。有些扩散需要介质，而有些则需要能量。因此不能将不同种类的扩散一概而论。有生物学扩散、化学扩散、物理学扩散等。目前并没有完全成熟的扩

---

① ［美］埃弗雷特·罗杰斯（E. M. Rogers）. 创新扩散（Diffusion of Innovation）［M］. 5 版. 北京：电子工业出版社，2019：44.

散理论。研究人员对大气污染、液体渗漏、气体泄漏、核扩散、创新扩散等现象进行了初步研究。

按照埃弗雷特·罗杰斯的观点，创新扩散过程中存在四个关键元素：创新、传播渠道、时间和社会系统（Rogers，2019）。布莱克曼（Blackman，1974）、谢里夫和卡比尔（Sharif and Kabir，1976）采用技术替代框架解释创新扩散，认为一项创新典型地替换一个现存产品、服务或者技术，替换过程的动力机制同时由扩散率和扩散曲线形状决定。

本研究借鉴罗杰斯的观点，考虑医学上传染病扩散的理论，基于研究的范围是企业业务关系网络，以及内部控制缺陷的特点，认为业务关系网络中内部控制缺陷扩散包含以下要素：传染源（Infectious Agent，A）、扩散途径（Diffusion Route，R）、扩散载体（Diffusion Carrier，C）、扩散条件（Diffusion Conditions，C）和扩散后果（Diffusion Consequences，C）。

$$Y = F(A, R, C, C, C)$$

其中，传染源是指业务关系网络中存在内部控制缺陷的组织；扩散途径是指业务关系网络中传染源的内部控制缺陷从一个组织输入到另一个组织经过的路径，主要包括物流、资金流、技术流、信息流和人员流等；扩散载体是指业务关系网络中承载传染源的内部控制缺陷，将其从一个组织输入到另一个组织的事物，包括但不限于各种材料和产品、各种形式的资金、核心人员、各类信息、各种相关技术等。扩散条件是指业务关系网络中传染源的内部控制缺陷从一个组织输入到另一个组织需要满足的因素和条件。扩散后果是指业务关系网络中由于内部控制缺陷扩散，一个组织被传染了缺陷后的结果和表现。

一、业务关系网络中内部控制缺陷的扩散途径

梳理企业经营管理过程，我们认为除了外部环境因素外，企业业务关系网络中一个组织的内部控制缺陷可能通过日常经营活动、投融资活动和其他活动三大类业务途径输入到其他企业。其中，日常经营类活动主要包括采购、销售、业务外包、在建工程等业务，投融资类活动主要包括持有金融资产、长期股权投资、融资租赁、出租资产等业务，其他类活动主要

包括担保业务、关联方交易、政府的政策行为，以及其他一些外部要素等。这三大类活动中又可能细分为物流、资金流、技术流、信息流和人员流等具体扩散途径。如图 6 - 1 所示。

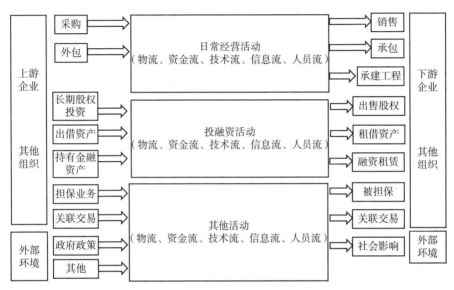

图 6 - 1　内控缺陷扩散的主要途径

我们以制造业为例进行说明。制造业是利用包括物料、能源、设备、工具、资金、技术、信息和人力等在内的制造资源，通过一定的加工过程，将上述制造资源转化为可供人们使用和利用的产品的行业。制造业的产品既包括各类通用专用设备、汽车、铁路、船舶、航空航天、仪器仪表、电气机械和器材、计算机、通信等大型工具，也包括金属冶炼、橡胶塑料、石油化工、木材、造纸、皮毛等工业品，以及医药、家具、食品饮料烟酒、纺织服装鞋帽、文教工美体育和娱乐用品等生活消费产品。根据生产中使用的物质形态，制造业可以划分为离散制造业和流程制造业。无论是离散型制造，还是流程型制造，从流程角度分析，制造业企业的日常生产经营过程都是由供应、生产、销售三个环节构成，并可以将其非常清晰地进一步细分为产品设计、原料采购、加工制造、组装、仓储运输、产品批发零售等环节。

对制造业企业来说，供应商和客户与企业日常经营活动密切相关，供应商和企业之间存在采购业务关系，客户和企业之间存在销售业务关系，采购业务和销售业务是制造业企业最基本的日常业务活动。因此，供应商、客户和企业三者共同构成了企业最基础的业务关系网络——供应链。除此之外，企业在经营管理过程中通过交易和业务往来，企业与外部的其他各种相关主体也建立起经济业务关系，如出租出售资产、担保业务、业务外包、长期股权资产投资等，企业与上述组织之间形成了一个包括供应链在内的业务关系网络。在企业的业务关系网络中联系程度最密切的是与上游供应商和下游客户之间的关系。除此之外，任何一个业务关系网络都是建立在一定环境下的，环境因素本身可能成为影响企业的，导致其产生缺陷的途径，如外部的舆论信息传播、政府政策实施等。

按照金融危机传染、风险传染和扩散理论，内部控制缺陷亦能在企业间相互传染，从而形成内部控制缺陷的扩散现象。比如传染源公司（A）的内部控制存在缺陷，导致生产经营、投资筹资等经济活动存在风险，最终出现公司欠款、亏损、破产等危机情形。类似于第一类金融危机传染机制的贸易渠道和资金渠道，A公司会通过业务关系网络等的关联路径将自身危机传染至交易伙伴公司（B），A公司也可能通过银行、证券市场等资金路径将自身危机传染至有资本联系的公司（B）。同样类似于第二类金融危机传染机制，投资者会重新审视自身投资的公司（B）内部控制情况，投资者也会调整自身投资组合导致其他公司（B）资产价格波动，从而将传染源公司的危机传染至其他公司C。如果B公司内部控制体系全面有效，即内部控制设计和运行正常有效，则A公司危机不会造成B公司出现危机，于是B公司也不会出现内部控制缺陷。如果B公司本身内部控制体系存在缺陷，B公司的控制体系无法全部抵御A公司危机，就会使A公司危机进入B公司内部，造成B公司出现危机，该危机又会进一步加大B公司内部控制缺陷的严重程度，最终呈现出A公司的内部控制缺陷扩散至B公司的结果。如图6-2所示。

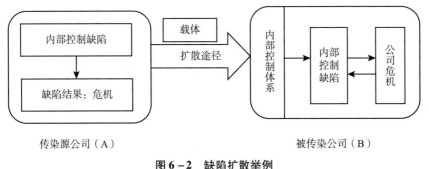

图6-2　缺陷扩散举例

二、业务关系网络中内部控制缺陷的扩散载体

扩散载体是业务关系网络中将传染源的内部控制缺陷从一个组织输入到另一个组织的承载物。企业业务关系网络中内部控制缺陷的扩散载体包括但不限于各种材料和产品、各种形式的资金、核心人员、各类相关信息、各种相关技术等。

（一）物资资源载体

广义上企业管理中可以将与生产有关的所有物品，如机器设备、土地、建筑物、原材料、辅助用品、半成品、产成品等统称为物资资源。物资资源是完成投入到产出的必要要素。业务关系网络中，物资资源作为内部控制缺陷扩散的载体直接会将缺陷传递到其他组织。比如原材料产品作为传染载体，企业重要供应商的内部控制缺陷可能造成劣质原材料，通过物流运输至下游生产企业，入库时企业可能由于各种原因，比如信赖重要供应商，而未检测出劣质原材料，导致生产企业有关入库方面的内部控制未得到有效运行，进而可能造成最终产品的不合格，使得生产企业整体内部控制存在缺陷。再比如，美国政府将华为及其附属公司列入威胁美国国家安全的"黑名单"，切断华为产品的上下游。由于华为全球供应商超过2 000家，92家核心供应商中包括英特尔、赛灵思、高通、博通、西数和新飞通等33家美国公司。因此美国制裁华为公司，造成华为损失的同时，上述公司也会受到巨大影响。这种损失的传递最直接载体来自物资资源。而外部环境中的政府政策产生的缺陷扩散单靠个别企业力量是很难规避的。

（二）资金载体

实物价值的货币表现就是资金。业务关系网络中，伴随组织之间的业务活动，物资不断地从一种形态转变成另一种形态，从一个环节进入到另一个环节；物资的价值形态也随之进行转化。从货币资金到采购物资的储备资金、未完工产品资金、在产品资金、成品资金、最后伴随产品的出售回到货币资金状态。其中，各种状态的资金又有具体形式，如应收（应付）账款、应收（应付）票据、存货资金、借款、租金等。

如 A 企业与 B 企业在购销业务中存在大量应收账款，由于 B 企业存在重大内部控制设计和运行缺陷，其资金链断裂，无法偿还货款，于是资金风险被转嫁到 A 企业，无法收回货款的 A 企业确认减值损失又对其自身利润产生大幅下跌影响，利润大幅下降使得 A 企业内部控制缺陷的严重程度增加，最终 A 企业出现了重大损失，导致内部控制出现重大缺陷。在 B 企业到 A 企业的缺陷扩散过程中，双方的购销活动中的资金流是扩散途径，应收账款是扩散的载体。

资金是业务关系网络中的内部控制缺陷扩散载体的基本部分。

（三）人员载体

人是任何企业生存发展不可缺少的要素，尤其是那些掌握着企业重要信息、核心技术、具有重要管理才能的关键人员，对企业的发展至关重要，甚至关系到企业生死存亡。因此，上述各类关键人员的流动可能造成的企业核心技术外泄、企业商业机密泄露、企业管理能力损失等成为带给企业潜在威胁的重要因素，是形成输入型内控缺陷的重要方面。

我们时而会看到企业某些掌握核心管理、核心客户、核心信息、核心技术的人员离开企业到其他业务伙伴的例子。如 2019 年 1 月网络爆出某初创游戏公司因为一个程序员恶意锁死服务器并失踪，导致这家公司倒闭，创始人为此背负百万债务的消息。人员本身的重要性最重要的原因是因为人是掌握着核心技术、商业机密、管理知识和技能等的载体，所以人员载体是业务关系网络中的内部控制缺陷扩散载体的重要部分。

（四）信息载体

当今社会信息无处不在，由于研究目的和角度不同，对信息的理解和解释也不尽相同。《辞海》将"信息"解释为收信者事先不知道的报道。信息论奠基人香农认为"信息是用来消除随机不确定性的东西"。控制论创始人维纳认为，"信息是人们在适应外部世界，并使这种适应反作用于外部世界的过程中，同外部世界进行互相交换的内容和名称"。电子和计算机科学家认为"信息是电子线路中传输的信号"。协同学创始人哈肯在香农定义基础上，进一步将信息接收者的反应考虑进来，认为"对生物系统来说，信息是生命赖以存在的至为关键的因素，而对现代社会来说，社会正常职能依赖于信息的产生、转移和加工过程"。经济和管理学家认为"信息是用于决策的有效数据"。信息是企业管理活动的基本要素和依据。业务关系网络中，伴随着业务活动，物流、资金流的流动，各种相关数据和信息也不断从一个环节进入另一个环节。在这个过程中信息可能成为内部控制缺陷扩散的载体。

比如 A 企业与 B 企业存在购销业务，B 企业是 A 企业的最大客户，A 企业销售收入的 50% 来自 B 企业。因为 B 企业与 A 企业存在业务关系，B 企业会掌握一定范围和一定程度的 A 企业的商业机密信息。由于 B 企业管理中存在重大内部控制设计和运行缺陷，B 企业的业务管理系统被攻击，重要商业信息被泄露，这些被泄露的信息中包含 A 企业的商业机密，对 A 企业造成了重大损失。于是 A 企业产生了内部控制缺陷。现实中香港汇丰银行作为华为公司的合作伙伴，由于银行内部的某些原因将华为信息泄露给美国政府，为华为公司带来重大损失和影响。

应该说，业务关系网络中组织之间由于存在业务关系，彼此之间都会或多或少掌握对方一定程度的商业机密，因此借助信息载体的危害是非常巨大和潜在的。也因此，业务关系网络中的"不可靠伙伴"问题值得关注。

信息载体不仅来自业务关系网络中的组织，还可能来自外部环境。比如 2008 年三鹿"毒奶粉"事件，由于公众听到了大量奶制品企业的产品中含有三聚氰胺，即便贝因美、飞鹤、完达山等这些未被检测出三聚氰胺的国产奶粉品牌也受到了重大影响，直接结果是当年销售收入也出现大幅下降，而且事件发生后的 10 年里在与外资品牌奶粉的竞争中依然处于劣势。

（五）技术载体

世界知识产权组织给技术下的定义是"技术是制造一种产品的系统知识，所采用的一种工艺或提供的一项服务"。这种知识可能是一种新产品、新发明及其制作规程、管理规程和服务规程等。技术通常以某种信息形式保存，如工艺流程、设计图、操作方法等，所以技术可以看成是一种特殊的信息。

技术本身的传播也需要通过一定的载体实现。早期的技术往往存在于人的大脑里，需要通过师傅带徒弟等口口相传的方式进行传播。现今技术可通过纸质的书籍、软件等传播，也可以通过电子信息实现快速传播，技术也可能以产品部件等形式进行隐性地传播。

技术作为载体，技术的传播可给企业和社会带来效益的同时，也可能将企业的缺陷一起传播给下游的企业。业务关系网络中，通过产品部件形式隐性传播的设计缺陷往往危害很大。比如刹车片生产厂的刹车片设计缺陷会传给汽车制造商，而后又传给终端用户，最后可能导致车祸；手机电池的设计缺陷会传给手机生产商，然后又传给手机用户，最后可能出现手机爆炸的事故。20 世纪末期的"千年虫"事件就是由于电脑的年份只有 2 位的设计缺陷导致，使大量的企业和终端用户不得不提前更换系统，改用具有 4 位年份的电脑系统。这些都是企业存在的各类设计缺陷导致的通过技术载体的传播和扩散。

三、业务关系网络中内部控制缺陷的扩散条件

基于事务运动的自然规律，业务关系网络中，一旦有组织存在内部控制缺陷总是有往外溢出的可能的。再加上有些存在控制缺陷的组织出于各种自身目的的考虑也存在让缺陷往外溢出的动机和需求，因此，业务关系网络中的内部控制缺陷总是存在扩散的可能的。但是，就像医学中病毒扩散有的需要气候气温条件，有的需要气温湿度条件，有的存在季节条件等一样，业务关系网络中内部控制缺陷的扩散也是有条件的。本研究将业务关系网络中内部控制缺陷扩散条件归结为三点。

（一）传染源的存在和缺陷发生时间因素

业务关系网络中缺陷扩散的第一个条件是业务关系网络中存在具有内部控制缺陷的组织，即传染源。而且该组织的内控缺陷程度非常严重，自身难以全部消化或难以实质消减。

内部控制缺陷从一个组织到其他组织的扩散，时间也是一个因素。正像医学上病毒传染性有一定时间范围一样。业务关系网络中有些缺陷的扩散及其程度也有时间的问题。比如 A 企业虽然出现了产品重大缺陷类的重大内控缺陷，但是与其存在业务关联的 B 企业此段时间正好没有进货，于是该批次的产品缺陷就不会输入到 B 企业。

（二）组织之间的联系

业务关系网络中缺陷扩散的第二个条件是网络中的两个组织之间一定存在联系，包括直接联系和间接联系。只要存在联系，缺陷就存在扩散的可能。但是，组织之间的联系只是提供了客观条件，如果原本有联系，主动地割裂了联系，或者将传染源剥离，也会阻止住输入型缺陷，或者降低输入型缺陷的影响程度，避免缺陷的扩散。

（三）组织的缺陷防控体系存在漏洞或者缺失、不完善

如果一个人身体强壮，或者之前感染过该病毒并已痊愈，或者他已经接种了该病毒的防疫疫苗，于是他对该传染病病毒具有了一定免疫力或持久免疫力，当这种病毒在人群中传播时，他就不会或者不易被传染，那么该病毒就不会扩散到他，也不会经由他扩散。同样如此，企业业务关系网络中内部控制缺陷的扩散也会受组织缺陷防控能力影响。假设组织 A 和组织 B 存在直接业务联系，A 出现了重大内部控制缺陷，而 B 有完善的内部控制体系，对内部控制缺陷具有很强的防控能力。那么 A 的控制缺陷可能就输入不到 B，或者即使该缺陷输入到 B 了，B 本身通过一系列控制措施消减了该缺陷的影响，降低了缺陷造成的损失，于是 B 本身仅出现了一般程度的缺陷，这样也可以避免缺陷的进一步扩散。

比如，A 企业是汽车轮胎制造企业，B 企业作为汽车制造企业从 A 企业采购了轮胎用在汽车上，C、D 都是购买了 B 企业生产的汽车的客户。A 企业由于核心技术人员 60% 离职或者制造工艺及生产管理出现漏洞等原因导致技术力量下降、管理混乱，其最新制造的汽车轮胎质量不稳定，导致部分轮胎存在缺陷，耐磨期不达标，轮胎寿命下降；B 企业按照之前与 A 企业达成的协议和一直采用的有效的采购产品检测检验标准，对从 A 企业采购的轮胎进行抽检没有发现问题，继续采购了 A 企业的轮胎安装在本企业制造的汽车上。恰巧客户 C、客户 D 都买了安装有 A 企业制造的存在耐磨性缺陷的轮胎，客户 C 使用汽车很精心，按时进行汽车维护保养，发现的小问题都及时进行了维修；而客户 D 使用汽车很粗心，过度磨损某个部位导致车辆爆胎，造成了人身损失，企业对客户 D 做出了大额赔偿。

组织的缺陷防控体系存在漏洞、缺失或者不完善，不仅会降低组织防范输入型内控缺陷的能力，而且还增加了内生型缺陷的发生概率。因此，一旦此时业务关系网络中有伙伴企业出现重大缺陷，有可能输入到企业，与企业自身缺陷形成叠加效应，对企业经营形成雪上加霜之势。比如由于自身安全管理不当，主生产车间出现了爆炸造成了大量损失，需要巨额赔偿，此时一旦客户由于重大缺陷又使企业的巨额货款无法收回，那么企业可能会因为这种内外叠加影响面临生死考验。

四、业务关系网络中内部控制缺陷的扩散后果

扩散后果是业务关系网络中由于内部控制缺陷的扩散，一个组织被传染了缺陷后的结果和表现。它反映了一个组织内部控制缺陷扩散后造成的影响。如果我们从结构和功能视角认识内部控制，那么内部控制缺陷可以看成是一个组织管理上的功能或结构漏洞、缺失、弱点，是与一个组织的正常结构和功能的偏离。从前面汽车轮胎制造企业由于自身缺陷，将存在缺陷的轮胎销售给客户最终导致部分客户出现重大损失的例子可以看到，内部控制缺陷被扩散后，其后果不仅存在严重和轻微的不同情况，而且扩散结果还存在爆发期和潜伏期的问题，以及被输入了缺陷也不意味着一定爆发，也就是内控缺陷也有爆发条件的问题，另外内部控制缺陷扩散结果还存在显性和隐性（无明显症状）两类可能的表现。

因此，业务关系网络中组织的内控缺陷扩散后，有的后果轻微，对被传染的对象影响很小，甚至没有明显的影响表现；有的后果可能非常严重，不仅会对财产、经济造成损失，还可能危及人的健康和生命，对社会心理造成严重冲击甚至会引起政治后果。

（1）企业层面。业务关系网络中组织的内控缺陷扩散后，对企业可能产生的后果是供应链断裂、遭受经济损失、承担法律后果等。

（2）个人层面。业务关系网络中组织的内控缺陷扩散后，对员工个人可能产生的后果是失去工作岗位、遭受经济损失、生命和健康受到威胁。

（3）社会层面。业务关系网络中组织的内控缺陷扩散后，对社会可能产生的后果包括社会经济受到影响、社会心理遭受严重冲击、政治后果等。

我们以两个案例对上述分析进行说明。

例6-1 美国波音737MAX机动特性增强系统（MCAS）设计缺陷的扩散后果

波音737MAX的机动特性增强系统（MCAS）的设计缺陷扩散的后果导致2018年10月至2019年3月的5个月接连两次波音737MAX坠机事故，致346人丧生；全球所有波音737MAX的运营商停飞该型飞机并提出巨额索赔，波音也宣布2020年起暂停生产该型飞机，有分析估计波音或因此损失将超4 600亿美元，影响美国GDP 0.2个百分点以上；同时对航空公司和乘客的心理造成冲击，影响了波音的品牌形象，影响其他机型的销售，该公司在2019年前11个月交付的飞机数量不到去年同期的一半。据《人民日报》2019年12月21日报道①，波音公司将于2020年1月暂停737MAX系列客机的生产。波音737MAX在全球有约900个供应商，因此波音737MAX的设计缺陷扩散事件给社会、企业、个人造成的冲击和影响程度现在还难以全面估量。但单就其最大的零部件供应商——美国势必锐

① http://baijiahao.baidu.com/s?id=1653518498986335512&wfr=spider&for=pc.

— 179 —

航空系统公司看，其为波音737MAX系列客机生产机身、反推装置、机翼前缘和发动机舱，每年营业收入的近80%来自波音订单。该事件导致该公司经济损失巨大，而数千名员工可能被裁员。

例6-2 2008年某奶制品污染的内控缺陷大面积扩散事件

2008年某奶制品污染事件，是由一些从事鲜奶收购和销售的商贩为牟取非法利益，往原奶中添加化工原料三聚氰胺所引起的内控缺陷大面积扩散导致的极其严重的事件。事件造成约4万婴幼儿接受医院门诊治疗，1.4万余人住院治疗，死亡4人。该事件不仅造成有问题的企业或倒闭或严重亏损，其他没有问题的奶农、奶企、食品企业也大受影响，多个国家禁止了中国乳制品进口，也严重影响了其他中国制造商品的信誉。

第二节 上下游业务关系依赖程度
对内部控制缺陷的影响

一、理论分析与研究假设

企业与上下游供应商和客户凭借共同利益结成的合作联盟本质上还是松散的，会因为各自追求自身利益最大化导致彼此产生利益冲突，其中任何一方控制不利的后果都会传导到其他企业（王海林，2006）。因此，一个企业的财务危机可能会通过供应链上的经济联系影响上下游企业（Gray and Boehlje，2005）。马杜帕尔纳等（Madhuparna et al.，2016）就发现客户破产具有溢出效应，一旦某个客户面临破产，企业无论对主要客户进行重组或是将交易扩大到更健康公司都会增加企业的边际成本。如果企业不能适时调整和完善自身内部控制体系，其内部控制的抗干扰能力就会降低，内部控制出现重大或重要缺陷的概率就会增大。对于不同的供应链而言，这种影响也不相同。例如制造企业与电力企业风险双向传染，煤炭企业风险能单向传染给制造企业（Florian and Constangioara，2014；徐敏和喻冬冬，2016）。企业对大客户的依赖也可能导致特别风险，增加审计师发表非标审计意见的可能性（王亚娟等，2014；郑军等，2017）。由此可知，随着企业客户集中度的提高，企业对主要客户的依赖程度增大，大客户的财务困境、内控缺陷和其他经营风险都更可能通过业务或财务途径传导到该企业，一旦企业处理不当或自身经营存在其他问题都可能出现风险共振，内部控制出现重大和重要缺陷的概率增大。

在市场并不是强有效的情况下业务关系集中度增大的消极影响可能更容易显现。一个企业的客户群或供应商群集中程度越高，企业市场布局就会变得越狭小，企业的议价能力就越低（Noll，2005）。由于大客户或大供应商对其他客户或供应商出价具有影响作用，因此可能会导致垄断客户或供应商主导与企业的交易价格，削弱企业销售利润的情况（Lustgarten，1975）。客户的特定关系投资对企业的盈余管理具有抑制作用，即该项投资越多企业的可操纵应计利润越小（Raman and Shahrur，2008）。客户或供应商集中度低的企业，为了尽可能满足多样和分散的业务伙伴要求，企业更可能会积极改善管理，这有助于推动企业生产和销售管理的科学化、规范化、流程化水平，进而内部控制质量提高（Kim and Luo，2017）。而当客户或供应商集中程度提高时，企业需要维系的业务关系减少，出于降低自身管理成本的考虑，特定关系投资可能会下降，对企业盈余管理的抑制作用会减弱，这可能导致企业盈余管理出现上升，内部控制体系的有效性下降，内部控制出现重大或重要缺陷的可能性增大。而且，随着企业与大客户或大供应商之间长期合作关系的延续，利益纠葛逐渐增加，相关监督机制的执行可能会变得柔性化，监督作用减弱，从而导致企业内部控制质量下降，此时容易出现内部控制缺陷。

业务关系集中度提高可以造成企业对供应商或客户等业务伙伴依赖度增强，如果其供应商或客户出现风险，或者供应商或客户所在地出现风险因素，都可能将风险因素和控制缺陷传导到企业，使企业出现更严重的内部控制缺陷。近两年发生的中兴事件就是一个典型例证。2016 年 3 月，美国以中兴通讯对涉及历史出口管制违规行为的某些员工未及时扣减奖金和发出惩戒信，并在提交给美国政府的两份函件中对此做了虚假陈述为由对其实施了出口限制，致使中兴股票多日停牌交易，并支付了11.9亿美元的罚款；2018年4月美国政府再出台7年内禁止中兴通讯向美国企业购买敏感产品的"封杀"事件，中兴只得次日股票停牌，再次被迫缴纳高额罚金，并接受对方要挟条件改组董事会等才恢复运营。中兴事件的根本原因是企业自身缺少主要核心技术，作为产品核心部件的芯片等原料严重依赖供应商，作为这些供应商所属国的美国政府实施了试图阻止中国发展的战略，面临政策风险巨变情况时这些供应商必定会做出断供相关材料的选择，从而将风险传导到中兴，造成了中兴的巨大损失，内部控制出现严重缺陷。

基于上述分析，提出假设 H6 – 1：业务关系集中度越高企业内部控制出现重大或重要缺陷的可能性越大。

二、研究设计

研究选择 2008 ~ 2016 年沪深两市 A 股制造业上市公司为样本，剔除 ST、*ST 类企业和数据缺失样本后，最终客户维度获得内部控制缺陷样本 3 378 个，供应商维度获得内部控制缺陷样本 1 101 个。为了避免极端值影响，对连续变量按 1% 和 99% 进行了 Winsorize 处理，同时对部分数据进行了标准化。

内部控制缺陷 ICD 数据来源于迪博（DIB）内部控制与风险管理数据库，其他样本数据均来自国泰安数据库（CSMAR）和万德 Wind 数据库，数据处理和回归分析运用统计软件 Stata 13.1，部分数据在 Excel 2016 中进行了处理。

采用模型 6 – 1 和模型 6 – 2 分别对客户集中程度和供应商集中程度对内部控制缺陷程度的影响进行检验。

$$ICQ_{i,t} = \alpha_1 + \alpha_2 CCcentra_{i,t} + \alpha_3 Size_{i,t} + \alpha_4 Top10_{i,t} + \alpha_5 Owner_{i,t} + \alpha_6 Magsr_{i,t} +$$
$$\alpha_7 IDB_{i,t} + \alpha_8 Age_{i,t} + \alpha_9 Dualy_{i,t} + \alpha_{10} Year_t + \alpha_{11} Indus + \varepsilon \qquad 模型 6 – 1$$

$$ICD_{i,t} = \alpha_1 + \alpha_2 SCcentra_{i,t} + \alpha_3 Size_{i,t} + \alpha_4 Top10_{i,t} + \alpha_5 Owner_{i,t} + \alpha_6 Magsr_{i,t} +$$
$$\alpha_7 IDB_{i,t} + \alpha_8 Age_{i,t} + \alpha_9 Dualy_{i,t} + \alpha_{10} Year_t + \alpha_{11} Indus + \varepsilon \qquad 模型 6 – 2$$

公式中 *CCcentra* 表示客户集中度，分别用前五大客户营业收入占总营业收入的比例 *TopCR5* 和前五大客户是否过度集中 *OverCC* 衡量。

公式中 *SCcentra* 表示供应商集中度，分别用前五大供应商营业收入占总营业收入的比例 *TopSP5* 和前五大供应商是否过度集中 *OverSP* 来衡量。

模型中主要变量定义如表6-1所示。

表6-1　　　　　　　　　　　　主要变量定义

变量	变量含义	定义
ICD	内部控制缺陷	虚拟变量，公司存在重大或重要缺陷时取1，否则取0
TopCR5	前五大客户营收占比	公司 i 第 t 年前五大客户的销售收入占总收入的比重
OverCC	是否高度集中	虚拟变量，前五大客户营业收入占比≥30%取1，否则为0
CHHI5	前五大客户赫芬达尔指数	$\sum_{i=1}^{5}$（企业向前五大客户中客户 i 的销售收入$_i$/企业第 t 年的营业收入）^{2}
TopSP5	前五大供应商采购占比	公司 i 第 t 年前五大供应商采购额占总采购金额的比重
OverSP	是否高度集中	虚拟变量，前五大供应商采购额占比≥34%（均值）取1，否则为0
SHHI5	前五大供应商赫芬达尔指数	$\sum_{i=1}^{5}$（企业向前五大供应商中供应商 i 的采购额/企业第 t 年的总采购金额）^{2}
Size	公司规模	公司 i 第 t 年末总资产自然对数
Top10	股权集中度	公司 i 第 t 年前十大股东持股比例
Owner	股权性质	虚拟变量，公司 i 第 t 年实际控制人为国有取1，否则为0
Magsr	高管人员持股比例	公司 i 第 t 年管理层持股数量/总股数
IDB	独立董事比例	公司 i 第 t 年独立董事/董事会人数

续表

变量	变量含义	定义
Age	上市年龄	公司 *i* 第 *t* 年上市年龄为（*t* 年年末 – 样本公司上市日期）/365
Dualy	两职合一	哑变量，公司 *i* 第 *t* 年董事长和总经理两职合一取值为1，否则为0
Indus 和 *Year*	行业和年份	控制变量

三、实证结果分析

（一）描述性统计和相关性分析

表 6-2 数据显示，客户维度样本中内部控制缺陷均值为 0.084，说明披露缺陷的公司中披露存在重大或重要缺陷的仅占 8.4%。客户集中程度指标中，*TopCR5* 均值为 0.316，说明样本中前五大客户营收占比平均超过三成；标准差为 0.206，最小值 0.0461，最大值 0.928，说明公司之间客户集中程度差异很大。是否高度集中指标 *OverCC* 均值为 0.433，说明有43.3% 的公司客户集中度超过 30%。所有权性质变量均值 0.447，说明披露缺陷的公司中国有企业占 44.7%。股权集中度均值为 0.555，说明前十大股东持股比例平均超过一半；高管人员持股比例均值为 0.051，最小值为 0，最大值为 0.94，说明公司高管持股普遍很低，公司之间存在很大差异。

表 6-2　　　　业务关系集中度与内部控制缺陷描述性统计

变量	客户维度					供应商维度				
	样本数	均值	标准差	最小值	最大值	样本数	均值	标准差	最小值	最大值
ICD	3 378	0.084	0.277	0.000	1.000	1 101	0.135	0.342	0.000	1.000
TopCR5	3 378	0.316	0.206	0.0461	0.928					

续表

变量	客户维度					供应商维度				
	样本数	均值	标准差	最小值	最大值	样本数	均值	标准差	最小值	最大值
OverCC	3 378	0.433	0.495	0.000	1.000					
TopSP5						1 101	0.354	0.198	0.053	0.932
OverSP						1 101	0.513	0.500	0.000	1.000
Size	3 378	21.740	1.176	19.37	24.89	1 101	21.88	1.149	19.55	24.98
Top10	3 378	0.555	0.157	0.217	0.858	1 101	0.567	0.153	0.209	0.907
Owner	3 378	0.447	0.497	0.000	1.000	1 101	0.440	0.497	0.000	1.000
Magsr	3 378	0.051	0.144	0.000	0.940	1 101	0.058	0.129	0.000	0.650
IDB	3 378	0.368	0.051	0.300	0.556	1 101	0.368	0.050	0.308	0.556
Dualy	3 378	0.232	0.422	0.000	1.000	1 101	0.240	0.427	0.000	1.000
Age	3 378	10.01	6.134	1.000	22.000	1 101	13.50	6.720	1.203	24.91

供应商维度方面，内部控制缺陷均值为 0.135，说明披露缺陷的公司中披露存在重大或重要缺陷的占 13.5%，高于客户维度样本。客户集中程度指标中，*TopSP5* 均值为 0.354，说明样本中前五大供应商采购占比平均等于 35.4%；标准差为 0.198，最小值 0.053，最大值 0.932，说明公司之间供应商集中程度差异巨大。是否高度集中指标 *OverSP* 均值为 0.513，说明有 51.3% 的公司供应商集中度超过 34%。所有权性质变量均值 0.44、股权集中度均值为 0.567，与客户维度样本基本一致。高管人员持股比例均值为 0.058，最小值为 0，最大值为 0.65，说明公司高管持股普遍很低，公司之间差异较客户维度的样本小。

表 6-3 和表 6-4 所示的相关系数普遍小于 0.5，表明不存在严重的多重共线性问题。

表 6 – 3　相关系数分析 – *TopCR5*、*TopSP5*

客户维度

	ICD	*TopCR5*	*Size*	*Top10*	*Ouner*	*Magsr*	*IDB*	*Age*	*Dualy*
ICD	1								
TopCR5	0.079 ***	1							
Size	0.006	– 0.234 ***	1						
Top10	– 0.041 **	– 0.003	0.089 ***	1					
Ouner	– 0.008	– 0.011	0.346 ***	– 0.111 ***	1				
Magsr	– 0.050 ***	0.029 *	– 0.208 ***	0.200 ***	– 0.277 ***	1			
IDB	0.056 ***	0.098 ***	0.031 *	0.032 *	– 0.0140	0.075 ***	1		
Age	0.148 ***	0.028 *	0.301 ***	– 0.484 ***	0.426 ***	– 0.383 ***	0.017	1	
Dualy	0.047 ***	0.007	– 0.239 ***	– 0.046 ***	– 0.288 ***	0.208 ***	0.075 ***	– 0.145 ***	1

供应商维度

	ICD	*TopSP5*	*Size*	*Top10*	*Age*	*Ouner*	*Magsr*	*Dualy*	*IDB*
ICD	1								
TopSP5	0.072 **	1							
Size	0.013	– 0.280 ***	1						
Top10	– 0.091 ***	– 0.026	0.050 *	1					
Age	0.074 ***	0.009	0.278 ***	– 0.420 ***	1				
Ouner	0.043	– 0.056 *	0.322 ***	– 0.124 ***	0.571 ***	1			
Magsr	– 0.001	0.018	– 0.190 ***	0.151 ***	– 0.413 ***	– 0.329 ***	1		
Dualy	0.015	0.096 ***	– 0.179 ***	– 0.018	– 0.155 ***	– 0.226 ***	0.163 ***	1	
IDB	0.0150	0.025	0.038	0.021	0.016	0.021	0.011	0.075 ***	1

注：括号中的值为 t 统计值；*、**、*** 分别表示在 10%、5%、1% 水平上显著。

表6-4　相关性分析分析 - OverCC、OverSP

客户维度	ICD	OverCC	Size	Top10	Owner	Magsr	IDB	Age	Dualy
ICD	1								
OverCC	0.032*	1							
Size	0.006	-0.201***	1						
Top10	-0.041**	-0.019	0.089***	1					
Owner	-0.008	0.011	0.346***	-0.111***	1				
Magsr	-0.050***	0.031*	-0.208***	0.200***	-0.277***	1			
IDB	0.056***	0.094***	0.031*	0.032*	-0.014	0.075***	1		
Age	0.148***	0.012	0.301***	-0.484***	0.426***	-0.383***	0.017	1	
Dualy	0.047*	-0.015	-0.239***	-0.046***	-0.288***	0.208***	0.075***	-0.145***	1

供应商维度	ICD	OverSP	Size	Top10	Age	Owner	Magsr	Dualy	IDB
ICD	1								
OverSP	0.038	1							
Size	0.013	-0.238***	1						
Top10	-0.091***	0.009	0.050*	1					
Age	0.074***	-0.018	0.278***	-0.420***	1				
Owner	0.043	-0.057**	0.322***	-0.124***	0.571***	1			
Magsr	-0.001	0.049*	-0.190***	0.151***	-0.413***	-0.329***	1		
Dualy	0.015	0.109***	-0.179***	-0.018	-0.155***	-0.226***	0.163***	1	
IDB	0.015	0.022	0.038	0.021	0.016	0.021	0.011	0.075***	1

注：括号中的值为t统计值；*、**、***分别表示在10%、5%、1%水平上显著。

（二）回归结果分析

表 6 - 5 实证结果显示，前五大客户营收占比与内部控制缺陷 1% 水平上显著正相关，系数是 1.439，是否高客户集中度的指标对内部控制缺陷程度影响 5% 水平上显著正相关，系数是 0.281，表明随着前五大客户集中度增加，企业内部控制缺陷出现重大重要程度的概率增大。

表 6 - 5　　　　　　　　　　　业务关系集中度与内部控制缺陷

客户维度	模型 6 - 1		稳健性	供应商维度	模型 6 - 2		稳健性
	ICD	*ICD*	*ICD*		*ICD*	*ICD*	*ICD*
TopCR5	1.439***			*TopSP5*	0.815*		
	(4.27)				(1.79)		
OverCC		0.281**		*OverSP*		0.174	
		(1.97)				(0.93)	
CHHI5			2.444**	*SHHI5*			0.003
			(2.09)				(0.39)
Size	−0.206***	−0.257***	−0.213*	*Size*	−0.084	−0.118	−0.156
	(−2.66)	(−3.48)	(−1.88)		(−0.86)	(−1.23)	(−1.28)
Top10	0.711	0.898*	1.300*	*Top10*	−0.708	−0.650	−0.700
	(1.44)	(1.83)	(1.81)		(−1.16)	(−1.06)	(−0.78)
Owner	−0.078	−0.134	0.588**	*Owner*	0.270	0.254	−0.138
	(−0.45)	(−0.76)	(2.28)		(1.20)	(1.14)	(−0.45)
Magsr	−2.184***	−2.335***	−1.460*	*Magsr*	1.113	1.053	0.414
	(−2.70)	(−2.76)	(−1.82)		(1.43)	(1.35)	(0.38)
IDB	0.758	1.116	0.799	*IDB*	0.352	0.399	2.606
	(0.63)	(0.93)	(0.49)		(0.20)	(0.22)	(1.46)
Dualy	0.361**	0.337**	0.713***	*Dualy*	0.139	0.149	0.052
	(2.17)	(2.03)	(2.73)		(0.66)	(0.71)	(0.19)
Age	0.072***	0.081***	0.082***	*Age*	0.041**	0.044**	0.072***
	(4.98)	(5.60)	(3.92)		(2.08)	(2.26)	(2.81)
Year&Indus	控制	控制	控制	*Indus*	控制	控制	控制
_cons	1.551	2.668	−0.921	*cons*	−3.193	−2.345	−1.615
	(0.89)	(1.60)	(−0.32)		(−1.37)	(−1.03)	(−0.55)
N	3 378	3 378	1 709	*N*	1 101	1 101	794
R2_p	0.236	0.230	0.226	*R2_a*			

注：括号中的值为 t 统计值；*、**、***分别表示在 10%、5%、1% 水平上显著。

供应商维度与内部控制缺陷之间关系检验中前五大供应商采购占比与内部控制缺陷10%水平上显著正相关，系数是0.815，但是是否高供应商集中度的指标对内部控制缺陷检验不显著。

用前五大客户赫芬达尔指数进行了稳健性检验。表6-5稳健性结果表明，客户集中度提高会增大企业内部控制出现严重缺陷的概率，结论不变。前五大供应商赫芬达尔指数检验不显著，说明总体上供应商集中度对内部控制缺陷的影响关系不显著。

四、研究结论

此部分研究表明，客户集中程度提高可能会使企业内部控制弱化，进而可能导致内部控制质量下降、出现内部控制重大或重要缺陷的概率增加。

基于实证结果可知：伴随客户集中程度的提高，企业对大客户的依赖程度增加，客户的风险和缺陷通过业务活动和经济联系容易传导到企业，导致企业发生输入型缺陷，并使缺陷严重程度增加。本章的案例部分也用实例证明了这一点。

第三节　国际化对内部控制缺陷的影响

一、理论分析与研究假设

企业走向海外使自身处于国内与国外两种不同的环境中。来自市场、文化、法律规范等方面的差异，以及目的地政治的不稳定增大了企业经营环境的复杂程度；同时，国际化也使企业内部经营在规模、地理分散程度、业务边界、管理边界、信息支撑平台、员工素质、内部文化冲突等多方面发生变化，导致内部控制建设成本提高，控制目标实现难度增大。为了在复杂环境中确保实现既定战略和经营目标，企业内部对内部控制发挥保驾护航作用的需求更强烈，对内部控制体系和内部控制机制能够实时动态地适应复杂环境的能力需求更高，对全体员工的内部控制意识及各级各类管理者的内部控制能力要求更高，对内部控制建设的投入需求增大。而企业寻求海外市场的过程中内部控制改善的速度常常跟不上国际化的步伐，建立在新环境下的内部控制质量一段时间内往往落后于其国际化程度的要求。上一章的相关内容也已经证明企业国际化在一段时间内会对其内部控制质量产生不利影响。道伊尔等（Doyle et al.，2007）将是否有国外交易作为衡量经营复杂性的指标的研究也发现公司内外经营环境越复杂内部控制越容易存在重大缺陷。因此，我们认为由于消极因素的影响，伴随国际化程度的提高，企业内部控制应对复杂环境的能力可能存在跟不上国际化步伐的情况，导致内部控制缺陷严重程度升高。据此提出假设：伴随企业国际化程度提高的一段时间内，内部控制出现重大或重要缺陷的可能性加大。

二、研究设计与实证检验结果[①]

采用模型 6 - 3 对企业国际化对内部控制缺陷影响效应的假设进行检验。

$$Prob(ICD_{i,t} = 1) = f(\alpha_0 + \sum_{n=0}^{s} \delta_n FRTR_{i,t-n} + \alpha_2 Size_{i,t} + \alpha_3 Top10_{i,t} +$$
$$\alpha_4 Owner_{i,t} + \alpha_5 MAGSR_{i,t} + \alpha_6 IDB_{i,t} + \alpha_7 Age_{i,t} +$$
$$\alpha_8 Year + \alpha_9 Indus) + \varepsilon \qquad\qquad 模型 6 - 3$$

由于内部控制缺陷严重程度是定性变量，模型 6 - 3 中采用 Logit 模型，函数 $f(x) = \dfrac{e^x}{1 + e^x}$。

其他变量如表 6 - 6 所示。

表 6 - 6　　　　　　　　　　　　变量定义

变量名称	含义及计算方法
ICP	内部控制质量，取 i 公司第 t 年的迪博公司内部控制指数
ICD	内部控制缺陷，虚拟变量，以公司当年最高缺陷程度作为该年缺陷等级。i 公司第 t 年存在重要或重大缺陷取 1，存在一般缺陷取 0

---

① 王晓旭．企业国际化程度、信息透明度与内部控制关系研究——基于我国制造业的经验数据 [D]．北京：首都经济贸易大学，2018.

续表

变量名称	含义及计算方法
$FRTR_n$	国际化程度，i 企业第 $t-n$ 年在海外实现的主营业务收入占主营业务总收入的比重，n 取 0，1，2
$Size$	公司规模，i 公司第 t 年末总资产自然对数
$Top10$	股权集中度，i 公司第 t 年前十大股东持股比例
$Owner$	所有权性质，哑变量，如 i 公司第 t 年实际控制人为国有取值为 1，否则为 0
$MAGSR$	高管持股比例，i 公司第 t 年管理层持股数量与总股数比
IDB	独立董事比例，i 公司第 t 年独立董事占董事会人数的比重
Age	公司年龄，i 公司第 t 年年龄 =（第 t 年年末日期 - 公司成立日期)/365
$Year$	年份控制变量
$Indus$	行业控制变量，按照证监会 2012 年行业分类标准中制造业细分行业

2008 年我国发布了企业内部控制规范，企业开始执行统一的内部控制标准。因此内部控制缺陷数据最早是 2008 年，内部控制缺陷相关假设的检验样本选取时间为 2008 ~ 2016 年，删除缺失值后获得有效样本 1 021 个。其中 216 个样本所属的 15 个细分行业内部控制缺陷只有单一值 0，没有参与回归，因此参与检验的有效样本 805 个。国际化程度数据来源于万德数据库（Wind），其他控制变量数据来自国泰安数据库（CSMAR）和锐思数据库（RESSET），内部控制缺陷数据来自迪博内控评价信息的内控评价缺陷内容数据库。实证分析中连续变量进行了 Winsorize1% 处理。

表 6 - 7 的样本描述性统计中内部控制缺陷均值为 0.1322，说明披露缺陷的公司中披露重要和重大缺陷的公司仅占 13.22%，为很少部分；国际化程度均值 20.348、标准差 21.86，说明存在缺陷的公司 2008 ~ 2016 年间国际化程度较低，公司之间差异巨大；所有权性质变量均值 0.4721，说明披露存在缺陷的公司中国有企业占比不足一半，但是高管持股比例均值 0.0792、标准差 0.1577，说明高管持股很低且公司间差异很大。

表 6 - 7   **2008 ~ 2016 年缺陷样本描述性统计**

变量	样本量	均值	中位数	标准差	最大值	最小值
ICD	1 021	0. 1322	0. 0000	0. 3389	1. 0000	0. 0000
FRTR	1 021	20. 348	12. 020	21. 860	91. 200	0. 070
Size	1 021	21. 99	21. 862	1. 148	25. 041	19. 896
TOP10	1 021	54. 688	54. 376	15. 2653	86. 5699	19. 530
Owner	1 021	0. 472	0. 0000	0. 4995	1. 0000	0. 0000
MAGSR	1 021	0. 0792	0. 0002	0. 1577	0. 6198	0. 0000
IDB	1 021	0. 3713	0. 3333	0. 0544	0. 5714	0. 3077
Age	1 021	15. 598	15. 419	5. 547	32. 030	4. 206

研究中采用 PWCORR 方法进行相关系数分析，结果如表 6 - 8 所示。其中，国际化程度与内部控制缺陷呈正向关系且 5% 水平上显著，说明企业国际化程度的提升可能对内部控制缺陷等级变化产生影响。所有变量之间的相关系数均小于 0. 4，排除了变量间多重共线性的可能。

表 6 - 8   **2008 ~ 2016 年缺陷样本（1 021）数据相关性分析**

变量	ICD	FRTR	Size	TOP10	Owner	MAGSR	IDB	Age
ICD	1							
FRTR	0. 074 **	1						
Size	- 0. 013	- 0. 141 ***	1					
TOP10	- 0. 009	- 0. 026	0. 125 ***	1				
Owner	- 0. 056 *	- 0. 132 ***	0. 267 ***	- 0. 031	1			
MAGSR	- 0. 021	0. 020	- 0. 221 ***	0. 192 ***	- 0. 458 ***	1		
IDB	0. 074 **	- 0. 007	0. 067 **	0. 026	- 0. 012	0. 014	1	
Age	0. 150 ***	0. 036	0. 245 ***	- 0. 212 ***	0. 138 ***	- 0. 268 ***	0. 027	1

注：括号中的值为 t 统计值；*、**、*** 分别表示在 10%、5%、1% 水平上显著。

表 6 - 9 实证检验结果显示，国际化程度与内部控制缺陷在 5% 水平上

显著正相关，相关系数 0.0105，表明海外经营收入占比增加时，企业存在重大或重要缺陷的概率增大，国际化程度增加 1%，企业披露存在重大或重要缺陷的概率为 $e^{0.0105}/(1+e^{0.0105})=50.26\%$，国际化程度度数比 Odds 为 1.0105，意味着存在重大或重要缺陷的概率是存在一般缺陷概率的 1.0105 倍。企业国际化与内部控制缺陷关系的假设得到验证。

表 6 - 9　　　　　　　　　回归结果

变量	模型 6 - 3 ICD	
Z[①]	(Coef)	(Odds)
FRTR	0. 0105 ** (2. 10)	1. 0105 (2. 10)
Comtran		
Size	- 0. 3363 *** (- 2. 92)	0. 7144 (- 2. 92)
Top10	- 0. 0025 (- 0. 33)	0. 9975 (- 0. 33)
Owner	- 0. 6356 ** (- 2. 45)	0. 5296 (- 2. 45)
MAGSR	- 1. 8555 ** (- 2. 31)	0. 1564 (- 2. 31)
IDB	2. 8224 (1. 47)	16. 8174 (1. 47)
Age	0. 0584 *** (2. 82)	1. 0601 (2. 82)
Year&Indus	控制	
cons	1. 3822 (0. 49)	3. 9835 (0. 49)
N	805	
F		
R2_a	(r2_p)	0. 1652

注：括号中的值为 t 统计值；* 、** 、*** 分别表示在 10% 、5% 、1% 水平上显著。

---

① Z 的含义与计算方法同第四章。

三、研究结论

本部分研究发现，一个企业国际化程度越高，内部控制披露存在重大或重要缺陷的可能性反而越大。研究还发现内部环境和控制活动是企业内部控制缺陷的高发地，人力资源、组织机构、销售、采购、财务报告、资产管理、资金活动、工程项目和合同管理等是企业内部控制缺陷最集中的领域。企业应该更多关注国际化过程中容易产生缺陷的环节和领域，防范内部控制缺陷的发生。结合第五章的相关研究，我们还应明确，企业国际化程度的提高会改善信息透明度，使过去被隐藏的缺陷得以暴露或披露，对此企业应该积极改善内部控制，及时消除和解决暴露的问题。

第四节　内部控制缺陷扩散案例分析

因为业务关系网络中直接存在业务关系的企业之间经营活动往来密切，相互扩散传染形成的影响程度较高，且结果明显易判断，便于验证企业业务关系网络中内部控制缺陷存在扩散传染现象。企业业务关系网络中联系程度最密切的是制造业企业与其供应商和客户的关系，因此本书以制造业企业与供应商和客户的内部控制缺陷扩散传染为研究重点，站在制造业企业角度，以案例分析方法探究企业的上下游供应商和客户的内部控制缺陷如何通过一定途径、借助一定载体、采取一定方式扩散传染至企业内部，致使企业最终整体呈现出一定程度的内部控制缺陷。

一、数据采集与分析

（一）数据采集

从迪博数据库获取 2011 ~ 2016 年内部控制存在重大缺陷和重要缺陷的制造业上市公司，其中内部控制重大缺陷的制造业上市公司有 60 家，内部控制重要缺陷的制造业上市公司有 103 家。

首先，从国泰安数据库匹配获取上述上市公司对应公布的前五大供应商和客户，并剔除境外供应商和客户企业后，内部控制重大缺陷的制造业上市公司所对应的供应商和客户有 204 家，内部控制重要缺陷的制造业上市公司所对应的供应商和客户有 277 家。

其次，通过网络搜索、文献资料等查找上述 481 家供应商和客户的内部控制缺陷情况，选取供应商和客户内部控制缺陷发生时点早于企业内部控制缺陷发生时点的信息，逐一公司与供应商或客户进行缺陷信息匹配分析。

通过上述分析可以发现和证实企业业务关系网络中内部控制缺陷扩散传染现象的存在。

（二）数据分析

通过对上述样本数据分析发现，样本企业存在以下特征：

第一，存在重大或重要内部控制缺陷公司的前五大供应商或客户上市比例低。从数据看，存在重大内部控制缺陷公司的供应商或客户为上市公司的比例仅为 3.43%，而重要缺陷公司的供应商或客户为上市公司的比例是 4.69%，如图 6 - 3 所示。由于利益相关者增加、证券监管部门监管强化等原因，一般公司上市后会带来公司治理的改进效应（中山大学管理学院课题组，2008），所以上市公司的内部控制情况通常好于非上市公司。

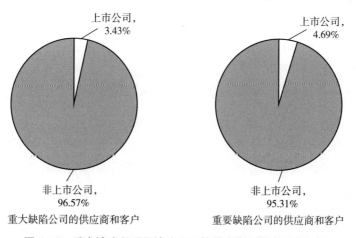

图 6 - 3　重大缺陷和重要缺陷公司的供应商和客户上市比例

前五大供应商和客户的非上市比例较高与其相关联的企业内部控制缺陷的产生之间很有可能存在一定联系，即由于企业较多与非上市供应商和客户进行经营业务往来，相比于上市供应商和客户，非上市供应商和客户很可能存在较多内部控制缺陷，在密切的经营业务中非上市供应商和客户的内部控制缺陷很可能通过业务关系网络扩散传染至企业，造成企业内部控制存在重大或重要缺陷。

第二，存在重大或重要内部控制缺陷公司的供应商或客户存在的涉及与其他企业间业务关系的问题多。计算发现，存在重要内部控制缺陷公司披露的具体单位的前五大供应商或客户样本 289 个，其中 160 个属于客户端企业，129 个属于供应商端企业。160 个客户企业中 38 家被发现存在各种问题，其中 36 家存在的问题是涉及买卖、借贷、工程、租赁的合同纠纷等法律诉讼问题，占全部问题的 94.74%；单纯属企业自己内部问题的只占 5.26%。129 个供应商企业中 21 家被发现存在各种问题，其中 20 家存在涉及买卖、借贷、工程、租赁等的合同纠纷诉讼，占全部问题的 95.2%；只有 1 家企业存在的是劳动争议问题，属单纯企业自己内部问题。但并未发现上述供应商或客户企业存在的问题构成属于严重内部控制缺陷的情况。

存在重大内部控制缺陷公司披露具体单位的前五大供应商或客户样本 204 个，其中 112 个样本属于客户端企业，92 个样本属于供应商端企业。112 个客户样本中有 4 家上市公司，其中 1 家公司在 2013 年和 2014 年均是重大缺陷公司的客户；92 个供应商样本中有 3 家上市公司，其中 1 家公司在 2014 年和 2015 年均是重大缺陷公司的供应商。客户企业样本中有 3 家企业的内部控制存在明显重大问题。上述公司存在的重大问题主要涉及生产经营困难、被司法机关立案侦查和内部控制不规范。

网络搜索内部控制重大缺陷制造业上市公司所对应的 204 家前五大供应商和客户的情况时，发现有 3 家客户存在严重的内部控制缺陷问题，如表 6-10 所示。由于其中 1 家客户（四川蓥峰实业有限公司）的内部控制缺陷发生时点滞后于对应上述企业，且经资料查询并未发现存在企业间内部控制缺陷扩散传染情形，因此将其剔除研究，着重分析剩余 2 家客户与其对应企业之间的内部控制缺陷可能存在的扩散传染情况。

表 6 - 10　　　　内控重大缺陷公司的供应商和客户情况

年份	缺陷公司名称	供应商或客户名称	业务关系	是否上市	供应商或客户存在问题
2013	川能动力	四川蓥峰实业有限公司	客户	否	2016 年生产经营困难
2014	川能动力	四川蓥峰实业有限公司	客户	否	2016 年生产经营困难
2011	XHZY 公司	XKQ 公司	客户	否	2011 年资金链断裂
2013	MHSW 公司	LHWJ 股份有限公司	客户	是	前期内部控制不规范

二、XHZY 公司与 XKQ 公司可能存在的内部控制缺陷传染

（一）案例公司经营概况

XHZY 股份有限公司（以下简称"XHZY 公司"）是我国重点骨干大型制药企业、中国制药工业 50 强、亚洲最大解热镇痛类药物生产与出口基地，以及国内重要心脑血管类、抗感染类等药物生产企业。公司是 A 股和 H 股交叉上市公司，在我国化工和医药行业具有较高的地位及影响力。2012 年 XHZY 公司被信永中和会计师事务所出具了我国证券市场上第一份否定意见内部控制审计报告，报告中指明 XHZY 公司 2011 年内部控制存在重大缺陷。一是 XHZY 公司下属子公司山东医药贸易有限公司（以下简称"医贸公司"）内部控制制度中对多头授信没有明确规定，使得在实际执行中医贸公司的三个部门分别向客户授信，客户授信总额过大；二是医贸公司对客户授信额度超出客户注册资本，并存在没有授信便发货的情况。两项内部控制重大缺陷具体表现在 XHZY 公司的经营活动和财务报表上是：

第一，2011 年 XHZY 公司对 XKQ 公司（以下简称"XKQ 公司"）及其存在的担保关系而形成大额应收款项 6 074 万元，如表 6 - 11 所示。医贸公司应收 XKQ 等五家公司 6 074 万元，并且 XKQ 公司为其余四家公司尚未支付的应收货款向医贸公司提供担保。

第二，同年 XKQ 公司经营异常，导致资金链断裂，2011 年末被公安

机关立案调查非法吸收公众资金情况，造成 XHZY 公司大额应收账款收回遇到很大困难。为此，2011 年 XHZY 公司按照 80% 比例计提应收账款坏账准备，产生的减值损失超过当年利润总额一半以上，造成当年公司净利润大幅降低。

表 6 – 11   XHZY 公司应收账款明细

单位名称	应收账款账面金额（万元）	坏账准备计提比例（%）
XKQ 公司	4 061	80
淄博华邦医药销售有限公司	980	80
山东百易美医药有限公司	400	80
山东省药材公司高新分公司	334	80
山东新宝医药有限公司	299	80
合计	6 074	

注：数据来源于 XHZY 公司 2011 年财务报表。

XKQ 公司多年来一直是 XHZY 公司的重要大客户，2009 年是 XHZY 公司的第一大客户，此后连续三年均是 XHZY 公司前五大客户之一。表 6 – 12 所示 XKQ 公司对 XHZY 公司的采购业务数据显示，2009 年至 2011 年 XKQ 公司采购额占 XHZY 公司营业收入比例均在 5% 以上，2011 年采购额占比更是高达 8.96%，接近于 XHZY 公司当年营业收入的十分之一。但分析有关 XKQ 公司的文献、案例等资料可以发现，XKQ 公司长期以来将医药作为金融产业进行运作，其主要经营模式是从上游企业赊购医药产品，再低价现销给下游企业，获得现金流入后投入期货等市场赚取收益；此外，XKQ 公司也违规开立大量承兑汇票，并以开立承兑汇票需要保证金为由，以高利息收益为诱饵，非法吸收巨额公众资金（邓越和符丹，2013）。因此，XKQ 公司高风险运营模式最终将企业拖入破产倒闭的境地，同时也给其业务关系链上游的 XHZY 公司带来了巨大损失，上述结果产生的重要原因是 XKQ 公司在内部控制方面存在严重缺陷和风险。

表 6 – 12　　　　　　　　XKQ 公司对 XHZY 公司的采购业务情况

项目	2009 年 12 月 31 日	2010 年 12 月 31 日	2011 年 12 月 31 日
营业收入（万元）	228 431	257 302	290 342
XKQ 公司采购额（万元）	18 147	11 039	14 931
XKQ 公司采购额占比（%）	7. 94	5. 36	8. 96

注：数据来源于 XHZY 公司 2011 年财务报表。

（二）案例分析

已有关于 XHZY 公司案例研究的文献大多侧重于分析 XHZY 公司内部
自身存在的内部控制缺陷，发现 XHZY 公司在控制环境、风险评估、控制
活动、信息沟通和监督等方面存在控制缺陷，聚焦于企业自身内部控制设
计和执行的有效性。但企业内部控制缺陷的产生既有内部自生因素形成的
内生型缺陷，也有外部传染因素形成的输入型缺陷。如图 6 – 4 所示，本部
分重点从三个外部传染因素的传染途径和传染载体视角，分析 XKQ 公司的
内部控制缺陷通过外部传染方式对 XHZY 公司形成的输入型内部控制缺
陷，进而导致最终 XHZY 公司整体内部控制缺陷的产生。

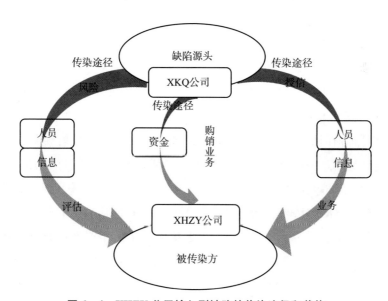

图 6 – 4　XHZY 公司输入型缺陷的传染途径和载体

第一，以资金作为传染载体，销售业务作为传染途径。XKQ 公司资金链断裂并且被公安机关立案调查，对 XHZY 公司产生最主要、最直接的影响是收回应收款项的可能性大幅降低。XKQ 公司高风险、不合规的经营模式导致其自身内部控制设计和执行存在严重缺陷，后果是 XKQ 公司在与 XHZY 公司的购销业务中无法偿还货款，进而资金风险被转嫁到 XHZY 公司，无法收回货款的 XHZY 公司确认减值损失又对其自身利润产生大幅下跌影响，利润大幅下降影响使得 XHZY 公司内部控制缺陷的严重程度突破阈值，最终呈现出 XHZY 公司整体内部控制存在重大缺陷。由此可以发现，XKQ 公司前期存在的内部控制缺陷以应收账款等资金形式作为传染载体，通过与 XHZY 公司存在的购销业务作为传染途径，将内部控制缺陷传染至 XHZY 公司，并与 XHZY 公司自身已有内部控制问题汇总合并后，其严重程度突破影响企业正常经营活动的阈值，从而使 XHZY 公司内部控制呈现出重大缺陷。

第二，以人员和信息作为传染载体，授信管理业务作为传染途径。查找网络资料显示，XKQ 公司的注册资本为 1 518 万元，而截至 2011 年 12 月 31 日医贸公司应收 XKQ 公司及其存在担保关系的款项总额为 6 074 万元，远远超过 XKQ 公司的注册资本，不符合内部控制制度中对客户授信额度不应大于客户注册资本的规定。这主要是因为 XHZY 公司没有单独的授信管理部门，仅由企业财务部和销售部分别派人进行授信管理。财务部门更加偏向于谨慎性和稳健性的原则，以降低赊销比例提高现销比例为原则，从而减少坏账风险。销售部门则更多重视业绩提升，为保有企业大客户会降低授信门槛和要求，从而间接导致对 XKQ 公司的授信额度过大和坏账准备计提不足。此外，财务部门、销售部门和授信部门信息沟通不顺畅，XHZY 公司内部多头授信情况的发生说明企业内部信息沟通是无效的，没有有效将 XKQ 公司相关信息共享，缺乏联动机制，导致销售部门和授信部门盲目扩大授信额度、财务部门没有及时计提相应坏账准备。因此，XKQ 公司内部控制缺陷以 XHZY 公司各部门人员之间目标诉求不一致和各部门之间信息沟通不顺畅为传染载体，通过 XHZY 公司对 XKQ 公司的授信管理过程为传染途径，最终使得 XHZY 公司的授信管理产生差错，将内部控制缺陷传染至 XHZY 公司。XHZY 公司为保有大客户并提升业绩，放松对 XKQ 公司的授信监管，盲目扩大授信总额，为后期 XKQ 公司无法偿还应收款而对自身带来损失埋下隐患。

第三，以人员和信息作为传染载体，风险评估作为传染途径。2011 年下半年大客户 XKQ 公司已出现资金断裂风险，但 XHZY 公司对 XKQ 公司的信息披露不是在 2011 年末，XHZY 公司直到 XKQ 公司风险事件发生才意识到风险的存在，并计提相关坏账准备，反映了 XHZY 公司风险意识的淡薄和对 XKQ 公司风险评估的薄弱。XKQ 公司从 2009 年已开始从事运作高风险的经营模式，但从表 6 - 12 可以发现 XHZY 公司在 2011 年仍然加大幅度向 XKQ 公司销售产品，说明 XHZY 公司在风险评估中存在重大失误。查阅资料显示，XHZY 公司的员工大多受教育程度不高，具有大学以上学历的员工仅占全体员工的 10% 左右。专业能力欠缺的员工在风险评估中很可能无法准确、全面、及时地收集和处理有关大客户的风险信息。此外，XHZY 公司内部信息沟通不顺畅，风险信息无法有效汇集整合，风险评估决策无法群策群力，也会影响其对 XKQ 公司风险程度的合理判断。再者，XKQ 公司自身严重的内部控制缺陷、管理层和治理层可能存在舞弊等情况也会使得其向 XHZY 公司传递的有关自身信息不真实、不准确，在信息来源上影响 XHZY 公司的风险评估决策。因此，XKQ 公司的内部控制缺陷可能以 XHZY 公司专业胜任能力欠缺的人员和获得的内外信息存在问题为传染载体，通过 XHZY 公司对 XKQ 公司的风险评估过程为传染途径，最终造成 XHZY 公司的风险评估无效，将内部控制缺陷传染至 XHZY 公司。与 XHZY 公司形成鲜明对比的是 2011 年与 XKQ 公司有业务往来的另一家公司，该公司风险评估中及时预警发现 XKQ 公司不良的经营状况，后采用现销的方式与 XKQ 公司结算货款，最终 XKQ 公司的破产倒闭并未对其造成过大的不良影响。

综上所述，XKQ 公司通过与 XHZY 公司的业务关系网络，可能以购销业务、授信管理和风险评估作为传染途径，以相应的资金、人员、信息作为传染载体，将自身已有的内部控制缺陷扩散传染至 XHZY 公司。XHZY 公司自身内部控制缺陷加上外部传染的输入型缺陷后，缺陷严重程度突破了影响企业正常经营活动的阈值，从而在 2011 年内部控制呈现出重大缺陷。

三、案例讨论与研究结论

企业内部控制缺陷的产生既有内部风险因素形成的内生型缺陷，也有外部传染因素形成的输入型缺陷。在分析企业内生型内部控制缺陷时可以从《企业内部控制基本规范》中提及的 5 个要素角度考虑，而在分析企业输入型内部控制缺陷传染时需要采取新的架构和视角。我们以 XHZY 公司与 XKQ 公司的内部控制缺陷传染案例，探究在企业业务关系网络中存在的内部控制缺陷传染现象和缺陷传染机制，提出适合输入型内部控制缺陷传染分析的步骤方法，相关结论和启示如下。

（一）输入型内部控制缺陷传染分析需确定传染双方之间的业务关系

在分析企业输入型内部控制缺陷时需要首先考虑业务关系网络中内部控制缺陷输出方和输入方之间的关系，例如本章案例是"企业与客户"业务关系。明确缺陷传染双方的业务关系是输入型内部控制缺陷传染分析的基础，传染双方业务关系的确定便于之后的传染载体与传染途径的识别和分析。"企业与客户"业务关系会涉及双方在购销业务、授信管理和风险评估等活动的相互交易和联系，除此之外"企业与供应商"业务关系也会涉及原材料物流，"企业与企业"业务关系还会涉及战略联盟、非货币资产交换、租赁等经营活动。因此只有首先明确传染双方的业务关系，才能确定传染双方间的经营活动联系，依据经营活动联系才能有效分析内部控制缺陷在双方间的传染活动和机制。

（二）输入型内部控制缺陷传染分析需从传染载体和传染途径两个角度分析

输入型内部控制缺陷传染双方的业务关系明确了双方间的经营活动联系，而经营活动联系是分析传染载体和传染途径的基础。例如本章案例确定了传染双方在购销业务、授信管理和风险评估活动上可能形成内部控制缺陷传染途径之后，依据传染途径判断内部控制缺陷会以哪种载体形式通过传染途径传染至企业。分析发现案例企业可能购销业务中以资金作为载体、授信管理和风险评估中以人员和信息作为载体。再例如若内部控制缺陷传染双方的业务关系是"企业与供应商",则根据具体情况还可能将原材料物流活动作为传染途径,原材料产品作为传染载体,企业重要供应商的内部控制缺陷可能造成劣质原材料,通过物流运输至下游生产企业,入库时企业可能由于各种原因信赖重要供应商而未检测出劣质原材料,会使得生产企业有关入库方面的内部控制未得到有效运行,进而可能造成最终产品的不合格使得生产企业整体内部控制存在缺陷。因此涉及输入型内部控制缺陷分析时,在首要确定传染双方业务关系前提下,需要根据具体情况分析寻找判断内部控制缺陷的传染途径和传染载体,才能正确深入研究输入型内部控制缺陷的传染。

(三) 传染方已有内部控制缺陷与被传染方形成的内部控制缺陷不一定相同

传染方购销业务存在内部控制缺陷并不必然导致被传染方也在购销业务中存在内部控制缺陷。例如本章案例中 XKQ 公司高风险、不合规的总体经营模式并没有导致 XHZY 公司的总体经营模式也存在重大缺陷。内部控制缺陷传染更多聚焦于传染方整体的、企业层面的内部控制缺陷传染。整体层面内部控制缺陷传染至被传染方时,基于被传染方已存在的某方面薄弱环节,形成被传染方在某方面具体形式的内部控制缺陷。例如案例中 XKQ 公司由于高风险的经营模式使其自身整体呈现出内部控制缺陷,该缺陷可能借助业务关系网络传染至 XHZY 公司,而 XHZY 公司在购销业务、授信管理和风险评估方面已存在内部控制薄弱迹象,外部输入型内部控制缺陷的传染使得 XHZY 公司在购销业务、授信管理和风险评估方面表现出内部控制缺陷。

(四) 关注被传染方输入型内部控制缺陷相关的内部控制薄弱环节

输入型内部控制缺陷在被传染方具体表现形式与被传染方已有内部控制薄弱环节相一致。输入型内部控制缺陷虽然由外部传染途径和载体传染至企业内部,但输入型内部控制缺陷在进入企业的地方应该是企业已存在内生型缺陷或内部控制薄弱的环节。即输入型内部控制缺陷在接触到被传染方内部控制薄弱环节时,具体化形成被传染方某一特定的内部控制缺陷。类似于人体得病，外部细菌传染进入人体体内之处应是人体免疫功能薄弱的地方。如本案例中，XKQ 公司的内部控制缺陷通过购销业务、授信管理和风险评估传染至 XHZY 公司时，XHZY 公司自身已存在应收账款管理不谨慎、多头授信问题、风险评估存在重大错误等内生型内部控制缺陷。如若企业自身在多个方面不存在内生型缺陷或内部控制体系完善有效，外部相应的输入型内部控制缺陷也不能传染进入企业内部。

（五）企业整体内部控制缺陷的产生和判定存在阈值

企业在日常经营活动中或多或少均会存在内部控制缺陷，因此需要关注的是内部控制缺陷严重程度的高低。当企业内部控制缺陷总体严重程度影响到企业正常的经营活动，也即是量化的内部控制总体缺陷程度突破某一阈值时，企业整体便会呈现出值得关注的内部控制缺陷，例如重大缺陷或重要缺陷。企业已存在的内生型内部控制缺陷可能不会使得企业整体上呈现出内部控制缺陷，但当输入型内部控制缺陷传染进入企业内部后，与已有内生型缺陷叠加可能导致企业整体表现出内部控制缺陷，即类似于人体在日常处于健康状态时并不能完全否定体内不存在内生型的生病之处，当外部某一病菌传染至人体体内时，已有的自身病变程度加上外部传染超过体内免疫系统承载能力时，会造成人体由健康状态转变为生病状态。该理论逻辑思路可以用于解释上市公司普遍存在以前年度没有报告存在内部控制缺陷，内部控制运行良好，但某年却出现内部控制重大缺陷或重要缺陷的情况。企业内部控制缺陷程度是逐渐积累的过程，但人为制定的内部控制缺陷类型判断标准是阶梯式分布，判定企业内部控制不存在重大或重要缺陷并不能完全肯定企业此时内部控制不存在任何程度的缺陷。

第五节　本章小结

本章分析了业务关系网络中内部控制缺陷扩散的机理，对上下游业务关系依赖程度对内部控制缺陷影响、国际化对内部控制缺陷的影响进行了实证研究，并以 XHZY 公司与 XKQ 公司为例对业务关系网络中内部控制缺陷扩散进行了案例分析。

　　业务关系网络中内部控制缺陷扩散的机理部分分析了内部控制缺陷扩散的框架。该框架中对业务关系网络中内部控制缺陷的扩散途径、内部控制缺陷的扩散载体、内部控制缺陷的扩散条件和内部控制缺陷的扩散后果进行了深入研究。

　　上下游业务关系依赖程度对内部控制缺陷影响研究表明，客户集中程度提高可能会使企业内部控制弱化，进而可能导致内部控制质量下降、出现内部控制重大或重要缺陷的概率增加。从扩散的角度看，该部分研究表明，内部控制缺陷是存在扩散可能的。此部分的实证结果提醒企业：伴随客户集中程度的提高，企业对大客户的依赖程度增加，客户的风险和缺陷通过业务活动和经济联系容易传导到企业，导致企业发生输入型缺陷，并使缺陷严重程度增加。

　　当前我国越来越多的企业走出国门开展国际化经营，企业的业务关系网络不再局限在国内，而是大量建立起了跨国、跨地区的供应链，即建立了国际化的业务关系网络。由于各国或地区在政治、经济、市场、法规体系、文化等方面的不同，跨国和跨地区业务伙伴的存在使得业务关系网络本身及其所处的外部环境变得更加复杂。因此国际化对内部控制缺陷的影响研究应该说本质上属于业务关系网络的范畴中，需要引起关注。此部分研究发现，一个企业国际化程度越高，内部控制披露存在重大或重要缺陷的可能性反而越大。而且内部环境和控制活动是企业内部控制缺陷的高发地，人力资源、组织机构、销售、采购、财务报告、资产管理、资金活动、工程项目和合同管理等是企业内部控制缺陷最集中的领域。该研究提醒企业，应该更多关注国际化过程中容易产生缺陷的环节和领域，防范内部控制缺陷的发生；同时当过去被隐藏的缺陷暴露或披露出后，应该积极改善内部控制，及时消除和解决暴露的问题。

　　本章的案例部分以 XHZY 公司与 XKQ 公司的内部控制缺陷传染说明企业业务关系网络中内部控制缺陷传染的现实存在，也从另一个角度证明研究业务关系网络中内部控制缺陷扩散的必要性和意义。

第七章

业务关系网络中内部控制缺陷防扩散

业务关系网络中企业内部控制缺陷防扩散应该建立在对企业业务关系网络中内部控制缺陷扩散全面分析基础上，防扩散的理论基础包括公司治理、内部控制、价值链管理和隔离理论。在此之上构建的企业内部控制缺陷扩散防范体系由业务关系网络风险分析、内部控制缺陷识别和状态跟踪机制、业务关系网络中输入型缺陷防范几方面组成。

第一节　内部控制缺陷防扩散研究的理论基础

一、公司治理理论

公司治理的概念是 20 世纪 90 年代被正式提出的，它是解决组织内部各利益相关者之间利益冲突的重要组织安排和制度框架，目前关于公司治理的认识并不统一。我国学者吴敬琏（1994）认为公司治理结构就是要明确划分股东、董事会、经理人员各自权力、责任和利益，从而形成三者之间的关系。布莱尔（Blair，1995）认为治理系统制定公司的基本规则，这些规则决定了谁在什么情况下拥有什么样的控制权，谁获得所创造的财富的多少份额，谁承担相关的风险。施莱弗和维什尼（Shleifer and Vishny，1997）认为公司治理是公司资金的出资方保证自身获得投资回报的方式。吉兰（Gillan，2006）认为公司治理是控制公司运作的法律、规则和因素的体系，可以将其分别按照内部治理和外部治理划分成五个方面。公司内部治理的五个方面包括董事会（含公司结构和激励措施）、管理层激励措施、资本结构、公司章程规定（含反收购措施）和内部控制制度。公司外部治理的五个方面是：第一，法律和法规，特别是联邦法律和州法律；第二，由资本市场、公司控制权市场、劳动力市场和产品市场等构成的要素市场；第三，资本市场的信息提供者，比如分析师；第四，为公司提供会计、金融和法律服务的机构；第五，外部监督的私人来源，尤其是媒体和外部诉讼。丹尼斯和麦康奈尔（Denis and Mcconnell，2003）将公司治理定义为一套以制度和市场为基础的机制，这些机制促使公司决策者做出使公司所有者（出资人）价值最大化的决策。他们认为治理机制包括内部治理机制和外部治理机制两部分，内部机制主要是董事会和公司的所有权结构，外部机制主要是可以起控制作用的外部市场和法律监管体系。罗伯特（Robert，2011）认为公司治理本质上可以看成是一种制衡机制。它能保证公司可以发现存在的问题，并通过权力制衡确保公司采取最有利于公司长期、可持续、可再生地创造价值的措施。所有权和控制权的分离是公司治理问题的根源[1]。凯文等（Kevin et al.，2013）将公司治理制度的目标确定为微观和宏观两个层面。微观上公司治理需要确保公司作为一个生产性组织在运行中追求自己的目标，良好的公司治理就是公司在追求股东价值最大化的目标中确保决策的制定和实施；宏观上公司治理就是要有效地促进国民储蓄的合理分配，以便最大限度地发挥产出效用[2]。经合组织（OECD）（2015）在G20/OECD公司治理原则的前沿中指出，"公司治理的目的是帮助建立一个信任、透明和问责制的环境，以促进长期投资、金融稳定和商业诚信，从而支持更强大的增长和更包容的社会"。

　　本研究认为公司治理包括内部治理和外部治理两方面。内部治理旨在解决企业各个利益相关主体的利益、权力和责任问题，通过对各主体权力的制约和平衡达到不同利益相关者利益的均衡；外部治理从社会整体利益

---

　　[1]　罗伯特·A. G. 蒙克斯，内尔·米诺（Robert A. G. Monks, Nell Minow）公司治理［M］. 5 版. 李维安，牛建波，等，译. 北京：中国人民大学出版社，2017：6, 96.

　　[2]　凯文·凯西，史蒂夫·汤普森，迈克·赖特（Kevin Keasey, Steve Thompson, Mike Wright）编. 公司治理：受托责任、企业与国际比较［M］. 刘霄仑，朱晓辉，译. 北京：人民邮电出版社，2013：2.

出发，监督、协调、规范和约束企业与其他外部主体之间的利益关系，进一步促进和保障相关主体利益均衡的实现。内部治理包括权力结构、权责分配、激励机制和内部控制等内容，外部治理由市场机制，法律规范体系，包括审计师、分析师、信用评估机构、投资银行、律师、媒体等在内的其他外部监督等构成。公司治理的研究和实践中，我们不仅要强调内部治理的效能，也要重视外部治理的作用，二者不可偏废。

公司治理理论是本研究构建企业业务关系网络中内部控制缺陷防扩散体系的重要理论基础，是设计内部控制缺陷防扩散体系的必要的顶层安排和出发点。

二、内部控制理论

内部控制是从内部牵制发展而来。1936年美国会计师协会发布的《注册会计师对财务报表的审查》文告中就出现了内部控制的概念，但它并没有给出明确的内部控制界定。1949年美国会计师协会的审计程序委员会在《内部控制、协调系统诸要素及其对管理部门和注册会计师的必要性》报告中对内部控制作了如下定义："内部控制是企业制定的旨在保护资产、保证会计资料可靠性和准确性，提高经营效率、推动管理部门制定的各项政策得以贯彻执行的组织计划和相互配套的各种方法和措施。" 1992年，COSO（Committee of Sponsoring Organizations of the Treadway Commission）委员会发布《内部控制——整合框架》，对内部控制概念进行了全方位阐述。2004年该委员会又发布了《企业风险管理框架》。它们在全球范围内的内部控制理论研究和应用实践中被广泛传播，是目前国际上内部控制领域影响力最大、最权威的文献之一。

2008年5月我国财政部会同证监会、审计署、银监会、保监会联合印发了《企业内部控制基本规范》，2010年4月又联合发布了《企业内部控制评价指引》《企业内部控制审计指引》和18项应用指引，形成了我国企业内部控制规范体系。根据《企业内部控制基本规范》，内部控制是"由企业董事会、监事会、经理层和全体员工实施的、旨在实现控制目标的过程。而内部控制的目标是合理保证企业经营管理合法合规、资产安全、财务报告及相关信息真实完整，提高经营效率和效果，促进企业实现发展战略"。

内部控制是企业实现管理目标的重要保障，是企业管理的重要内容，也是本研究构建企业业务关系网络中内部控制缺陷防扩散体系的重要理论依据之一。

三、价值链管理

供应链是将一系列供应商的供应商、客户的客户和物流、信息流结合在一起构成的链。供应链管理就是对这个链条的管理活动，它通过供应环节、生产环节和采购环节内的资金流、信息流和物流三者的整合，使企业能够获得采购、生产和销售的最优路线。供应链可以划分为内部供应链和外部供应链两类。前者是从进入企业（inbound）到发货离开企业（outbound）的所有物料和信息流相关的各种职能的集成，后者是与直接供应商的关系管理以及由供应商、供应商的供应商和客户、客户的客户构成的企业链的管理。因此，也可以认为供应链管理是基于满足最终客户需求而提供产品和服务的所有相关企业网络的管理。

从价值出发，站在价值创造角度，我们可以将供应链看成是价值链。因此，可以从价值链管理研究企业的供应链。价值链管理体现了集成的管理思想和方法，利用价值链管理可以"把供应链上的各个环节有机结合，支持公司整体竞争战略和目标，实现达到供应链整体效率最高"[1]。企业业务关系网络也可以看成一种价值链，链中企业是一种竞争—协作关系，它们有共同利益同时也有各自的目标；联合的同时又可能是竞争对手；某种方式下合作同时又保持各自的独立。这样一种建立在共同利益需求和不完全契约形式上的虚拟体，本身的稳定性、持续性隐含着巨大风险。因此，价值链风险管理是价值链管理的重要内容。链中企业除了面临作为一个独立组织的所有风险外，还受到与供应链有关的风险的威胁。供应链是基于价值结成的企业联盟，它从构建到解散一直面临着能否持续存在的风险；

---

① 南兆旭，方轶，李峰旗主编．哈佛模式物流管理国际通用执行标准（亚洲版）[M]．北京：中国标准出版社，2003：1011．

价值链日常运作的过程中物资经由供应链流经众多的生产流通企业到用户，产生作业流、物流、信息流、价值流，涉及运输、储存、装卸、搬运、包装、流通、加工、配送、信息处理等诸多过程，任一环节都可能出现问题，面临风险，影响其正常运作。这些风险对企业内部控制提出了重要挑战，它促使企业除了关注自身内部的风险还要关注供应链上其他伙伴的问题和风险，建立起价值链内部控制体系，避免和防范由于供应链伙伴风险溢出带给企业的威胁和损害（王海林，2007）。

价值链管理理论也是本研究分析企业业务关系网络中企业面临的风险，构建企业业务关系网络中内部控制缺陷防扩散体系的重要理论依据。

四、隔离理论

隔离是断绝接触，隔断往来。常用于医学上防止传染病病人传染他人，建立的将病人与其他人隔开的措施。根据疾病传染性大小和传播途径的不同，医学上隔离会采用传染病隔离和保护性隔离不同措施。前者是将作为传染源的传染病病人、可疑病人安置在指定地点，在一定时间内避免与其他人群接触，以缩小污染范围，减少传染病传播机会；保护性隔离是将易感人群置于保护环境中，使其免受感染的措施。

经济金融领域，风险隔离作为风险控制方法主要目的是让各经济组织单独承担风险，避免所有组织都面临同一风险。一般采用分割和复制的办法。比如，资产证券化过程中通过建立风险隔离机制，发起人将其拥有的资产合法有效地转移给受托人，形成"资产池"，与发起人的其他资产进行合法有效隔离（刘荣华，2012）；刘晓纯（2005）认为资产证券化的风险隔离机制的主要内涵是破产隔离。通过资产分隔重组，使得其与发起人的破产风险隔离，它不仅保障了投资者的预期利益，同时也会对发起银行的破产产生隔离作用；张文强和赵会玉（2008）认为风险隔离机制有效发挥作用，必须建立资产合格、SPV合格、真实销售、重组增值、管理牵制和持续的信息披露六道防线，才能形成有效的防火墙。

　　信息隔离也是金融领域的重要机制。为了防止投资银行业务部门将所掌握的发行人内幕信息由于失控被泄露给公司其他业务部门而陷入内幕交易危险，经营多种证券业务的综合性证券公司都需要建立信息隔离墙（陈勇，2011）。按照我国 2015 年发布的《证券公司信息隔离墙制度指引》的定义，信息隔离墙制度是"证券公司为控制敏感信息在相互存在利益冲突的业务之间不当流动和使用而采取的一系列措施"，并要求将信息隔离墙制度纳入公司内部控制机制。海通证券（2013）认为证券公司信息隔离墙需要"以风险为本"，在设计环节进行风险识别评估；在运行环节依据风险评估结果综合使用信息隔离墙措施；通过系统监控与人工分析识别相结合、持续合规培训督导等使隔离墙落地。信息隔离墙是自律机制。

　　信息技术领域也涉及隔离理论，比如云虚拟数据中心（VDC）中，基于可用性、保密性和完整性考虑，在由 CPU 和内存资源构成的不同资源池间进行组织分配时，为了避免允许过度分配多个组织所用池中资源导致出现一个或多个组织的服务质量下降的风险，需要制定隔离策略分配资源。

　　本研究在构建企业业务关系网络中内部控制缺陷防扩散体系时也将以隔离理论作为设计内部控制缺陷防扩散机制的依据。

第二节　内部控制缺陷扩散防范体系

　　基于内部控制缺陷扩散研究我们知道，企业的业务关系网络中内部控制缺陷是传染的，而当缺陷不能及时消除、传染不能有效控制，缺陷就会在关系网络中形成一定程度的扩散。因此，一个企业的内部控制建设不能只局限在企业自身，不能只关注企业内生的控制缺陷，还要考虑通过业务关系网络输入的缺陷，并应该进一步建立防止内部控制缺陷在业务关系网络中扩散的机制。也就是说，要有效防范企业业务关系网络中内部控制缺陷的扩散，就要建立全面的内部控制防扩散体系。

一、内部控制防扩散体系的理论框架

业务关系网络中内部控制防扩散体系的理论框架如图 7-1 所示。其中业务关系网络风险分析是基础。从关系网络角度看，每个企业都是这个网络的一个节点。它们的利益通过业务联系绑定在一起，因此业务关系网络风险是处于其中的每个企业构建内部控制控制体系的环境基础。在此基础上企业内部控制缺陷的识别和状态跟踪机制是其防扩散体系的主体。通过建立内部控制缺陷识别和状态跟踪机制，可以实现对企业内部控制缺陷全面的监控，从而实现将企业内部控制的一般缺陷解决在萌芽状态，清除重要缺陷恶化的隐患，消除重大缺陷产生的风险因素，避免重大损失发生的内部控制缺陷治理目标。构建了企业内部控制缺陷的识别和状态跟踪机制基础上，业务关系网络中企业输入型缺陷防范方法是达成内部控制缺陷防扩散目标的具体措施和制度保障。

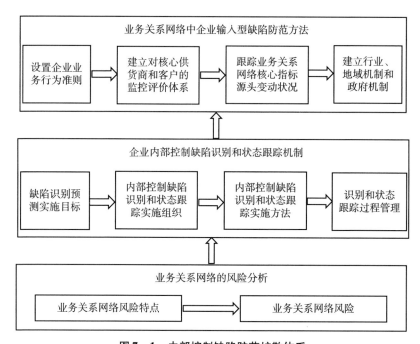

图 7-1　内部控制缺陷防范扩散体系

二、业务关系网络风险分析

企业业务关系网络是一个开放的动态系统，关系网络中的企业是一种竞争—协作关系。它们有共同利益也有各自目标，联合的同时又可能是竞争对手，合作的同时又保持各自的独立。这种建立在共同利益需求和不完全契约形式上的企业联盟，在稳定性、持续性上都隐含着巨大风险。因此，处在业务关系网络中的企业除了面临作为独立法人组织的风险外，还受到业务关系网络本身和伙伴企业风险的影响。

业务关系网络日常运作过程中，从最初的原材料到加工形成产品到达最终用户，需要经过生产、流通多个企业，经历设计、研发、加工、存储、运输配送、信息处理、资金结算等多重环节，形成了由业务流、物流、资金流、信息流、价值增值流和控制流整合的供应链。因此业务关系网络可能在网络结构、业务活动、资金活动、信息活动和管理活动等方面面临风险。与单个企业相比，业务关系网络风险具有如下特点：

第一，业务关系网络风险具有独特性。业务关系网络的风险主要来自组成关系网络的企业之间相互合作与博弈的关系。关系网络中企业作为独立的市场主体有各自不同的利益取向，相互之间因为信息不对称，或者缺乏有效协作和监督机制，在追求各自利益最大化时可能会展开激烈博弈；同时在彼此部分信息和资源共享基础上它们又存在不同程度的合作，这种竞争与合作博弈下的风险具有独特性。

第二，业务关系网络风险与企业自身风险成因不同。除了外部环境因素外，企业自身风险主要来自企业内部的管理不当，经营不善；而业务关系网络风险主要来自企业之间各自利益追求基础上的竞争合作关系。

第三，业务关系网络风险会上下传导。业务关系网络中产品从研发、生产到流通整个过程由多个节点企业共同参与，因此风险因素可能经业务流程在各个节点间传递和累积，并影响整个关系网络的风险水平。按照业务发生顺序和运作流程，整个关系网络形成了业务串行和并行交织的混合网络结构。由于各节点企业本身也存在风险，因此整个业务关系网络的风险由节点企业风险和业务关系网络本身风险构成，这些风险会顺着业务链在节点企业间传递。

第四，业务关系网络风险传导具有"牛鞭效应"。企业业务关系网络中各节点企业作为独立的法人主体，彼此之间的信息共享不完全也不充分，这会导致一个节点企业的微小问题传递到源头时可能会被放大，产生"牛鞭效应"。因此业务关系网络越复杂，中间非价值增值过程越多，"牛鞭效应"会越严重，关系网络的效率会越低下。

本研究将业务关系网络风险定位在企业缔结业务关系网络的情况下，业务关系网络及其节点企业所面临的所有与业务关系网络相关的风险。业务关系网络从构建到解散一直面临着能否持续存在的风险；业务关系网络日常运作的过程中物资经由供应链流经众多的生产流通企业到用户，产生作业流、物流、信息流、价值流，涉及运输、储存、装卸、搬运、包装、流通、加工、配送、信息处理、资金往来等诸多过程，任一环节都可能出现问题，面临风险，影响其正常运作。因此我们认为业务关系网络从构建到运作的整个过程面临的风险主要包括业务关系网络结构风险、业务关系网络中业务活动风险、业务关系网络中信息活动风险、业务关系网络管理活动风险几类。此处业务活动包括各项作业活动、财务活动和物流活动。

（一）业务关系网络结构风险

第一，业务关系网络结构变化带来的风险。业务关系网络构建的初衷是实现企业的共同利益需求，提高竞争优势，为了实现这一目标，必须进行业务流程的优化和信息共享，而一旦某个企业违背了当初的契约，或者由于竞争导致某些企业被业务关系网络淘汰出局，那么必然使其他企业受到商业秘密泄露、相关业务无法运转，甚至破产倒闭的威胁，其风险损失将是巨大的。业务关系网络解体的风险伴随着链条的建立开始一直到链条的解体，其风险程度取决于链中企业结合的紧密程度、各企业文化、相互不信任程度、对价值的认同、企业的信誉度、结合方式、链中企业彼此的依赖程度、企业能力等多种因素。

第二，业务关系网络结构的松散性、动态性风险。由于业务关系网络的松散结构，比如缺少统一的风险协调管理机构，或者即使有统一协调管理机构其管理指令没有得到各企业的切实执行，使整个业务关系网络风险分析和管理概念不统一，口径不一致，影响风险管理的效益。业务关系网络的动态性、不确定性可能使风险管理不能持续进行或前后不一致，影响风险管理的效益和效率。应该说风险分析的方法不是唯一的，风险定量分析的关键是正确，而不是精确。对业务关系网络的风险管理来说重要的是链中所有企业、企业的各个部门都应该采用同样的方法来定义风险、采用同样的标准评价风险，并保持政策的连贯性。

（二）业务关系网络中业务活动风险

第一，业务关系网络外部环境风险。外部环境风险可以划分为自然环境风险、经济环境风险、政治环境风险等。这些环境因素使业务关系网络面临巨大风险，考验着业务关系网络的风险控制能力。比如从宏观的经济波动和产业政策考虑，当业务关系网络所处的外部环境经济波动较大时，产业政策转型对某些供应链的影响就大，企业可能出现原材料短缺或产品成本上升的问题，甚至使某些供应链发生中断。

第二，业务关系网络内部风险，尤其是企业文化不一致带来的风险。企业一般都具有自己的文化，这使各企业的经营理念、制度规范、员工的职业素养、敬业精神等方面存在差异。不同的企业文化会导致对相同问题的不同看法，从而采取不同的处理手法，最后产生不同的结果，这就使不同企业处于同一流程中，企业文化以及由此引发的差异的协调成为一个管理者必须关注和解决的问题。解决不好企业文化差异必然对业务关系网络效率、效益产生不利影响，最终导致业务关系网络的破裂。

第三，网络中企业彼此过度依赖带来的风险。随着业务关系网络上企业竞争的加剧，厂家从降低建设成本的短期利益考虑，可能会大幅减少供应商数量，这样做的好处是：建设成本低，供应商关系管理费用低，维护成本低，供货也较稳定。当然供应商从保护己方利益、打击竞争对手的立场出发，也会使用各种手段促使企业减少供应商数量，结果是企业的供应越来越集中，企业对各供应商的依赖程度越来越大，甚至可能会出现某些物料独家供应的情况，此时就会存在巨大风险：一旦某个环节出现问题，整个链条就会受到影响，甚至崩溃。谷歌公司被美国政府限制向华为供货为华为公司带来的影响、美国限制其公司向中兴供货直接导致当时中兴公司停止运营就是很好的例证。

第四，业务关系网络中节点企业发展不平衡的风险。业务关系网络企业之间在企业规模、企业文化、管理水平等诸多方面都存在差异，甚至相差悬殊，导致业务关系网络本身发展并不平衡。比如弱小的企业可能没有足够的资金用于风险管理，没有条件采用新技术等，于是根据"木桶效应"原理，业务关系网络风险控制的能力取决于最薄弱的环节，因此业务关系网络企业合作本身就隐含着风险。

（三）业务关系网络中信息活动风险

如果业务关系网络规模很大，结构就会很复杂，发生信息错误的机会也随之增多，即数据完整性就较难保证。例如，如果一个销售员对销售订单输入不完整，一个企业的信息造假，必然造成对用户需求的错误理解，不知不觉中夸大或缩小了市场需求，使后续的供应商无法清楚知道真实的市场需求，因而无法合理安排生产，容易出现供应过剩或短缺，这种对市场的不确定感很容易传染给供应链上的所有成员，而且这种信息传递常常趋于膨胀化，造成错误信息的扩散，给其中企业带来信息风险。

（四）业务关系网络自身管理的风险

第一，节点企业缺乏自律。业务关系网络是一个松散的企业联盟体，虽然可以设置业务关系网络协调机构，并由该机构制定业务关系网络的目标，共同遵守的制度、规定，应该或可以达到的一些业务指标等协调方案，最大程度发挥业务关系网络的作用，并通过构建协调机制保证协调方案的执行。但我们依然要看到，协调机构并不是一个上级管理机构，其权限是有限的，它对各企业并没有直接管理权，因此协调方案是否得到落实，执行程度如何在很大程度上取决于各企业自身，这就使业务关系网络管理过程中面临着巨大的不确定性。

第二，人力资源风险。任何公司都必须利用吸引、留用和发展适当的人员去完成它的经营战略。完善的管理、领导层的能力、对员工做出的许诺和授权等都是影响公司人力资源风险评价结果的方面。如果公司忽略或不能有效实施能够使舞弊或违法行为最小化的业务关系网络过程控制，那么公司就会面临整体风险；当公司的员工不能被有效地领导，就会导致缺乏对员工的指导、对顾客的关注、对管理的信赖以及降低员工执行任务的积极性和管理的可信度，于是就会产生领导层风险；当管理者和雇员不能够互相理解彼此的工作职责、超越了被分配的职权界限或者给出了错误的激励就会产生授权风险。人力资源风险是需要引起特别关注的，因为甚至关键岗位的少数几个人的行为就会使一个繁荣的企业被毁灭，使整个业务关系网络无效和瘫痪。

第三，其他管理因素。由于各企业有自身的利益需求、各自的价值追求，因此企业间协调机制、信息和过程集成机制、标准体系等软环境成为业务关系网络能够运转的核心。

三、内部控制缺陷识别和状态跟踪机制

能够及时发现内部控制缺陷，根据缺陷程度及时施加控制，避免缺陷对企业自身造成损失的同时，进一步防范其通过关系网络向其他企业传染是内部控制缺陷防扩散的基础。为此，企业需要首先考虑建立自身的缺陷诊断和预测机制。根据内部控制缺陷诊断结果以及确定的企业重大、重要缺陷，设计和建立起包括内部控制缺陷诊断预测、状态跟踪控制机制和控制体系等在内的内部控制缺陷防扩散机制，从而防范企业内部控制缺陷危害在企业内部的进一步加深，以及向企业上下游的扩散。基于业务关系网络中缺陷防扩散研究的前述理论，我们认为该机制可以从实施目标、实施组织、实施方法几方面进行综合设计。

（一）缺陷识别预测实施目标

企业内部控制缺陷识别预测应该立足于将自动控制理论、数据挖掘技术和网络技术运用于内部控制缺陷认定，一方面利用预测控制理论建立起内部控制缺陷识别模型，利用该模型和数据挖掘技术实现对内部控制缺陷的早期预警和跟踪，并利用网络技术构建起企业内部控制缺陷的监测网络，提高内部控制缺陷认定的标准化、定量化程度和规范化水平，从而减少内部控制缺陷认定的人为因素，及时发现和解决内部控制缺陷，减少由于缺陷可能带来的严重后果。另一方面通过完善内部控制缺陷认定标准体系、完善缺陷等级分类标准和认定过程标准，可以进一步提高内部控制缺

陷认定的科学化水平。

企业建立基于信息技术的缺陷识别预测模型，比如，BP 神经网络模型完成内部控制缺陷识别预测，对企业内部控制建设的预期效果具体表现在三个方面。

第一，完善内部控制缺陷认定标准体系，提高内部控制缺陷认定科学性水平。采用层次分析法，基于规范体系和企业自身业务及管理特征，确定内部控制缺陷认定指标及其权重，建立起全面、系统、操作性强的内部控制缺陷认定指标谱系。不仅可以丰富内部控制理论，而且极大促进了内部控制规范体系的实践应用。

第二，提高内部控制缺陷认定的标准化、定量化程度和规范化水平。改进目前内部控制缺陷等级认定方法，完善缺陷等级分类标准和认定过程标准，从内部控制缺陷认定单纯依赖评价人员和注册会计师的职业素养，变成利用信息技术辅助评价人员和注册会计师，人机共同完成内部控制缺陷认定，减少由于人为因素造成的对内部控制缺陷认定的差异和不一致性。

第三，完善内部控制缺陷的识别预警机制、提高企业管理水平。基于预测控制理论、数据挖掘方法和网络技术建立的内部控制缺陷识别预测模型，一方面可以完成企业内部控制缺陷认定指标的监测、分析，有助于将内部控制缺陷隐患消除在萌芽状态；另一方面对于已经确定的内部控制缺陷，还可以用于跟踪缺陷解决状态，让管理者实时了解各种缺陷的解决状况，防止缺陷后果的蔓延。

业务关系网络中企业缺陷识别预测的目标可以包括总体目标和具体目标两方面。

1. 总体目标

缺陷预防是企业内部控制的最高境界。企业内部控制缺陷识别预测的总体目标是通过构建内部控制缺陷早期预警机制，对内部控制缺陷做出早期的识别，将缺陷消除在苗头状态，使企业内部控制缺陷始终处于可控的状态，从而保证企业的正常运营、维护企业财产安全、提高企业管理水平。

2. 具体目标

内部控制是由企业董事会、经理阶层和其他职员实施的，为实现营运的效率效果、财务报告的可靠性、相关法令的遵循性等目标而提供合理保证的过程，其根本目的是为企业实现管理目标提供合理保证。一个企业在存续期间，只要有影响管理目标实现的风险因素存在，就需要实施内部控制。因此内部控制缺陷预测是为了更好地发挥内部控制的作用。内部控制缺陷识别预测可以达到以下具体目标：

第一，完善我国企业内部控制缺陷认定指标体系。

第二，通过对企业日常活动检测，并利用构建的模型完成企业内部控制缺陷的等级识别。

第三，建立企业内部控制缺陷早期预警机制。

（二）内部控制缺陷识别和状态跟踪实施组织

内部控制缺陷识别预测模型的实施必须由一定组织机构和人员完成，实施组织是一切实施活动开展的基础。

1. 领导与管理机构

企业实施内部控制缺陷识别预测的目的是通过构建内部控制缺陷早期预警机制，对内部控制缺陷做出早期的识别，使企业内部控制缺陷始终处于可控的状态。这需要人员和组织上的保证，如图7-2所示。

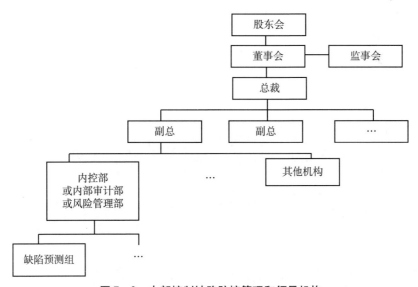

图7-2　内部控制缺陷防控管理和领导机构

　　企业内部控制缺陷防控的实施组织是企业整个组织结构中的一部分。首先要建立和完善企业法人治理结构，董事会、监事会、经理层应该职责划分明确，并能真正发挥各自应有的作用，形成有效的企业治理、监督和制约机制。在此基础上企业应该单独设立负责内部控制建设的专门机构，或者由企业内部审计机构，或者风险管理机构承担，具体负责实施企业内部控制缺陷识别预测，可以由公司的副总具体领导并总体负责相关工作。该机构要设立专门的内部控制缺陷识别预测工作组，负责日常相关工作。工作组的规模、结构和状况依特定企业的需求而定。

　　内部控制缺陷防控是企业内部控制建设的一部分，涉及所有的部门和员工，因此企业的每个成员都应明确内部控制的总目标和各自的权利和责任。

　　2. 实施组织设置

　　为了能够使识别预测结果更加真实、客观、准确、全面，并实现预测结果的规范化利用，内部控制缺陷预测具体实施组织应该在职能上独立于企业其他部门。

　　内部控制缺陷预测具体识别实施组织应该在负责人领导下，具体分为结果分析评定组、预测模型维护组、数据采集组以及指标体系维护组。图7-3给出了内部控制缺陷识别预测组织的构成。

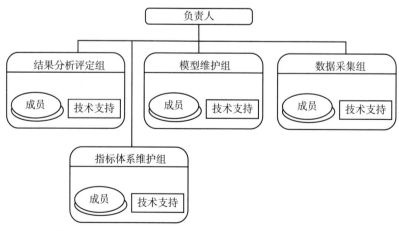

图7-3　内部控制缺陷识别预测实施组织

其中，各小组完成的职能包括以下五个方面。

第一，负责人对内部控制缺陷识别预测工作实施负总责。

第二，结果分析评定组负责内部控制缺陷预测输出结果的分析，并在此基础上确定并给出评定结论，以及最终评估报告的形成和管理。

第三，识别预测模型维护支持组负责预测模型的维护支持，包括负责设计和开发内部控制缺陷预测系统，预测系统确保预测模型的计算机程序是正确的，并根据需要进行升级、修改和完善。

第四，数据采集组负责内部控制缺陷识别预测所依据数据的采集、整理。

第五，指标体系和标准维护组的工作是内部控制缺陷识别预测的重要基础。包括：企业内部控制监测评价指标体系的设计、建立和完善；企业内部控制缺陷等级标准的确定；企业内部控制缺陷识别预测评价程序的制定；企业内部控制缺陷识别预测实施的各类人员资格标准制定；确定数据采集方法和程序。

（三）内部控制缺陷识别和状态跟踪实施方法

内部控制缺陷防控的核心是对内部控制缺陷做出早期的识别，使企业内部控制缺陷始终处于可控的状态。企业可以按照如下的步骤实施内部控制缺陷识别预测。

（1）明确企业需求。内部控制缺陷识别预测实施的第一步是要充分明确企业需求。内部控制缺陷识别预测实施需要人、财、物各方面的投入和支持，一个企业经营环境越复杂，改善内部控制的愿望越强烈，管理层对改进的支持越大，实施的目标就越容易达成。

（2）实施识别预测。以 BP 神经网络内部控制缺陷识别预测模型为例，预测的第一步是采集企业内部控制数据。即根据设计的内部控制评价指标、数据采集方法和程序采集相关数据，根据缺陷等级标准确定模型中输出信号判定数据，并对建立的 BP 神经网络内部控制缺陷识别预测模型进行初始化设置。然后应该进行 BP 神经网络模型训练，或者利用已经训练好的模型预测并输出内部控制缺陷等级数据。最后，确定缺陷等级并生成预测评价报告。确定缺陷等级主要是自身评价，即企业自己根据内部控制缺陷识别预测的等级标准进行自我评价，了解自身内部控制能力状况，以便进一步改进。

（3）识别预测结果应用。研究利用识别预测结果改善管理工作。

（4）内部控制缺陷识别和状态跟踪的过程管理。业务关系网络中，企业内部控制依然是由企业董事会、经理阶层和其他职员实施的，为实现控制目标而提供合理保证的过程，包括一系列活动和方法。业务关系网络中企业内部控制缺陷的防扩散必须以内部控制缺陷识别预测为基础，离不开缺陷识别和状态跟踪的过程管理。

业务关系网络中企业内部控制缺陷识别和状态跟踪的过程管理中规范化是核心。所谓过程管理的规范化是指企业内部控制缺陷识别预测的标准化、范式化，规范化意味着企业内部控制缺陷识别预测工作已进入相对稳定的状态。企业事前控制能力渐趋成熟，内部控制缺陷识别预测规范化的问题越发重要。规范化可以给企业内部控制缺陷识别预测带来很多方面的好处。

第一，可以将内部控制缺陷识别预测的过程透明化、强制化、标准化，从而极大提高企业按计划时间和成本开展内部控制预测的能力。

第二，可以保证预测流程、预测流程输入的文档、预测流程输出结果的格式等的一致性。

第三，可以确保它所体现的内部控制事前控制能力是属于企业的，而非属于某个人，摆脱内部控制成败过分依赖领导者个人的情况。

第四，可以降低预测工作的无序化，从而使企业管理人员、业务人员能把更多的精力放在创造性的活动上，不至于使内部控制项目陷入无序、混乱状态而处于被动局面。

第五，有助于提高内部控制缺陷识别预测结果的应用，切实改善企业管理的科学化水平。

第六，有助于提高内部控制缺陷识别预测结果应用的及时性，最大化发挥缺陷预测的效应。

需要说明的是，内部控制缺陷识别预测规范化的内容不是一成不变的，它会随着企业情况的变化、预测技术和方法的发展不断更新，会随着内部控制实践不断完善。

内部控制缺陷识别预测规范化的内容应该包括以下五个方面。

（1）管理对象：确定内部控制缺陷识别预测工作中哪些活动需要管理，明确这些活动的作用、先后次序及相互依赖关系。

（2）管理内容：规定内部控制缺陷识别预测工作的条件、内容、可采用的方法、技术以及预测工作结果。

（3）评审标准：明确内部控制缺陷识别预测结果的评价机制及相应的评价方法、技术。

（4）组织机构：明确内部控制缺陷识别预测工作所需的工作组及相应的人员配置，规定他们的职责和活动范围以及各工作组之间的相互关系。

（5）方针规程：为各工作组、人员、活动制定相应的书面的、文档化的方针规程，这些方针规程，不仅是内部控制缺陷识别预测规范化本身的内容，也是内部控制缺陷识别预测规范化的基础和保证。

（四）内部控制缺陷识别结果应用需要注意的问题

内部控制缺陷识别预测结果的应用需要重视以下三方面问题。

第一，企业内部控制缺陷识别预测需要投入一定的人力、财力、物力，内部控制缺陷识别预测结果应用越广泛、越深入越可以摊薄成本，提高投入的经济效益。如何合理、广泛地应用预测结果，如何及时认识评估和改进通过预测反映出的企业在经营管理和业务处理中的问题，是发挥预测作用的重要内容。

第二，从研究结论我们已经看到，内部控制监测的越细致、越具体，即内部控制评价指标设计得越全面，采集的原始数据反映的输入信息特征越多，预测结果与实际的吻合度越高，预测准确率越高。但是这些无疑也同时伴随着更多的监测投入，因此，企业要正确认识预测准确度，合理确定可以接受的准确度水平，在内部控制缺陷识别预测工作中也应该坚持成本效益原则。如果花费太大，效果又不十分明显，就要量力而行。毕竟不是越高的预测准确率就越好，这还要与企业的实际情况及承受能力相符合。

第三，企业内部控制缺陷识别预测及采用的预测模型不是一成不变的，应该强调连续不断的完善。因此每过一定的时间（比如一年），企业就应该重新审视相关活动。

四、业务关系网络中输入型缺陷防范方法

(一)设置企业业务行为准则

要防范通过业务链输入的内控缺陷必须建立风险管理系统,对风险实施管理。风险管理需要在明确企业可接受的风险范围(风险容忍度)的基础上,利用一定的管理工具对各种风险采取不同策略和措施。风险管理的目标有避免风险的发生(预防)、减小或消除风险损失(事中)、弥补风险损失(事后)三方面。针对风险管理的不同目标,企业风险管理应该采取不同的策略和方法。

在风险评估对风险进行定性、定量分析的基础上,要明确企业风险容忍度,也就是要对风险进行分类,找到企业风险偏好的边界。明确哪些风险企业是可以接受的,哪些风险不可以接受,哪些风险可以给企业带来新的机遇,等等。图7-4是风险幅度和发生概率高低不同情况下企业应该实施的管理策略。我们可以根据风险幅度和发生概率高低,利用坐标图把企业风险划分成四个区域:Ⅰ、Ⅲ区为中度风险区,Ⅱ区为低风险区,Ⅳ区为高风险区。

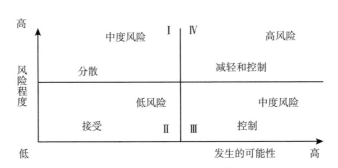

图7-4 风险程度和管理策略

要在风险分析与管理基础上确定企业各项活动的边界。换句话说,通过对企业可能面临的风险分析,对组织的各种行为确定一定的边界,即明确什么可以做,什么不可以做。

经过企业面临的风险进行识别、评价之后,根据已经确定的需要规避

的风险，要对Ⅰ、Ⅲ、Ⅳ区实施风险控制，这就需要构建风险控制标准。在控制标准中为了防范Ⅳ区的高风险应该建立起对企业行为的限制标准，或者说是最低限度，从而对寻找机会的行为加以限制。正如曾经搅动欧洲和亚洲金融市场的索洛斯所言："如果你是一个认真从事冒险的人，你要给自己定纪律。"本研究将其定义为风险行为准则。

企业之所以要构建风险行为准则，是因为除了极小的组织外，所有组织的管理人员是不可能知道所有问题，掌握所有的解决方案和了解组织成员面临的所有机会的。所以管理人员不应当明确规定组织成员应该寻找什么样的机会，而是通过规定哪些事情是不可以做的，使员工在规定的范围内发挥创造力，寻找创造价值的新途径，做到"从心所欲而不逾矩"。管理层利用这些准则，可以直接对控制的对象进行实时控制——实现前馈控制。比如在供应链采购业务中坚持实施道德采购、绿色采购、推行供应链社会责任管理，用流程制度确保产品采购符合社会责任和风险防控的要求。为此要提升企业社会责任意识和管理能力：强化社会责任管理目标、制定供应商社会责任协议、成立供应商社会责任管理部、优化流程和规范、开展社会责任培训和技能提升培训、实施社会责任数据管理，同时建立供应商社会责任管理体系，对供应商社会责任进行风险评估管理。

为了使建立的风险防控体系发挥最大效益，企业在优化公司治理结构的同时可以采用诸如矩阵式等创新管理模式，要求企业内部的各个职能部门相互配合，通过互助网络，实现对所有问题都能做出迅速反应的目标，同时避免多头管理，职责不清的问题。

（二）建立对核心供货商和客户的监控评价体系

首先，企业可以借鉴华为、英国电信、法国电信、Vodafone 等供应链风险防控好的企业的做法建立业务伙伴认证体系，通过提高业务伙伴的内部控制水平，避免业务伙伴发生严重的内部控制缺陷，减少和降低源头上输入风险的概率。比如，"华为绿色伙伴认证"计划（Huawei Green Partner, HW GP）、工程分包商管理的 EHS 协议等，这些认证标准和遵守的协议涵盖了企业应该遵守的业务领域的所有法规、指令、标准与要求。而英国电信、法国电信、Vodafone 等运营商企业也对华为等设备供应商设置了严格认证，这些认证涉及战略与规划、流程、管理体系、质量控制、人员等各个方面。

其次，对重点业务伙伴内部控制质量要进行跟踪评价。建立和实施业务伙伴认证标准后还要实时监督伙伴企业对相应标准的执行和落实情况，定期进行评估，达到对伙伴企业内部控制质量的监控。我们以华为公司为例，2010 年华为运用"社会责任风险评估工具"对全球 670 家关键供应商进行了社会责任风险评估，并重点对 178 家供应商进行了审核和跟踪改善，其中 18 家为新供应商社会责任认证，42 家为已经合作的供应商社会责任现场稽查，136 家为供应商社会责任跟踪回访，通过 SCAR 跟踪管理系统，60 家供应商的社会责任问题得到改善，社会责任风险明显降低。

最后，要求供应商同样要求自己的供应商遵守相应的规范，防范业务关系网络中风险的传染。

（三） 跟踪业务关系网络核心指标的源头变动状况

前面的研究表明，反映企业业务关系网络的客户、供应商、在建工程、应收和预付账款、出口商品、持有金融资产、长期股权投资、出租资产、担保业务、关联方交易、政府政策等对内部控制质量具有影响，这些说明通过销售、采购、国际出口、投资金融资产和股权资产、出租资产、担保、关联方交易、赊销、政府政策的变化等业务，与企业发生上述经济业务的伙伴组织的风险和缺陷有可能通过业务往来的经济联系传导到本企业。或者说，业务关系上的风险具有传染性。因此，为了及时防范传导过来的风险，企业应该跟踪重要业务伙伴的业务关系网络核心指标的变动状况，及时消除化解可能传导过来的风险。为此可以探讨与客户等合作伙伴开展供应商联合审核等机制，对合作伙伴的相应风险和控制质量做到及时掌握。

（四） 建立业务关系网络中内部控制缺陷扩散后果管理体系

从第六章对业务关系网络中内部控制缺陷的扩散后果分析中可以看到，建立业务关系网络中内部控制缺陷扩散后果管理体系应该成为防止业务关系网络中内部控制缺陷扩散的重要内容。利用扩散后果管理体系实现对业务关系网络中内部控制缺陷扩散的各种结果及其表现的分析、跟踪，是防止再次重蹈覆辙的重要步骤，是预防缺陷扩散的重要内容。

（五）建立行业机制、地域机制和政府机制

业务关系网络风险涉及的主体多，牵扯的业务面广、风险发生后影响大。单独依靠某个企业力量要达成理想目标困难很大。因此，在业务关系管理比较成熟的行业可以推动建立行业防控机制，防范业务关系网络中风险的传染和扩散。比如，定期召开企业与业务伙伴的合作研讨会，分享经验、探讨方法、共同面对挑战；对于市场化程度成熟的地区可以推动建立地域防控机制，为企业业务关系网络的运行提供一个健康的区域生态环境，而政府可以通过制定和出台相应的规范从宏观层面提供制度保障。

第三节　政　策　建　议

一、企业层面

（一）从战略高度重视业务关系网络的内控缺陷扩散问题

业务关系网络中内部控制缺陷的扩散一旦发生，对企业造成的损害轻者是财产损失，重者可能供应链断裂、巨额损失甚至破产倒闭；而从对个体人员的影响看，很可能导致企业所有者、管理者或员工失业，面临法律制裁，甚至威胁到相关人员的生命和健康安全。因此，重视业务关系网络中内部控制缺陷的扩散问题非常必要。但是我们也看到，业务关系网络中内部控制缺陷的扩散存在很强的不确定性。首先传染源组织与企业只是业务伙伴关系，彼此信息并不大量共享，合作的同时又存在竞争，而且每个企业管理、控制的水平和能力存在差异，因此传染源和可能发生输入缺陷的时间都很难事先估计和确定；另外从美国制裁华为、中兴事件看有很多因素可能属于外部环境，什么时候发生无法估计，即使发生了，企业或者业务关系网络中的合作伙伴可能也无能为力。因此，这些都增大了防控内部控制缺陷扩散的难度。但是从华为、中兴两家公司面对美国制裁做出的不同反应和产生的不同结果我们也看到，如果企业能从未来发展的战略高度重视业务关系网络的缺陷扩散问题，一定程度上能够未雨绸缪，哪怕是做出最底线的长远安排，在缺陷扩散的突发事件发生时至少能够保证最底线的生存和业务连续性不中断，而不至于立时"休克"。

（二）企业应该建立基本（或核心）业务连续性不中断保证机制

本研究认为企业业务关系网络中内部控制缺陷的扩散途径除了外部环境因素外，还包括日常经营活动、投融资活动和其他活动三大类业务途径，并沿物流、资金流、技术流、信息流和人员流的具体路径进行扩散；而内部控制缺陷扩散的载体涵盖了各种物资资源、各种形式的资金、各类核心人员、各类相关信息、各种相关技术等；内部控制缺陷可能形成点到点、链状、放射状和网状不同类型的扩散。也就是说从某个企业的角度看，业务关系网络中内部控制缺陷的扩散波及面广，涉及的要素多，可能出现的情况复杂，而且当前我国企业面对的外部经营环境的不确定性很大，这为企业防控输入型缺陷进一步增加了难度。指望企业建立比较完善的事前预测体系是不现实的，可能也是得不偿失的。因此建议企业可以考虑建立基本或者核心业务连续性不中断保证机制，即做到事前防范又不至于代价太高，以便做到最低程度的防范。

（三）构建基础（或核心）供货商和客户的监控评价体系并实施重点和实时监控

第一，如前所述，企业可以借鉴华为等供应链风险防控好的企业的做法建立业务伙伴认证体系，通过提高业务伙伴的内部控制水平，避免业务伙伴发生严重的内部控制缺陷，减少和降低源头上输入风险的概率。

第二，对重点业务伙伴内部控制质量要进行跟踪评价。建立和实施业务伙伴认证标准后还要实时监督业务伙伴企业对相应标准的执行和落实情况，定期进行评估，达到对伙伴企业内部控制质量的监控。

（四）建立经营环境、传染源定期分析机制和扩散后果管理体系

从 2019 年美国对中国几十家公司制裁看，目前我国企业尤其是技术性企业的外部经营环境对企业发展不是很有利。当前我国企业面临着走出国门进行跨国经营的国际化机遇和外部环境对中国企业"戒备心"增强的双重影响。如何抓住机遇，适应国际化环境要求，在不稳定的环境中谋求发展是摆在企业面前的难题。为了防范业务关系网络中内部控制缺陷输入，企业应建立经营环境、传染源定期分析机制，及时了解分析所在国（或地区）政治、政策、市场、文化、法律法规、技术标准等的变动，各相关业务伙伴的经营状况变化情况等，以便能够实时把控经营环境的风险因素，尽早掌握可能的传染源，对可能发生的情况尽量做到一定程度的有准备。

同时，还应该基于企业自身与各伙伴企业的业务性质和内容建立缺陷扩散后果管理体系，对不同输入型内控缺陷一旦形成可能产生的后果、自身能够承担的后果严重程度进行事前分析，对已经发生了的输入型缺陷后果进行跟踪管理。

（五）企业内部控制评价的标准是多样的、不统一的，也不是一成不变的

一个企业内部控制质量高低并没有一个简单的、统一的、固定不变的评判标准。即使是针对同一个企业，评价指标的设计和评价标准的确定也不是唯一的。比如，以评价内部控制是否有效来说，按照 COSO 观点，一个有效的内部控制系统"可以为主体目标实现提供合理保证，并将影响主体实现目标的风险降低到可接受的水平"。也就是说，可以通过评价是否为企业目标达成提供了合理保证和将风险降到了可接受水平来评价企业内部控制的有效性。那么如何界定合理保证？哪些指标可以代表它？不同的企业显然有不同的标准，同一个企业在发展变化中这个标准也需要不断调整。更进一步，如果我们从企业是否存在内部控制重大缺陷反过来评价其内部控制是否失效，也会面临着判定企业是否存在重大缺陷的依据不同，不同企业重大缺陷界定标准有异，评判主体不同会产生评价结果不一致的问题。比如，本书给出的 BP 神经网络缺陷识别模型是基于我国 93 家上市公司样本，利用 BP 神经网络技术方法建立的一个理论模型。其在具体使用时，还要根据企业设计的内部控制评价指标体系、内部控制缺陷等级标准进行部分调整。因此，理论和实践如何相结合是摆在企业面前的重要课

题。如何帮助企业相关人员认识内部控制缺陷识别模型的理论内核，向他们提供有关的基础知识与信息，帮助他们解决实施中遇到的问题也是理论模型能够成功用于实践，发挥理论模型效用的关键因素。

（六）注意输入型内控缺陷与内生型内控缺陷难以明确分开的问题

企业内部控制缺陷程度是各种因素作用结果的综合表现。企业日常运作中实际上无法按照内部控制缺陷的影响结果，将内部控制缺陷清晰按照输入型内控缺陷和内生型内控缺陷分离开。我们可以验证企业上下游的业务关系可以将风险和缺陷传导到企业，上下游业务关系依赖程度、国际化对企业内部控制缺陷具有影响；也从来源上分析了输入型内控缺陷的类型，给出了内控缺陷扩散的途径、载体、条件，以及缺陷扩散后的结果表现；还用构建的 BP 神经网络缺陷识别模型模拟了单变量、双变量与输入型缺陷形成相关的指标变化对企业内控缺陷的动态影响。但是无法准确计量企业内部控制缺陷输入传导过来的程度是多大，自身内生型缺陷的程度是多高。

二、政府层面

（一）推动建立企业内部控制缺陷防扩散的行业和地区机制、国家层面的制度规范和审计

美国波音 737MAX 飞机设计缺陷扩散的案例和 2008 年三鹿集团奶制品污染的内控缺陷扩散案例告诉我们，有些企业的内部控制缺陷扩散事件如果不能及时控制、化解和消减，有可能演变成局部或整体的社会事件、政治事件，造成的后果是相当严重和惨痛的。而这些内部控制缺陷扩散事件已经超出了某个或某几个企业的作用范围，单凭个别企业可能难以解决和控制。因此需要政府保持一定的敏感性，在一定程度上进行协调、统筹和治理。比如推动建立防范企业内部控制缺陷扩散的预报机制、行业防控机制、地区防控机制；制定和出台相应的规范从国家宏观层面提供制度保障；对国有企业实施审计时适当增加关注相应方面的内容；等等。也就是从宏观层面要进行重大内部控制缺陷扩散的防范考虑。

（二）建立重大内部控制缺陷扩散事件后果社会管理和跟踪体系

对于内部控制缺陷扩散造成重大后果的事件的社会管理可从短期和长期两个角度考虑。

从短期角度进行的处置是一种应急处置，包括政府管理部门和应急部门对受损害企业和个人的及时救助、切断内控缺陷的扩散途径、责成责任主体的产品召回等，通过行政手段对相关管理人员进行问责、通过法律手段处分相关责任人等。

从长期角度进行的处置是一种防范类似的内控缺陷扩散的长效机制，政府相关管理部门应建立重大内部控制缺陷扩散事件的回溯机制，针对每一起重大事故，管理部门可责成缺陷扩散的各责任主体层层回溯，深入分析缺陷扩散的过程中可能的管理问题、法律问题、教育问题等，重点是找出根本原因，进行透彻的分析。根据每一条原因，要求各责任主体要给出合理可行的整改措施，并确定整改达标要求，确定整改时间，并落实到具体的责任人，后续对整改的进度进行例行的跟踪，一定做到问题闭环。

对重大内部控制缺陷扩散事件应举一反三。可将回溯得到的根因分析、整改措施等通告给具有相类似业务的企业、行业、地区，可警示其他的企业、行业、地区，检视自身是否也存在类似的内部控制缺陷，从而避免再次发生同样的缺陷扩散事件。

第四节　本章小结

企业的业务关系网络中，由于企业和其他组织之间存在商业活动的关联，一个组织的内部控制缺陷可能会经由商业活动输入到其他企业，造成内部控制缺陷扩散。无论是我国 XHZY 公司与山东 XKQ 公司、MHSW 公司与 LHWJ 公司的内部控制缺陷扩散造成的资金损失，还是 2008 年三鹿集团因为一些从事鲜奶收购和销售的商贩往原奶中添加化工原料三聚氰胺、引起的奶制品污染事件导致的内控缺陷大面积扩散，美国 2018 年以来由于波音 737MAX 机动特性增强系统（MCAS）设计缺陷扩散导致的飞机坠机

346 人丧生、波音 737MAX 停飞、全球供应链巨额财产损失、人员失业等，这些案例又让我们真切看到了现实企业内部控制缺陷扩散后的严重后果。因此，关注和研究企业业务关系网络中内部控制缺陷的扩散与防扩散具有非常重要的意义。

基于公司治理、内部控制、价值链管理和隔离理论，本章构建了企业内部控制缺陷扩散防范体系。首先给出了业务关系网络中内部控制缺陷扩散防范体系的理论框架，该框架包括业务关系网络风险分析、内部控制缺陷识别和状态跟踪机制、业务关系网络中输入型缺陷防范方法，然后详细分析了各部分的内容。

业务关系网络风险分析是企业内部控制缺陷扩散防范体系的基础，也是企业开展内部控制缺陷防扩散工作的前提。本研究认为，业务关系网络风险具有独特性，它与企业自身风险成因不同，这些风险会上下传导且传导具有"牛鞭效应"。业务关系网络从构建到运作的整个过程面临的风险主要包括业务关系网络结构风险、业务关系网络中业务活动风险、业务关系网络中信息活动风险、业务关系网络管理活动风险，其中业务活动包括各项作业活动、财务活动和物流活动。

内部控制缺陷的识别预测和状态跟踪机制是企业内部控制缺陷扩散防范体系的主体，包括缺陷识别和状态跟踪目标、实施组织、实施方法，以及缺陷识别和状态跟踪的规范化。本研究同时分析了缺陷识别结果应用需要注意的问题。

业务关系网络中输入型缺陷防范方法分析了一个企业如何防范通过业务关系网络输入的缺陷。提出了设置企业业务行为准则、建立对核心供货商和客户的监控评价体系、跟踪业务关系网络核心指标的源头变动状况、建立业务关系网络中内部控制缺陷扩散后果管理体系、建立行业机制、地域机制和政府机制的措施。

附　　录

类序号	主题词类别	主题词组合
1	Economic relationship	economic + relationship + enterprise/establishment/firm/business economic + relation + enterprise/establishment/firm/business economic + links + enterprise/establishment/firm/business
2	Business relation	business + relation(s) business + relationship business + connection business to business + relationship business + communication business + communicating with business + network
3	Commercial relation	commercial + relation(s) commercial + communication commercial + ties
4	Relation network	relational + network，enterprise/firm network of relationships + enterprise/firm network + relationships，enterprise/firm guanxi net + enterprise/firm networking + enterprise/firm
5	Transaction relations	transaction + relations/relationship trading + relations/relationship exchange + relationship/relations

注：表中"＋"表示前后两个主题词并含，"/"表示逐一作为主题词与前词进行组合检索。

附表 2　　　　　国外企业业务关系网络研究高频关键词汇总

编码	关键词	频次	编码	关键词	频次	编码	关键词	频次
K01	communication	46	K04	economic development	35	K07	business networks	33
K02	exchange rate	39	K05	industry	35	K08	marketing	30
K03	network	36	K06	small and medium sized enterprises	33	K09	firm performance	29

编码	关键词	频次	编码	关键词	频次	编码	关键词	频次
K10	social networks	28	K26	transition	11	K42	Ethics & Morality	9
K11	Co integration	28	K27	business models	11	K43	stock return	9
K12	firm	27	K28	social capital	11	K44	stock prices	9
K13	markets	27	K29	business owner	11	K45	stock exchange	9
K14	alliances	24	K30	multinational enterprises	11	K46	governance	8
K15	innovation	20	K31	sustainability	10	K47	management	8
K16	globalization	17	K32	trust	10	K48	earnings quality	8
K17	inter – organizational relationships	17	K33	trading volume	10	K49	information technology	8
K18	business cycles	17	K34	trade	10	K50	public relations	7
K19	corporate social responsibility	15	K35	performance	10	K51	growth	7
K20	collaborative relationships	14	K36	customer behaviour	10	K52	economic relations	7
K21	corporate governance	14	K37	entrepreneurship	9	K53	regulation	7
K22	customer relationship management	13	K38	productivity	9	K54	business strategy	7
K23	organizations	13	K39	value chain	9	K55	competencies	7
K24	e – business	12	K40	relationship	9	K56	advertising	7
K25	transaction costs	11	K41	startups	9	K57	volatility	7

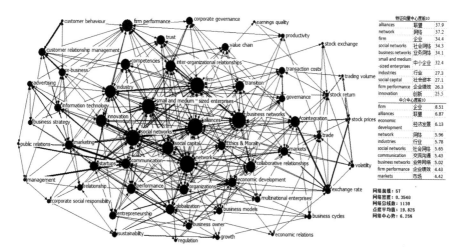

附图1　国外关系网络研究的知识网络及中心度前10

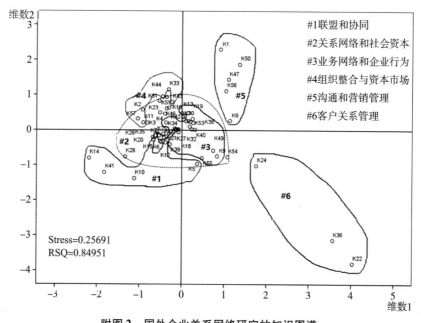

附图2　国外企业关系网络研究的知识图谱

注：图2整体 Stress =0.25691，低于0.3；RSQ =0.84951，高于0.8，说明拟合程度好，结果可信。

附表3 **国内企业业务关系网络研究高频关键词汇总**

编码	关键词	频次	编码	关键词	频次	编码	关键词	频次
K1	企业	192	K23	合作	20	K45	交易合约	11
K2	网络	118	K24	家族企业	19	K46	治理机制	11
K3	关系网络	93	K25	博弈	19	K47	分工	11
K4	绩效	64	K26	融资	19	K48	文化	11
K5	交易成本	59	K27	国际化	18	K49	并购	11
K6	社会资本	54	K28	社会责任	18	K50	网络组织	10
K7	契约	46	K29	投资	17	K51	知识转移	10
K8	业务关系	45	K30	成本	16	K52	关系强度	10
K9	信任	42	K31	竞争优势	16	K53	企业制度	10
K10	创新	37	K32	电子商务	16	K54	交易	9
K11	产业集群	36	K33	集团公司	15	K55	竞争	9
K12	社会关系及网络	35	K34	银行	15	K56	生命周期	9
K13	关系嵌入	34	K35	企业家	14	K57	企业边界	9
K14	人力资本	31	K36	供应链	14	K58	社会网络分析	9
K15	市场	28	K37	技术创新	14	K59	产品	9
K16	行业 & 产业	27	K38	关系治理	14	K60	信用	9
K17	资产性质	22	K39	联盟	13	K61	产业链	9
K18	企业成长	21	K40	纵向一体化	13	K62	中间组织	9
K19	资本	21	K41	企业集群	13	K63	一体化	9
K20	资源	21	K42	信息不对称	12	K64	企业关系	9
K21	跨组织关系	21	K43	供应链管理	12			
K22	公司治理	21	K44	创业	12			

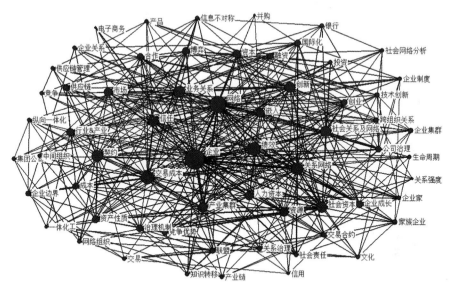

附图3　国内关系网络研究的知识网络

附表4　　　　　　　　　国内文献关键词的中心度指标

序号	关键词	度数中心度	中介中心度	接近中心度	特征向量中心度
1	企业	87.302	18.038	88.732	42.647
2	网络	71.429	9.29	77.778	37.898
3	关系网络	52.381	3.743	67.742	30.412
4	绩效	53.968	4.125	68.478	31.9
5	交易成本	53.968	5.47	68.478	28.621
6	社会资本	42.857	2.408	63.636	24.95
7	契约	46.032	3.212	64.948	26.626
8	业务关系	46.032	3.158	64.948	25.779
9	信任	44.444	2.443	64.286	27.826
10	创新	41.27	1.658	63	26.64
11	产业集群	39.683	1.517	62.376	26.051
12	社会关系及网络	42.857	2.378	63.636	26.527
13	嵌入	34.921	1.254	60.577	22.477

序号	关键词	度数中心度	中介中心度	接近中心度	特征向量中心度
14	人力资本	33.333	0.847	60	22.661
15	市场	34.921	2.067	60.577	19.954
16	行业&产业	31.746	1.068	59.434	21.249
17	资产性质	28.571	0.749	58.333	19.793
18	企业成长	28.571	0.793	58.333	19.555
19	资本	30.159	0.902	58.879	19.762
20	资源	33.333	1.852	60	20.304
21	跨组织关系	19.048	0.446	54.783	12.011
22	公司治理	20.635	0.539	55.752	12.659
23	合作	26.984	0.656	57.798	18.947
24	家族企业	17.46	0.331	52.066	9.947
25	博弈	26.984	0.911	57.273	15.22
26	融资	23.81	0.544	56.25	15.22
27	国际化	22.222	0.339	56.25	15.143
28	社会责任	15.873	0.127	54.31	11.963
29	投资	14.286	0.061	53.846	11.059
30	成本	20.635	0.369	55.752	13.717
31	竞争优势	23.81	0.487	56.757	16.217
32	电子商务	6.349	0.004	50.806	6.16
33	集团公司	12.698	0.31	51.22	7.609
34	银行	12.698	0.155	52.5	7.983
35	企业家	15.873	0.132	53.846	12.34
36	供应链	20.635	0.269	55.752	13.407
37	技术创新	19.048	0.327	54.783	12.228
38	关系治理	19.048	0.41	55.263	12.161
39	联盟	19.048	0.35	55.263	12.988
40	纵向一体化	15.873	0.198	53.39	10.44
41	企业集群	17.46	0.269	54.783	11.743

序号	关键词	度数中心度	中介中心度	接近中心度	特征向量中心度
42	信息不对称	15.873	0.155	53.846	10.428
43	供应链管理	12.698	0.113	52.941	8.73
44	创业	22.222	0.145	55.752	17.072
45	交易合约	17.46	0.296	54.31	11.819
46	治理机制	25.397	0.803	57.273	15.04
47	分工	14.286	0.335	52.941	7.249
48	文化	15.873	0.543	53.39	9.01
49	并购	7.937	0.004	50.4	6.91
50	网络组织	15.873	0.395	52.941	7.764
51	知识转移	12.698	0.037	52.5	9.899
52	关系强度	7.937	0.005	45.985	5.295
53	企业制度	15.873	0.263	53.846	10.596
54	交易	14.286	0.297	52.5	7.319
55	竞争	14.286	0.169	53.39	9.817
56	生命周期	15.873	0.14	53.846	12.867
57	企业边界	17.46	0.384	53.39	9.163
58	社会网络分析	12.698	0.109	52.5	9.093
59	产品	14.286	0.113	53.39	10.454
60	信用	9.524	0.059	52.5	7.146
61	产业链	14.286	0.331	53.846	8.277
62	中间组织	15.873	0.191	53.39	10.171
63	一体化	11.111	0.198	48.462	5.768
64	企业关系	14.286	0.076	53.846	11.374

参 考 文 献

[1] 财政部会计司. 企业内部控制规范讲解 2010 [M]. 北京：经济科学出版社，2010：72.

[2] 蔡星星，林民书. 温州融资关系网络的结构特征、风险传导与传染效应：基于动态理论模型的分析 [J]. 现代财经（天津财经大学学报），2016，36（09）：3–15.

[3] 陈峻，王雄元，彭旋. 环境不确定性、客户集中度与权益资本成本 [J]. 会计研究，2015（11）：76–82.

[4] 陈峻，张志宏. 环境不确定性、客户集中度与投资效率 [J]. 财经论丛，2016（04）：54–61.

[5] 陈武朝. 经济周期、行业景气度与盈余管理——来自中国上市公司的经验证据 [J]. 审计研究，2013（05）：96–105.

[6] 陈勇. 信息隔离墙及相关机制研究——加拿大的立法与实践及其借鉴意义 [J]. 经济法学评论，2011，11（00）：371–398.

[7] 陈运森. 社会网络与企业效率：基于结构洞位置的证据 [J]. 会计研究，2015（01）：48–56.

[8] 陈正林. 客户集中、政府干预与公司风险 [J]. 会计研究，2016（11）：23–29.

[9] 程博，潘飞，王建玲. 儒家文化、信息环境与内部控制 [J]. 会计研究，2016（12）：79–84.

[10] 池国华，关建朋，乔跃峰. 企业内部控制评价系统的构建 [J]. 财经问题研究，2011（05）：87–92.

[11] 褚剑，方军雄. 客户集中度与股价崩盘风险：火上浇油还是扬

汤止沸［J］. 经济理论与经济管理, 2016（07）: 44 – 57.

［12］创新形势下的信息隔离墙工作［C］. 中国证券业协会, 上海证券交易所, 深圳证券交易所, 中国证券登记结算公司, 中国证券投资者保护基金有限责任公司 . 创新与发展: 中国证券业 2013 年论文集, 2013: 1281 – 1287.

［13］崔志娟 . 规范内部控制的思路与政策研究——基于内部控制信息披露"动机选择"视角的分析［J］. 会计研究, 2011（11）: 52 – 56.

［14］戴文涛, 李维安 . 企业内部控制综合评价模型与沪市上市公司内部控制质量研究［J］. 管理评论, 2013（01）: 128 – 138.

［15］杜浩阳 . 公司综合信息透明度、分析师预测精度与信息不对称性［J］. 金融经济学研究, 2016（03）: 70 – 84.

［16］高国华, 潘丽英 . 银行系统性风险度量——基于动态 CoVaR 方法的分析［J］. 上海交通大学学报, 2011（12）: 1753 – 1759.

［17］国家食品药品监督管理总局"关于桂林兴达药业有限公司等企业违法生产销售银杏叶药品的通告"（2015 年第 15 号）.

［18］何威风, 刘巍 . EVA 业绩评价与企业风险承担［J］. 中国软科学, 2017（06）: 99 – 116.

［19］何小杨 . 关系网络对公司治理的影响［J］. 经济导刊, 2010（07）: 50 – 51.

［20］胡鞍钢, 地力夏提·吾布力, 杭承政, 等 . 一带一路"先行军"与"主力军"——对央企的调研与分析［J］. 清华大学学报（哲学社会科学版）, 2017, 32（03）: 5 – 14.

［21］黄培清, 张珩 . 客户与供应商的战略伙伴关系及其管理［J］. 经济管理, 2001（19）: 40 – 42.

［22］黄晓波, 张琪, 郑金玲 . 上市公司客户集中度的财务效应与市场反应［J］. 审计与经济研究, 2015, 30（02）: 61 – 71.

［23］江红莉, 何建敏 . 房地产业与银行业风险溢出效应研究［J］. 金融观察, 2014（7）: 32 – 36.

［24］姜国华, 饶品贵 . 宏观经济政策与微观企业行为——拓展会计

与财务研究新领域 [J]. 会计研究, 2011 (03): 9 - 18.

[25] 李秉成, 余浪, 王志涛. 企业集团财务危机传染与治理效应研究 [J]. 软科学, 2019, 33 (03): 65 - 69.

[26] 李存斌, 李鹏, 陆龚曙. 基于 MFGM 企业项目链风险元传递研究 [J]. 运筹与管理, 2013, 22 (04): 241 - 247.

[27] 李存斌, 张磊, 刘定, 孙润波. 基于复杂网络的能源互联网信息物理融合系统跨空间风险传递研究 [J]. 运筹与管理, 2019, 28 (04): 139 - 147.

[28] 李丽, 周宗放. 企业集团信用风险动态传染机理研究 [J]. 管理评论, 2015, 27 (01): 48 - 56.

[29] 李娜, 李随成, 王玮. 供应商供应网络位置与企业绩效: 网络认知能力的作用 [J]. 管理科学, 2015, 28 (02): 49 - 59.

[30] 李志斌. 国家文化视角的内部控制研究 [J]. 会计研究, 2012 (10): 49 - 53.

[31] 李志刚, 汤书昆, 梁晓艳, 赵林捷. 产业集群网络结构与企业创新绩效关系研究 [J]. 科学学研究, 2007 (04): 777 - 782.

[32] 林斌, 林东杰, 谢凡, 胡为民, 阳尧. 基于信息披露的内部控制指数研究 [J]. 会计研究, 2016 (12): 12 - 20 + 95.

[33] 林毅夫, 李永军. 比较优势、竞争优势与发展中国家的经济发展 [J]. 管理世界, 2003 (07): 21 - 28.

[34] 林钟高, 汤谢莹. 多元化、关系专用性投资与企业生产效率——基于主要供应商和客户视角的经验证据 [J]. 河北经贸大学学报, 2015, 36 (02): 90 - 97.

[35] 林钟高, 徐虹, 李倩. 内部控制、关系网络与企业价值 [J]. 财经问题研究, 2014 (01): 88 - 96.

[36] 刘昌华, 田志龙. 客户集中度对中小企业绩效的影响——产品交易费用的中介作用与产品类型的调节作用 [J]. 税务与经济, 2017 (05): 48 - 53.

[37] 刘传志, 张彩云, 余兴发. 全球生产网络视角下我国企业国际

化战略——以劳动密集型产业为例 [J]. 国际贸易, 2017 (05): 39 - 43.

[38] 刘逢春, 池国华, 占军华. 工商银行内部控制重大缺陷披露案例研究——基于 2007～2009 年的年报分析 [J]. 会计之友, 2010 (11): 24 - 27.

[39] 刘海明, 王哲伟, 曹廷求. 担保网络传染效应的实证研究 [J]. 管理世界, 2016 (4): 81 - 96.

[40] 刘慧, 杨乃定, 张延禄. 竞合视角下研发网络关系风险相继传播模型构建与仿真 [J]. 系统工程理论与实践, 2017, 37 (05): 1313 - 1321.

[41] 刘军. 社会网络分析导论 [M]. 北京: 社会科学文献出版社, 2004.

[42] 刘荣华. 资产证券化风险隔离机制之信托法理分析 [J]. 中国证券期货, 2012 (09): 30 - 31.

[43] 刘文军, 谢帮生. 客户在公司隐藏坏消息中的角色: 合谋者抑或监督者? [J]. 产业经济研究, 2017 (03): 104 - 115.

[44] 刘向丽, 顾舒婷. 房地产对金融体系风险溢出效应研究——基于 AR - GARCH - CoVaR 方法 [J]. 系统工程理论与实践, 2014 (34): 106 - 111.

[45] 刘晓纯. 论资产证券化过程中的风险隔离机制 [J]. 社会科学战线, 2005 (02): 309 - 311.

[46] 陆丰刚, 陈寅平. 冰雪旅游产业集群网络性风险与治理——基于刻画产业集群网络关系委托—代理模型的分析 [J]. 商业研究, 2018 (11): 161 - 167.

[47] 骆良彬, 王河流. 基于 AHP 的上市公司内部控制质量模糊评价 [J]. 审计研究, 2008 (06): 84 - 96.

[48] 马建威, 李伟. 关联方交易对审计收费的影响研究——基于 2007 - 2010 年沪市 A 股上市公司的经验证据 [J]. 审计研究, 2013 (01): 79 - 86.

[49] 马亚军, 冯根福. 上市公司担保行为分析 [J]. 证券市场导报,

2005（05）：58 – 64.

[50] 纳鹏杰，雨田木子，纳超洪．企业集团风险传染效应研究——来自集团控股上市公司的经验证据［J］．会计研究，2017（3）：53 – 60.

[51] 潘宏亮，杨晨．吸收能力、关系网络对创新绩效和竞争优势的影响关系研究［J］．图书馆理论与实践，2010（10）：34 – 38.

[52] 潘镇，杨柳，殷华方．中国企业国际化的社会责任效应研究［J］．经济管理，2020（09）：27 – 48.

[53] 庞晓波，王姗姗，王克达．金融危机国际传染研究述评——基于传染病学视角［J］．浙江社会科学，2015（08）：130 – 139 + 161.

[54] 戚逸康，袁圆，李连发．我国房地产板块与整体股市的溢出效应以及风险相关性——来自实证分析的证据［J］．上海经济研究，2018（06）：58 – 67.

[55] 手机产业死亡榜：看小米华为脚下的累累尸骨，http：//tech. sina. com. cn/t/2015 – 11 – 13/doc – ifxksqiv8340761. shtml.

[56] 谭燕，施赟，吴静．董事会可以随意确定内部控制缺陷定量认定标准吗？——来自 A 股上市公司的经验证据［J］．会计研究，2016（10）：70 – 77.

[57] 唐跃军．供应商、经销商议价能力与公司业绩——来自 2005 ~ 2007 年中国制造业上市公司的经验证据［J］．中国工业经济，2009（10）：67 – 76.

[58] 田娟，余玉苗．内部控制缺陷识别与认定中存在的问题与对策［J］．管理世界，2012（6）：180 – 181.

[59] 王栋，魏泽龙，沈灏．转型背景下企业外部关系网络、战略导向对战略变化速度的影响研究［J］．南开管理评论，2011（06）：76 – 84.

[60] 王海林，段彩艳．业务伙伴集中度越高企业绩效越好吗？——基于沪市制造业上市公司的数据［J］．财会通讯，2016（06）：42 – 44.

[61] 王海林，高颖超．僵尸企业对银行的风险溢出效应研究——基于 CoVaR 模型和社会网络方法的分析［J］．会计研究，2019（04）：11 – 17.

［62］王海林，王晓旭．企业国际化、信息透明度与内部控制质量——基于制造业上市公司的数据［J］．审计研究，2018（01）：78－85．

［63］王海林，张爱玲．客户集中程度会影响企业内部控制质量吗？——基于不同经济景气程度的分析［J］．财务研究，2019（01）：94－103．

［64］王海林．价值链内部控制［M］．北京：经济科学出版社，2008．

［65］王海林．价值链内部控制模型研究［J］．会计研究，2006（02）：60－65．

［66］王海林．企业供应链风险控制分析［J］．财会通讯，2009（23）：141－142．

［67］王海林．企业内部控制缺陷识别与诊断研究——基于神经网络的模型构建［J］．会计研究，2017（08）：74－80．

［68］王海林．业务关系网络中内部控制缺陷防扩散研究［J］．会计之友，2019（16）：31－34．

［69］王克敏，姬美光，李薇．公司信息透明度与大股东资金占用研究［J］．南开管理评论，2009（04）：83－91．

［70］王晓旭．企业国际化程度、信息透明度与内部控制关系研究［D］．北京：首都经济贸易大学，2018．

［71］王雄元，王鹏，张金萍．客户集中度与审计费用：客户风险抑或供应链整合［J］．审计研究，2014（06）：72－82．

［72］王亚娟，刘益，张钰．关系价值还是关系陷入？——供应商与客户关系耦合的权变效应研究［J］．管理评论，2014，26（02）：165－176．

［73］王勇，朱瑞星．客户集中度风险、政府补贴与公司研发投入——来自中国制造业上市公司的经验证据［J］．工业技术经济，2017，36（05）：76－85．

［74］王竹泉，隋敏．控制结构＋企业文化：内部控制要素新二元论［J］．会计研究，2010（3）：28－35．

［75］吴敬茹．创新驱动视角下我国制造业技术创新能力评价［J］．工业技术经济，2020，39（10）：74－80．

［76］吴晓波，刘自升，杜荣军．关系对中国制造企业国际化程度的影响——基于动态能力的中介作用［J］．西安电子科技大学学报（社会科学版），2014（02）：31－39．

［77］武凯文．上市公司的关系网络和事务所审计行为——基于公司年报文本分析的经验证据［J］．上海财经大学学报，2019，21（03）：74－90．

［78］熊伟，孙林岩，李一，冯泰文．供应商和客户参与对供应链绩效的影响［J］．工业工程与管理，2014，19（02）：1－8．

［79］徐敏，喻冬冬．供应链风险传染效应的实证分析［J］．西安电子科技大学学报（社会科学版），2016，26（02）：13－21．

［80］徐攀，于雪．中小企业集群互助担保融资风险传染模型应用研究［J］．会计研究，2018（01）：82－88．

［81］徐攀．上市公司提供关联担保增加了公司价值吗？——基于沪深上市公司的数据检验［J］．财经论丛，2017（07）：77－85．

［82］许晖，万益迁，裴德贵．高新技术企业国际化风险感知与防范研究——以华为公司为例［J］．管理世界，2008（04）：140－149．

［83］许江波，卿小权．僵尸企业对供应商的溢出效应及其影响因素［J］．经济管理，2019，41（03）：56－72．

［84］阳立高，谢锐，贺正楚，等．劳动力成本上升对制造业结构升级的影响研究——基于中国制造业细分行业数据的实证分析［J］．中国软科学，2014（12）：136－147．

［85］杨勃，刘娟．来源国劣势：新兴经济体跨国企业国际化"出身劣势"——文献评述与整合框架构建［J］．外国经济与管理，2020，42（01）：113－125．

［86］杨勃，齐欣，张宁宁．新兴市场跨国企业国际化的来源国劣势研究——基于组织身份视角［J］．经济与管理研究，2020，41（04）：74－87．

［87］杨道广，陈汉文．内部控制、法治环境与守法企业公民［J］．审计研究，2015（05）：76－83．

［88］杨雄胜．内部控制范畴定义探索［J］．会计研究，2011（08）：46－52.

［89］杨忠，张骁．企业国际化程度与绩效关系研究［J］．经济研究，2009（4）：56－67.

［90］尹美群，赵刚，张继东．货币政策对内部控制质量的影响——基于沪市 A 股市场的实证研究［J］．中国软科学，2015（08）：106－115.

［91］游家兴，李斌．信息透明度与公司治理效率——来自中国上市公司总经理变更的经验证据［J］．南开管理评论，2007（04）：73－79.

［92］余维新，顾新，彭双．企业创新网络：演化、风险及关系治理［J］．科技进步与对策，2016，33（08）：81－85.

［93］张爱玲．业务伙伴集中程度对内部控制质量影响研究［D］．北京：首都经济贸易大学，2019.

［94］张珩，黄培清．客户—供应商关系及其特性研究［J］．外国经济与管理，2001（03）：22－25.

［95］张文强，赵会玉．论资产证券化中风险隔离机制的构建［J］．当代经济科学，2008（01）：59－63.

［96］张先治，戴文涛．中国企业内部控制评价系统研究［J］．审计研究，2011（01）：69－78.

［97］张晓涛，陈国媚．国际化程度、OFDI 区位分布对企业绩效的影响研究——基于我国 A 股上市制造业企业的证据［J］．国际商务（对外经济贸易大学学报），2017（02）：72－85.

［98］张泽旭，李鹏翔，郭菊娥．担保链危机的传染机制［J］．系统工程，2012（04）：25－31.

［99］赵息，许宁宁．管理层权力、机会主义动机与内部控制缺陷信息披露［J］．审计研究，2013（04）：101－109.

［100］郑健壮，靳雨涵，段匡哲．集群内网络关系对企业技术创业的影响：基于浙江的实证研究［J］．科研管理，2018，39（01）：64－73.

［101］郑军，林钟高，彭琳．大客户依赖性对审计师风险决策的影响研究［J］．中南财经政法大学学报，2017（02）：77－86.

[102] 郑军，林钟高，彭琳. 法制环境、关系网络与交易成本——来自中国上市公司的经验证据 [J]. 财经研究，2013，39（06）：51 - 62.

[103] 周冬华，王晶. 客户集中度、产品市场竞争与股权融资成本 [J]. 山西财经大学学报，2017，39（7）：44 - 58.

[104] ［美］埃弗雷特·罗杰斯（E. M. Rogers）. Diffusion of Innovation. 5th Edition ［M］. 北京：电子工业出版社，2019.

[105] Adrian T., Brunnermeier M. K. CoVaR. Federal Reserve Bank of New York Staff Reports ［R］. 2011，348：1 - 43.

[106] Ak B K, Patatoukas P N. Customer-base concentration and inventory efficiencies：evidence from the manufacturing sector ［J］. Production and Operations Management，2016，25（2）：258 - 272.

[107] Antonio C. Network Structure and Innovation：The Leveraging of a Dual Network as a Distinctive Relational Capability ［J］. Strategic Management Journal，2006，28（5）：585 - 608.

[108] Azizpour S, Giesecke K, Schwenkler G. Exploring the sources of default clustering ［J］. Journal of Financial Economics，2018，129（1）：154 - 183.

[109] Bae K H, Wang J. Why do firms in customer-supplier relationships hold more cash? ［J］. International Review of Finance，2015，15（4）：489 - 520.

[110] Battiston, S., Gatti, D., Gallegati, M., and Stiglitz J. E. Default Cascades：When Does Risk Diversification Increase Stability? ［J］. Journal of Financial Stability，2012（8）：138 - 149.

[111] Berger A N, Udell G F. Small Business Credit Availability and Relationship Lending：The Importance of Bank Organisational Structure ［J］. The Economic Journal，2002，112：F32 - F53.

[112] Blackman, A W, Jr. The market dynamics of technological substitutions ［J］. Technological Forecasting and Social Change，1974（6）：41 - 63.

［113］ Boissay, F. B. F. Credit chains and the propagation of financial distress. Working Paper, 2006.

［114］ Bollerslev T. Generalized Autoregressive Conditional Heteroskedasticity ［J］. Journal of Econometrics, 1986, 31: 307 − 327.

［115］ Bradley, D. B. , Rubach, M. J. Trade credit and small businesses: A cause of business failures. Mimeo, 2002, 15 (2): 45 − 50.

［116］ Bruno V, Shin H S. Globalization of corporate risk taking ［J］. Journal of International Business Studies, 2014, 45 (7): 800 − 820.

［117］ Campello M, Gao J. Customer concentration and loan contract terms ［J］. Journal of Financial Economics, 2017, 123 (1): 108 − 136.

［118］ Carr A S, Pearson J N. Strategically Managed Buyer − Seller Relationships and Performance Outcomes ［J］. Journal of Operations Management, 1999, 17 (5): 497 − 519.

［119］ Cen L. , Dasgupta, S. , Elkamhi, R. , Pungaliya, R. . Reputation and Loan Contract Terms: The Role of Principal Customers ［J］. Review of Finance, 2016, 20 (2): 501 − 534.

［120］ Cen L. , Chen F, Hou Y, Gordon D R. Strategic Disclosures of Litigation Loss Contingencies When Customer-Supplier Relationships Are at Risk ［J］. The Accounting Review, Forthcoming, 2017, Jul (01).

［121］ Chiang Y. C. and H. C. Huang. Equity Agency Costs and Internationalization: The Effect of Revised Accounting Standards in Taiwan ［J］. The International Journal of Business and Finance Research, 2012, 6 (2): 101 − 111.

［122］ Chiu W. C. , Pena J. I. , Wang C. W. Industry characteristics and financial risk contagion ［J］. Journal of Banking & Finance, 2014, 50: 411 − 427.

［123］ Contractor, F. J. , Kundu, S. K. , Hsu C. C. . A Three-stage Theory of International Expansion: The Link between Multi-nationality and Performance in the Service Sector. Journal of International Business Studies, 2003, 34 (1): 5 − 18.

［124］ COSO 发布. 财政部会计司组织翻译. 内部控制——整合框架

(2013) [M]. 北京: 中国财政经济出版社, 2014: 287 - 313.

[125] Cunat V. Trade Credit: Suppliers as Debt Collectors and Insurance Providers [J]. Review of Financial Studies, 2007, 20: 491 - 527.

[126] Das S R, Duffie D, Kapadia N, et al. Common Failings: How Corporate Defaults Are Correlated [J]. The Journal of Finance, 2007, 62 (1): 93 - 117.

[127] Denis D. K, Mcconnell J J. International Corporate Governance [J]. Journal of Financial and Quantitative Analysis, 2003, 38 (1): 36.

[128] Dhaliwal D, Judd J S, Serfling M, Shaikh S. Customer concentration risk and the cost of equity capital [J]. Journal of Accounting and Economics, 2016, 61 (1): 23 - 48.

[129] Dowlatshahi S, Contreras N. The Role of Designer Buyer - Supplier in the Maquiladora Industry [J]. Inter-national Journal of Production Research, 1999, 37 (9): 1963 - 1986.

[130] Doyle J, Ge W, Sarah M V. Determinants of Weaknesses in Internal Control over Financial Reporting [J]. Journal of Accounting and Economics, 2007 (44): 193 - 223.

[131] Du S., Bhattacharya, C. B. and Sen, S.. Maximizing Business Returns to Corporate Social Responsibility (CSR): The Role of CSR Communication [J]. International Journal of Management Reviews, 2010, 12 (1): 8 - 19.

[132] Durnev A., V. Errunza, and A. Molchanov. Property Rights Protection, Corporate Transparency and Growth [J]. Journal of International Business Studies, 2009, 40 (9): 1533 - 1562.

[133] Dyer J H, Singh H. The Relational View: Cooperative Strategy and Sources of Interorganizational Competitive Advantage [J]. Academy of Management Review, 1998, 23 (4): 660 - 679.

[134] Elena Belavina. Supply Networks for Relational Sourcing [J]. Working Paper, 2015/78.

[135] Engel R. F. Autoregressive Conditional Heteroscedasticity with Estimates of the Variance of United Kingdom Inflation [J]. Econometric, 1982, 4: 987 – 1007.

[136] Fabbri D, Menichini A M C. Trade Credit, Collateral Liquidation and Borrowing Constraints [J]. Journal of Financial Economics, 2010, 96 (3): 413 – 432.

[137] Fang E, Robert W. Palmatier, Kenneth R. Evans: Influence of customer participation on creating and sharing of new product value [J]. Journal of the Academy of Marketing Science, 2008, 36 (3): 322 – 336.

[138] Florian G L, Constangioara A. The impact of risks in supply chain on organizational performances: evidence from romania [J]. Economia: Seria Management, 2014, 17 (2): 265 – 275.

[139] Forte, L. M. , Santos Neto, J. B. , Nobre, F. C. , Nobre, L. H. N. , & Queiroz, D. B. Determinants of Voluntary Disclosure: A Study in the Brazilian Banking Sector [J]. Revista de Gestão, Finanças E Contabilidade, 2015, 5 (2): 23 – 37.

[140] Fracassi C, Tate G. External Networking and Internal Firm Governance [J]. Journal of Finance, 2012, 67 (1): 153 – 194.

[141] Fujita M, Hamaguchi N. Supply chain internationalization in east Asia: inclusiveness and risks [J]. Papers in Regional Science, 2016, 95 (1): 81 – 100.

[142] Gatti, D. D. , Gallegati, M. , Greenwald, B. C. , Russo, A. , Stiglitz, J. E. Business fluctuations and bankruptcy avalanches in an evolving network economy [J]. Journal of Economic Interaction & Coordination, 2009, 4 (2): 195 – 212.

[143] Gatti, D. D. , Gallegati, M. , Greenwald, B. , Russo, A. , Stiglitz, J. E. Business fluctuations in a credit-network economy [J]. Physica A, 2006, 370 (1): 68 – 74.

[144] Gillan L S. Recent Developments in Corporate Governance: An

Overview [J]. Joural of Corporate Fiance, 2006 (12): 381 – 402.

[145] Gordon L. Clark. The Functional and Spatial Structure of the Investment Management Industry [J]. Geoforum, 1997, 31 (1): 71 – 86.

[146] Gosman M, Kelly T, Olsson P. The Profitability and Pricing of Major Customers [J]. Review of Accounting Studies, 2004, 9 (1): 117 – 139.

[147] Gosman, M. L., Kohlbeck, M. J.. Effects of the Existence and Identity of Major Customers on Supplier Profitability: Is Wal – Mart Different? [J]. Journal of Management Accounting Research, 2009, 21: 179 – 201.

[148] Granovetter M S. The Strength of Weak Ties: A Network Theory Revisited [J]. Sociological Theory, 1983, 1 (6): 201 – 233.

[149] Gray A W, Boehlje M D. Risk sharing and transactions costs in producer-processor supply chains [J]. Choices: The Magazine of Food, Farm & Resource Issues, 2005, 20 (4): 281 – 286.

[150] Hanna V, Walsh K. Small Firm Networks: A Successful Approach to Innovation? [J]. R&D Management, 2002, 32: 201 – 207.

[151] Hearn A B, Piesse J. The limited role of small stock exchanges in economic development: A case study of Mozambique and Swaziland [J]. Development Southern Africa, 2010, 27 (2): 205 – 224.

[152] Hennart, J. F.. The Theoretical Rationale for a Multinationality – Performance Relationship [J]. Management International Review, 2007, 47 (3): 423 – 452.

[153] Hertzel M G, Li Z, Officer M S, Rodgers K J. Inter-firm linkages and the wealth effects of financial distress along the supply chain [J]. Journal of Financial Economics, 2008, 87 (2): 374 – 387.

[154] Hooghiemstra, R., N. Hermes, and J. Emanuels. National Culture and Internal Control Disclosures: A Cross-country Analysis [J]. Corporate Governance: An International Review, 2015, 23 (4): 357 – 377.

[155] Hymer S H. The International Operations of National Firms: A Study of Direct Investment [M]. Cambridge: MIT Press, 1976.

[156] Irvine P J, Park S S, Yildızhan C. Customer-base concentration, profitability, and the relationship life cycle [J]. Accounting Review, 2016, 91 (3): 883 – 906.

[157] Itzkowitz J. Customers and cash: how relationships affect suppliers' cash holdings [J]. Journal of Corporate Financ, 2013, 19 (1): 159 – 180.

[158] John T. Scott. Entrepreneurial Network Effects: Empirical Observations of Entrepreneurial Networks in a World of Complexity [J]. Working Paper, 2017 Jul.

[159] Kevin Keasey, Steve Thompson, Mike Wright 编, 刘霄仑, 朱晓辉译. 公司治理: 受托责任、企业与国际比较 (第一版) [M]. 北京: 人民邮电出版社, 2013.

[160] Kim R, Luo W. Customer Concentration and Earnings Management: Evidence from the Sarbanes – Oxley Act [J]. City University of Hong Kong, Working Paper, 2017, Jul (15).

[161] Kleiner M M, Leonard J S, Pilarski A M. How Industrial Relations Affects Plant Performance: The Case of Commercial Aircraft Manufacturing [J]. Industrial and Labor Relations Review, 2002, 55 (2): 195 – 218.

[162] Kolay M., Lemmon M. L., Tashjian E. Spreading the Misery? Sources of Bankruptcy Spillover in the Supply Chain [J]. AFA 2013 San Diego Meetings Paper, 2013.

[163] Krause A, Giansante S. Interbank lending and the spread of bank failures: A network model of systemic risk [J]. Journal of Economic Behavior & Organization, 2012, 83 (3): 583 – 608.

[164] Lakshmi P, Alagappan V. An empirical analysis on the dynamic relationship between trading volume of foreign investors & NIFTY spot returns [J]. European Journal of Economics, Finance and Administrative Sciences, 2012 (52): 86 – 98.

[165] Lavie D, Miller S R. Alliance Portfolio Internationalization and Firm Performance [J]. Organization Science, 2008, 19 (4): 623 – 646.

［166］Lustgarten S H. The impact of buyer concentration in manufacturing industries ［J］. The Review of Economics and Statistics, 1975, 57（2）: 125 – 132.

［167］Ma X, Tong T W, Fitza M. How much does subnational region matter to foreign subsidiary performance? evidence from fortune global 500 corporations' investment in China ［J］. Journal of international business studies, 2013, 44（1）: 66 – 87.

［168］Madhuparna K, Micael L, Elizabeth T. Spreading the misery? Sources of bankruptcy spillover in the supply chain ［J］. Journal of Financial & Quantitative Analysis, 2016, 51（6）: 1955 – 1990.

［169］Mark Granovetter. The Strength of Weak Ties ［J］. American Journal of Sociology, 1973, 78（5）: 1360 – 1380.

［170］Nicholas Romano, Jr, et al. Customer Relationship Management for the Web – Access Challenged: Inaccessibility of the Fortune 250 Business Web Sites ［J］. International Journal of Electronic Commerce, 2003, 7（2）: 81 – 117.

［171］Noll R G. Buyer power and economic policy ［J］. Antitrust Law Journal, 2005, 72（2）: 589 – 624.

［172］Peek J. , Rosengren E. S. Unnatural Selection: Perverse Incentives and the Misallocation of Credit in Japan ［J］. American Economic Review, 2005, 95（4）: 1144 – 1166.

［173］Petersen M A, Rajan R G. Does Distance Still Matter? The Information Revolution in Small Business Lending ［J］. Journal of Finance, 2002, 57: 2533 – 2570.

［174］Phelps, C. C. A Longitudinal Study of the Influence of Alliance Network Structure and Composition on Firm Exploratory Innovation ［J］. Academy of Management Journal, 2010, 53（4）: 890 – 913.

［175］Pittaway L, Robertson M, Munir K, et al. Networking and Innovation: A Systematic Review of the Evidence ［J］. International Journal of Management Reviews, 2004, 5 – 6 (3 – 4): 137 – 168.

[176] Raman K, Shahrur H. Relationship-specific investments and earn-ings management: evidence on corporate suppliers and customers [J]. The Ac-counting Review, 2008, 83 (4): 1041 – 1081.

[177] Reimann M, Schilke O and Thomas J S. Customer Relationship Management and Firm Performance: The Mediating Role of Business Strategy [J]. Journal of the Academy of Marketing Science, 2010, 38 (3): 326 – 346.

[178] Robert A. G. Monks, Nell Minow 著, 李维安, 牛建波等译. 公司治理 (第五版) [M]. 北京: 中国人民大学出版社, 2017.

[179] Ruigrok W, H. Wagner. Internationalization and Performance: An Organizational Learning Perspective [J]. Mir Management International Review, 2003, 43 (1): 63 – 83.

[180] Sharif, M N and C. Kabir. Acal substitution. Technological Forecas-ting and Social Change, 1976 (8): 353 – 364.

[181] Shi, Y. , M. Magnan, and J. B. Kim. Do countries matter for vol-untary disclosure? Evidence from cross-listed firms in the US [J]. Journal of In-ternational Business Studies, 2012 (43): 143 – 165.

[182] Sprague R, Wells M E. Regulating Online Buzz Marketing: Untan-gling a Web of Deceit [J]. American Business Law Journal, 2010, 47 (3): 415 – 454.

[183] Street C T, Cameron A F. External Relationships and the Small Business: A Review of Small Business All [J]. Journal of Small Business Man-agement, 2007, 45 (2): 239 – 266.

[184] Sun Wenbin, Ding Zhihua, Xu Xiaobo, Cui Kacie. Internationali-zation and firm default risk: The roles of environmental dynamism and marketing capability [J]. Journal of Business Research, 2020, 121: 142 – 153.

[185] Wennekers S, André V. S, Carree M A, Thurik R. The Relation-ship between Entrepreneurship and Economic Development: Is it U – Shaped? [J]. Scales Research Reports, 2010, 6 (3): 167 – 237.

[186] Wu, Z. and Pullman M. E. . Cultural Embeddedness in Supply Networks [J]. Journal of Operations Management, 2015 (37): 45 –58.

[187] Xu Hui, Wan Yiqian, PEI Degui. A study on risk perception and risk identification in the internationalization process of Chinese hi-tech enterprises—A case study of Huawei Technologies [J]. Frontiers of Business Research in China, 2008, 2 (3): 458 –481.

[188] Yeniyurt S, Jr J, Yalcinkaya G. A longitudinal analysis of supplier involvement in buyers' new product development: working relations, inter-dependence, co-innovation, and performance outcomes [J]. Journal of the Academy of Marketing Science, 2014, 42 (3): 291 –308.